# DeepSeek +
# AI 高效写作
## 实战从入门到精通

刘琼 ◎ 编著

北京理工大学出版社
BEIJING INSTITUTE OF TECHNOLOGY PRESS

版权专有　侵权必究

### 图书在版编目（CIP）数据

DeepSeek+AI高效写作实战从入门到精通 / 刘琼编著.
北京：北京理工大学出版社, 2025.5.
ISBN 978-7-5763-5404-1

Ⅰ．H05-39
中国国家版本馆 CIP 数据核字第 202560RJ41 号

责任编辑：王晓莉　　　文案编辑：王晓莉
责任校对：周瑞红　　　责任印制：施胜娟

| 出版发行 | / 北京理工大学出版社有限责任公司 |
|---|---|
| 社　　址 | / 北京市丰台区四合庄路6号 |
| 邮　　编 | / 100070 |
| 电　　话 | / （010）68944451（大众售后服务热线） |
|  | 　（010）68912824（大众售后服务热线） |
| 网　　址 | / http://www.bitpress.com.cn |

| 版 印 次 | / 2025年5月第1版第1次印刷 |
|---|---|
| 印　　刷 | / 三河市中晟雅豪印务有限公司 |
| 开　　本 | / 710 mm×1000 mm　1 / 16 |
| 印　　张 | / 14 |
| 字　　数 | / 198 千字 |
| 定　　价 | / 79.80 元 |

图书出现印装质量问题，请拨打售后服务热线，负责调换

# 前言

# Preface

文字作为思想交流与知识传播的重要载体，不仅承载着沟通的重任，更记录了创意与智慧的火花。在如今这个信息爆炸的时代，文字的创作与表达方式也经历着前所未有的变革。面对日益增长的内容需求和不断变化的受众口味，如何高效地创作出既富有深度又贴合需求的作品，成了摆在我们面前的重大挑战。

在这样的背景下，AI 写作工具应运而生，它们以快速、高效、可定制化的特点，为文字创作领域带来了革命性的变化。AI 写作不仅仅是简单地替代人力，更是通过算法优化、大数据分析等手段，帮助创作者挖掘灵感、提升效率、优化内容，让写作变得更加智能、多元和富有创造力。

本书正是为对 AI 写作充满好奇、渴望掌握这一技能的读者量身打造的。本书旨在通过系统化的学习路径，引领读者从认识 AI 写作开始，逐步深入不同领域的应用实践，帮助读者熟练掌握 AI 写作技能。

全书共 7 章，结构清晰、案例丰富，循序渐进地引领读者深入探索并掌握 AI 写作的核心知识与技能。

第 1 章详细介绍了 DeepSeek 的基本操作，带领读者认识对话式 AI，并深入探讨 AI 写作提示词的设计原则和常用形式，让读者学会如何构造高效的提示词，让 AI 生成更符合预期的内容。

第 2 章聚焦于两款主流 AI 写作工具——通义千问和文心一言，详细介绍了这两种工具的基本操作和进阶用法，帮助读者快速上手并充分利用这些工具进行创作。

第 3～7 章介绍了 AI 写作工具在公文写作、商业营销、教育、学术和文学创作等领域的应用，通过丰富的案例和实战技巧，让读者学会如何在不同场景下运用 AI 工具辅助写作。

无论你是文职人员、市场营销人员、教育工作者、学术研究者还是文学爱好者，本书都能为你提供宝贵的指导和启示，帮助你在公文写作、商业营销、教学资源设计、学术论文撰写以及文学创作等实际工作场景中灵活运用 AI 工具，有效提升工作效率和创作质量。

由于编者水平有限，书中难免有不足之处，恳请广大读者批评指正。

编　者

2025 年 3 月

# 目 录
## Contents

### 第 1 章 认识对话式 AI

1.1 初识 DeepSeek ·········· 002

1.2 了解提示词在对话式 AI 中的作用 ·········· 003

1.3 与 DeepSeek 进行对话并管理对话记录 ·········· 007

1.4 与 DeepSeek 进行多轮交流 ·········· 011

1.5 用 DeepSeek 更改文章写作风格 ·········· 013

1.6 用 DeepSeek 进行深度思考 ·········· 016

1.7 在 Word 中接入 DeepSeek R1 模型 ·········· 018

### 第 2 章 通义千问与文心一言

2.1 对话记录管理 ·········· 026

2.2 文件的上传和分析 ·········· 029

2.3 智能体的应用 ·········· 032

2.4 进阶用法 ·········· 039

## 第 3 章　公文写作

- 3.1　决议：助力精准决策表达……051
- 3.2　决定：辅助明确指示与部署……053
- 3.3　公报：正式易读的公报文本……057
- 3.4　公告：打造清晰的公告内容……060
- 3.5　通知：高效传达组织信息与要求……063
- 3.6　通报：辅助情况或信息的及时传递……066
- 3.7　通告：细化实施方案确保通告详尽……068
- 3.8　报告：助力深入分析特定问题或情况……071
- 3.9　请示：清晰阐述请求事项与理由……075
- 3.10　批复：针对请示事项的明确答复……079
- 3.11　议案：辅助撰写精简议案文本……080

## 第 4 章　商业营销

- 4.1　广告文案：让广告"吸睛"更"吸金"……085
- 4.2　品牌宣传文案：塑造独特品牌形象……089
- 4.3　产品推广文案：助力产品脱颖而出……090
- 4.4　电商销售文案：直击痛点激发购买欲望……094
- 4.5　产品评测文章：轻松打造"爆款文案"……096
- 4.6　小红书笔记：提升内容输出影响力……100
- 4.7　公众号文章：激发读者内容认同感……103

4.8 微博文案：爆款内容吸引百万粉丝······108

4.9 优质书评：快速领略书籍独特魅力······110

## 第5章 教育领域

5.1 教学大纲：规划教学蓝图······115

5.2 教学计划：保障教学工作有序进行······120

5.3 教案生成：提高备课效率······125

5.4 课堂活动设计：促进教师专业成长······129

5.5 同步习题：帮助学生巩固所学知识······134

5.6 真题试卷：基于知识点的试题设计······140

5.7 教学课件：构建视觉化教学内容······151

## 第6章 学术领域

6.1 论文选题：确定研究方向与题目······158

6.2 论文大纲：构建论文的逻辑结构······160

6.3 文献综述：梳理前人研究与理论框架······167

6.4 初稿撰写：全面展开研究内容······172

6.5 初稿润色：提升语言表达与逻辑清晰度······176

6.6 数据收集与分析：研究的实证基础······181

6.7 论文摘要：研究内容的精炼概述······192

# 第 7 章 文学创作

7.1 小说：AI 赋能的奇幻之旅 ······················································ 195

7.2 诗歌：诗意探索领略韵律之美 ················································ 199

7.3 散文：细腻笔触展现语言艺术之美 ·········································· 202

7.4 剧本：百变风格轻松驾驭影视世界 ·········································· 205

7.5 亲子故事：让父母哄娃变得轻松愉快 ······································ 210

# 第1章

# 认识对话式 AI

随着科技的飞速发展与持续创新，各行各业都在积极探寻新的技术突破点，力求提高生产力和工作效率。作为人工智能领域的重要分支，对话式 AI 技术正以其独特的魅力和巨大的潜力，逐渐受到各界的广泛关注与高度重视。本章将以 DeepSeek 为例详细介绍对话式 AI 的基本使用方法，帮助读者了解对话式 AI 在日常工作中的应用。

## 1.1 初识 DeepSeek

在探索人工智能的广阔天地时，我们不可避免地会遇到各种创新的对话式 AI 工具。DeepSeek，作为这一领域的新星，正以其独特的魅力和强大的功能吸引着越来越多的关注。本节将带您初步了解 DeepSeek，并探讨以它为代表的对话式 AI 在工作中的应用。

### 1. 从 ChatGPT 到 DeepSeek

在人工智能领域，对话式 AI 正以前所未有的速度改变着我们的工作与生活方式。ChatGPT，作为 OpenAI 推出的一款革命性对话模型，无疑是这一浪潮中的佼佼者。它以强大的自然语言处理能力、广泛的知识覆盖以及流畅的对话体验，迅速在全球范围内赢得了广泛的关注与应用。然而，随着技术的不断进步和应用需求的日益多样化，人们开始探索更多可能，DeepSeek 便是在这样的背景下应运而生。

DeepSeek 是一款旨在超越 ChatGPT，提供更加个性化、高效与智能对话体验的高级对话式 AI 工具。它不仅继承了 ChatGPT 在自然语言理解和生成方面的优势，还通过引入更先进的算法模型、更大的数据训练集以及更精细的调优策略，实现了在特定领域或任务上的深度优化。这意味着 DeepSeek 能够更好地理解用户的意图，提供更加精准、有价值的回答和建议。

### 2. DeepSeek 的核心之处

为了充分发挥 DeepSeek 的潜力，我们必须深入了解其核心竞争力。DeepSeek 之所以能够在对话式 AI 领域脱颖而出，主要得益于以下三个方面的优势：

（1）深度学习能力。DeepSeek 通过深度学习技术，不断从海量数据中汲取营养，优化其模型结构。这使得它能够准确理解复杂的语言结构和语义关系，无论是日常对话还是专业术语，都能应对自如。

（2）知识图谱整合。DeepSeek 不仅拥有强大的学习能力，还巧妙地整合了知识图谱。这一特性让它能够轻松掌握丰富的知识储备，无论是通用知识还是特定行业的专业知识，都能信手拈来，为用户提供准确、权威的信息。

（3）个性化交互体验。DeepSeek 的一大亮点在于个性化交互体验。它通过分析用户的对话历史、偏好和行为模式，逐步构建出精准的用户画像。这使得 DeepSeek 能够更加贴合用户的需求，提供个性化的对话体验，让每一次交流都充满温度。

### 3. 对话式 AI 在工作中的应用

具体到日常的工作场景，以 DeepSeek 为代表的对话式 AI 可以在以下方面成为工作人员的得力助手：

（1）提供灵感和思路。对话式 AI 可以对各种指定的话题进行"头脑风暴"，帮助工作人员启发灵感和思路。

（2）命题写作。对话式 AI 可以完成多种体裁文本的写作，包括小说、散文、诗歌、剧本、新闻、评论、应用文等。它尤其擅长写作有一定"套路"的体裁，如工作总结、会议通知、培训计划、活动方案、格式合同、商务邮件、营销文案、自媒体文章等。

（3）文字编辑。对话式 AI 能够纠正文本中的语法错误，对文本进行校对和润色。

（4）总结要点。对话式 AI 能够总结文本的要点或提取文本的关键词，可以用它来自动编写会议纪要、新闻摘要等。

（5）翻译。对话式 AI 是基于大量的多语种语料库训练而来的，所以也具备不错的翻译能力，在准确度和流畅度方面甚至超过了一些专业的机器翻译工具。

（6）提取信息。对话式 AI 的实体识别能力可以用于从文本中提取关键信息，如从地址中提取省份和城市。

（7）工作自动化编程。没有编程基础的工作人员也能在对话式 AI 的帮助下编写脚本或程序来提高工作效率。

以上列举的应用场景只是很小的一部分，工作人员可以尽情地发挥想象力，探索和拓展对话式 AI 的应用领域。

## 1.2　了解提示词在对话式 AI 中的作用

与 AI 对话时，用户提交的问题实际上有一个专门的名称——提示词（prompt）。它是人工智能和自然语言处理领域中的一个重要概念。提示词的设计可以影响机器学习模型处理和组织信息的方式，从而影响模型的输出。清晰和准确的提示词可以帮助模型生成更准确、更可靠的输出。

### 1．提示词设计的基本原则

提示词设计的基本原则没有高深的要求，其与人类之间交流时要遵循的基本原则是一致的，主要有以下 3 个方面。

（1）提示词应没有错别字、标点错误和语法错误。

（2）提示词要简洁、易懂、明确，尽量不使用模棱两可或容易产生歧义的表述。例如，"请写一篇介绍 DeepSeek 的文章，不要太长"是一个不好的提示词，因为其对文章长度的要求过于模糊；"请写一篇介绍 DeepSeek 的文章，不超过 1 000 字"则是一个较好的提示词，因为其明确地指定了文章的长度。

（3）提示词最好包含完整的信息。如果提示词包含的信息不完整，就会导致需要用多轮对话去补充信息或纠正 DeepSeek 的回答方向。提示词要包含的内容并没有特定的规则，一般而言可由4个要素组成，具体见表1-1。

表1-1

| 名称 | 是否必选 | 含义 | 示例 |
| --- | --- | --- | --- |
| 指令 | 是 | 希望AI执行的具体任务 | 请对以下这篇文章进行改写 |
| 背景信息 | 否 | 任务的背景信息 | 读者对象是10岁的孩子 |
| 输入数据 | 否 | 需要AI处理的数据 | （原文章的具体内容，从略） |
| 输出要求 | 否 | 对AI输出内容的具体要求，如类型、格式、字数、写作风格等 | 改写后的文章不超过500字 |

### 2．提示词设计的常用技巧

在设计提示词时，除了要遵循上述基本原则，还可以使用一些技巧来优化提示词。

（1）用特殊符号分隔指令和输入数据。在翻译、总结要点、提取信息等应用场景中，提示词必然会包含指令和待处理的文本（即输入数据）。为便于AI进行区分，可以使用"###"或'""""'将待处理的文本括起来。演示对话如下。

> 请从以下文本中提取3个关键词：
> 文本：
> """
> DeepSeek是一家创新型科技公司，于2023年7月17日正式成立，其创立者为业界知名的量化资产管理巨头——幻方量化。自成立以来，DeepSeek一直专注于研发前沿的大语言模型（LLM）及其相关技术。值得一提的是，作为大厂之外唯一一家储备有上万张A100芯片的公司，幻方量化为DeepSeek的技术研发提供了强大的硬件支持。
> """

> 1．DeepSeek
> 2．大语言模型（LLM）
> 3．A100芯片

（2）提供示例。有时一些需求难以用简洁的文字准确地表达出来，可以通过提供示例来帮助DeepSeek更好地理解需求。演示对话如下。

> 请从以下地址中提取省份并输出其全称。
> 例如：重庆渝中区人民路→重庆市

地址：
"""
广东广州东风中路
新疆喀什市人民东路
"""

> 广东广州东风中路→广东省
> 新疆喀什市人民东路→新疆维吾尔自治区

（3）设定角色身份。为了让 AI 以我们期望的方式工作，可以在提示词中为 AI 设定一个角色身份。通常在提示词的开头进行这种设定。演示对话如下。

> 我需要你扮演一个翻译机器人。我将输入英文的原文，你只需要给出中文的译文，不需要做任何额外的解释。

> 好的，请输入您要翻译的英文原文。

> Today's large language models predict the next series of words based on patterns they have previously seen, including the text input the user provides. In some cases, the next most likely words may not be factually accurate.

> 现今的大型语言模型基于它们之前所见到的模式预测下一个单词序列，包括用户提供的文本输入。在某些情况下，下一个最可能的单词可能不是事实上准确的。

### 3. 提示词设计的参考实例

表 1-2 中是一些实用的提示词实例，供读者参考。

表 1-2

| 职业领域 | 提示词实例 |
| --- | --- |
| 新闻传媒 | 请撰写一则新闻，主题是"全市创建文明城市动员大会召开"，不超过 1 000 字 |
| 行政文秘 | ××公司的 CEO 将在××会议（行业活动）中发表演讲，请撰写一篇演讲稿 |
| 人力资源 | 请撰写一篇人力资源论文，主要内容包括：企业文化的重要性；企业应如何营造积极和高效的工作环境 |
| 人力资源 | 我需要你扮演一名职业咨询师。我将为你提供寻求职业生涯指导的人的信息，你的任务是帮助他们根据自己的技能、兴趣和经验确定最适合的职业。你还应该研究各种可能的就业选项，解释不同行业的就业市场趋势，并介绍有助于就业的职业资格证书。我的第一个请求是"请为想进入建筑行业的土木工程专业应届毕业生提供求职建议" |

续表

| 职业领域 | 提示词实例 |
| --- | --- |
| 广告营销 | 请撰写一系列社交媒体帖子，突出展示××公司的产品或服务的特点和优势 |
| 广告营销 | 我需要你扮演广告公司的创意总监。你需要创建一个广告活动来推广指定的产品或服务。你将负责选择目标受众，制定活动的关键信息和口号，选择宣传媒体和渠道，并决定实现目标所需的任何其他活动。我的第一个请求是"请为一个潮流服饰品牌策划一个广告活动" |
| 自媒体 | 请撰写一个iPhone 14手机开箱视频的脚本，要求使用B站热门up主的风格，风趣幽默，视频时长约3分钟 |
| 自媒体 | 请以小红书博主的文章结构撰写一篇重庆旅游的行程安排建议，要求使用emoji增加趣味性，并提供段落配图的链接 |
| 软件开发 | 请撰写一篇软件产品需求文档中的功能清单和功能概述，产品是类似拼多多的App，产品的主要功能有：支持手机号登录和注册；能通过手机号加好友；可在首页浏览商品；有商品详情页；有订单页；有购物车 |
| 网站开发 | 我需要你扮演网站开发和网页设计的技术顾问。我将为你提供网站所属机构的详细信息，你的职责是建议最合适的界面和功能，以增强用户体验，并满足机构的业务目标。你应该运用你在UX/UI设计、编程语言、网站开发工具等方面的知识，为项目制定一个全面的计划。我的第一个请求是"请为一家拼图销售商开发一个电子商务网站" |
| 教育培训 | 我需要你扮演一个人工智能写作导师。我将为你提供需要论文写作指导的学生的信息，你的任务是向学生提供如何使用人工智能工具（如自然语言处理工具）改进其论文的建议。你还应该利用你在写作技巧和修辞方面的知识和经验，针对如何更好地以书面形式表达想法提供建议。我的第一个请求是"请为一名需要修改毕业论文的大学本科学生提供建议" |
| 数据处理 | 我需要你扮演基于文本的Excel软件。你只需要回复给我一个基于文本的、有8行的Excel工作表，其中行号为数字，列号为字母（A到H）。第一列的表头应该为空，以便引用行号。我会告诉你要在哪些单元格中写入什么内容，你只需要基于文本回复Excel工作表的结果，不需要做任何解释。我会给你公式，你需要执行这些公式，然后基于文本回复Excel工作表的结果。首先，请回复一个空白的Excel工作表 |

## 1.3 与 DeepSeek 进行对话并管理对话记录

了解了提示词的写作原则和技巧后，就可以编写提示词与 DeepSeek 进行对话。与 DeepSeek 的所有对话记录都会保存在当前浏览器的本地缓存中，用户可以随时浏览对话内容或继续进行对话。本节将以撰写咖啡馆的情人节促销方案为例，介绍如何与 DeepSeek 进行对话并管理对话记录。

**步骤01** 在网页浏览器中打开网址 https://www.deepseek.com/，单击页面中的"开始对话"按钮，如图 1-1 所示。

图 1-1

**步骤02** 初次使用 DeepSeek 需要先注册。❶输入作为账号的手机号码，❷单击"发送验证码"按钮，如图 1-2 所示。❸在弹出的窗口中根据文字提示单击图中对应的内容，如图 1-3 所示。

图 1-2

图 1-3

**步骤03** 随后 DeepSeek 会向步骤 02 中输入的手机号码发送一条包含验证码的短信，❶输入短信中获取的 6 位数验证码，❷勾选"我已阅读并同意用户协议与隐私政策，未注册的手机号将自动注册"复选框，❸然后单击"登录"按钮，如图 1-4 所示，即可完成注册。

图1-4

> 💡 **提示**
>
> 除了使用手机号码进行注册登录外，DeepSeek 还支持使用微信账号和邮箱进行注册登录。

**步骤04** 完成注册后，将会自动登录，进入 DeepSeek 首页。❶在页面中的提示词输入框中输入要让 DeepSeek 回答的问题，❷再单击 ⬆ 按钮或按〈Enter〉键提交问题，如图 1-5 所示。

图1-5

第 1 章　认识对话式 AI ┃ 009

> 📺 **提示**
>
> 在输入问题时，如果需要换行，可以按〈Shift+Enter〉组合键。

**步骤05**　等待一会儿，页面中将以"一问一答"的形式依次显示用户输入的问题和 DeepSeek 给出的回答，如图 1-6 所示。

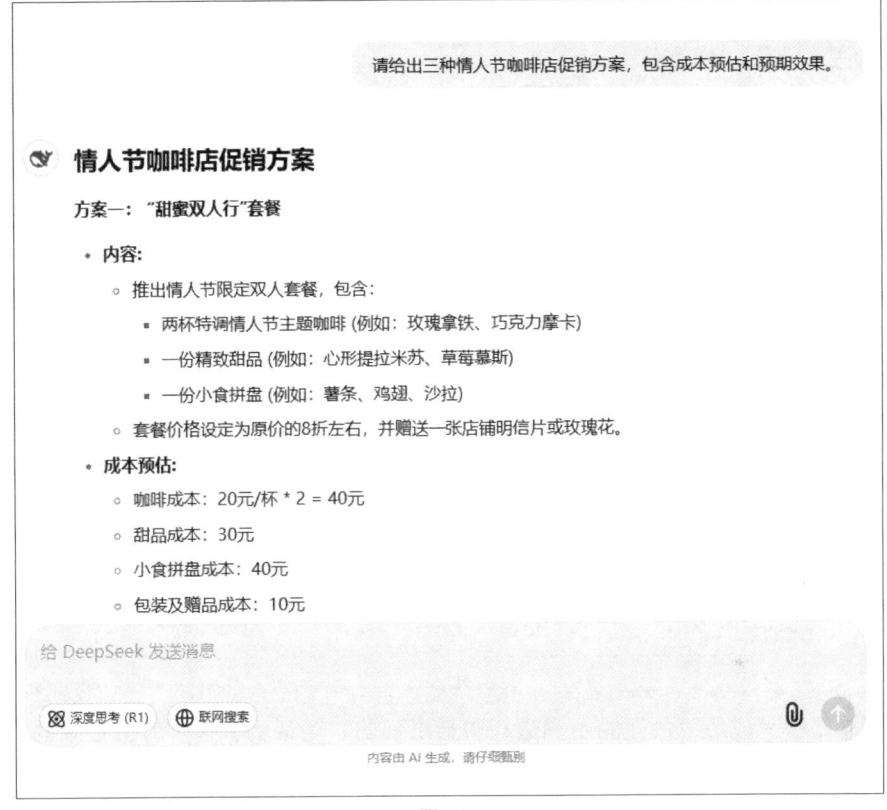

请给出三种情人节咖啡店促销方案，包含成本预估和预期效果。

### 情人节咖啡店促销方案

方案一："甜蜜双人行"套餐

- 内容：
  - 推出情人节限定双人套餐，包含：
    - 两杯特调情人节主题咖啡 (例如：玫瑰拿铁、巧克力摩卡)
    - 一份精致甜品 (例如：心形提拉米苏、草莓慕斯)
    - 一份小食拼盘 (例如：薯条、鸡翅、沙拉)
  - 套餐价格设定为原价的8折左右，并赠送一张店铺明信片或玫瑰花。
- 成本预估：
  - 咖啡成本：20元/杯 * 2 = 40元
  - 甜品成本：30元
  - 小食拼盘成本：40元
  - 包装及赠品成本：10元

给 DeepSeek 发送消息

深度思考 (R1)　联网搜索

内容由 AI 生成，请仔细甄别

图1-6

> 📺 **提示**
>
> 当 DeepSeek 的回答质量不高或不符合要求时，可以单击回答内容下方的"重新生成"按钮 ⟳ 让它重新回答。如果需要使用更具体、更准确的提示词，可以采用"编辑消息"的方式修改原有提示词，也可以追加提问的方式直接输入修改后的提示词。

**步骤06**　经过分析，发现上一步骤的问题描述得不够准确，决定采用修改提示词的方式让 DeepSeek 重新回答。将鼠标指针放在提示词上，❶单击浮现的"编辑消息"按钮 ✎，进入编辑状态，❷根据实际需求修改提示词，❸然后单击"发送"按钮保存并提交更改，❹ DeepSeek 就会根据修改后的提示词重新生成回答，如图 1-7 所示。

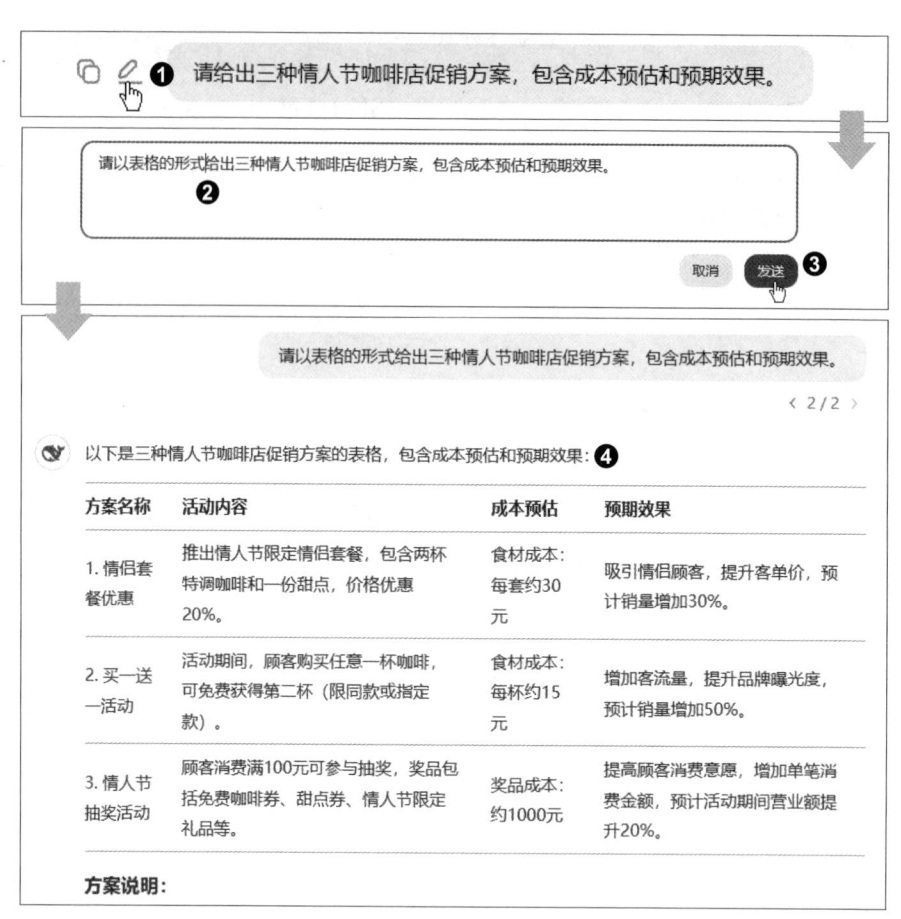

请给出三种情人节咖啡店促销方案，包含成本预估和预期效果。❶

请以表格的形式给出三种情人节咖啡店促销方案，包含成本预估和预期效果。❷

取消　发送❸

请以表格的形式给出三种情人节咖啡店促销方案，包含成本预估和预期效果。

< 2/2 >

以下是三种情人节咖啡店促销方案的表格，包含成本预估和预期效果：❹

| 方案名称 | 活动内容 | 成本预估 | 预期效果 |
| --- | --- | --- | --- |
| 1. 情侣套餐优惠 | 推出情人节限定情侣套餐，包含两杯特调咖啡和一份甜点，价格优惠20%。 | 食材成本：每套约30元 | 吸引情侣顾客，提升客单价，预计销量增加30%。 |
| 2. 买一送一活动 | 活动期间，顾客购买任意一杯咖啡，可免费获得第二杯（限同款或指定款）。 | 食材成本：每杯约15元 | 增加客流量，提升品牌曝光度，预计销量增加50%。 |
| 3. 情人节抽奖活动 | 顾客消费满100元可参与抽奖，奖品包括免费咖啡券、甜点券、情人节限定礼品等。 | 奖品成本：约1000元 | 提高顾客消费意愿，增加单笔消费金额，预计活动期间营业额提升20%。 |

方案说明：

图1-7

**步骤07**　回答完成后，页面的左侧边栏中会出现此次对话的记录，对话记录的标题是根据对话的内容自动生成的。如果要修改对话记录的标题，可以将鼠标指针移至标题位置，❶单击标题右侧的按钮，❷在展开的列表中单击"重命名"选项，如图1-8所示，❸输入新的标题，如图1-9所示，按〈Enter〉键确认修改。

图1-8

图1-9

第 1 章　认识对话式 AI ｜ 011

**步骤08**　如果要删除对话记录，❶单击标题右侧的 ⋯ 按钮，❷在展开的列表中单击"删除"选项，如图 1-10 所示，在弹出的提示框中单击"删除"按钮即可。如果要开启新的对话，❸则单击"开启新对话"按钮，如图 1-11 所示。

图1-10　　　　　　　　　　　图1-11

## 1.4　与 DeepSeek 进行多轮交流

与其他对话式 AI 相似，DeepSeek 也具有一定的记忆上下文的能力，用户可以根据 DeepSeek 的回答调整提问的方式，从而得到更满意的答案。这里以向 10 岁的小朋友介绍区块链技术及其特点为例，详细介绍如何与 DeepSeek 进行多轮交流，循序渐进地得到满意的答案。

**步骤01**　在 DeepSeek 页面中单击"开启新对话"按钮开启新的对话，先让 DeepSeek 介绍区块链技术及该技术的特点，演示对话如下[①]。由于我们在提问时没有指定目标受众，DeepSeek 给出的回答中有较多专业术语，10 岁的孩子理解起来有一定难度。

请介绍一下区块链技术及其特点，300 字左右。

区块链技术是一种去中心化的分布式账本技术，通过加密算法确保数据的安全性和不可篡改性。其核心特点包括：

1. 去中心化：区块链不依赖单一中心节点，数据由网络中的多个节点共同维护，避免了单点故障和中心化控制的风险。

> **提示**
> DeepSeek 只能感知当前对话的上下文，不能在当前对话中"回忆"其他对话的历史记录。

---

① 以下将用文本形式展示对话的内容，其中 🧑 代表用户的问题，🐋 代表 DeepSeek 的回答。

2. 透明性：所有交易记录公开透明，参与者可查看链上数据，确保信息的公开和可追溯。

3. 不可篡改性：一旦数据写入区块链，便无法随意修改或删除，确保了数据的真实性和完整性。

4. 安全性：通过加密算法（如哈希函数、非对称加密）保障数据安全，防止恶意攻击和数据泄露。

5. 智能合约：区块链支持自动执行的智能合约，能够在满足预设条件时自动触发交易或操作，提升效率并减少人为干预。

区块链技术广泛应用于金融、供应链、医疗等领域，推动了信任机制的革新和业务流程的优化。

**步骤02** 继续向 DeepSeek 提问，指定内容的目标受众，演示对话如下。可以看到，DeepSeek 在新的回答中明显减少了专业术语的使用，尽量使用类比、举例等方式来说明问题，语气也更有亲和力。始终围绕上一轮对话的要点来生成新的内容，基本没有跑题。

> 我想向 10 岁的小朋友介绍区块链技术及其特点，请修改以上内容，让其变得通俗易懂。

> 好的！我来用简单的方式向 10 岁的小朋友介绍区块链技术：
> 区块链就像是一个大家一起写的"超级安全日记本"，用来记录重要的信息。这个日记本有很多特别的地方：
> 1. 大家一起保管：这个日记本不是放在一个人手里，而是由很多人一起保管。每个人都有一个副本，所以谁也不能随便改里面的内容。
> 2. 透明又公平：日记本里的内容所有人都能看到，谁写了什么、改了什么都清清楚楚，这样大家都会觉得公平。
> 3. 写上去就改不了：一旦信息写进日记本，就不能随便擦掉或修改，就像用魔法笔写的一样，特别安全。
> 4. 超级安全：日记本用了很厉害的密码保护，只有经过大家同意，才能往里面写东西，坏人很难捣乱。
> 5. 自动完成任务：区块链还可以用"智能合约"，就像一个小机器人，当满足条件时，它会自动完成任务，比如自动发奖励。
> 区块链可以用来记录钱、游戏道具，甚至保护重要的信息，让我们的生活更方便、更安全！是不是很酷呢？

**步骤03** 在上一轮对话中，DeepSeek 已经改用更加通俗易懂的语言介绍了区块链技术，并通过分点的方式详细介绍了它的多个特点。接下来，继续要求 DeepSeek 基于这些先前的回答，对区块链技术的概念及特点进行总结，演示对话如下。

🗨 能不能将以上内容用一段话来总结概括一下呢？

🐋 当然可以！区块链就像一个大家一起用的"超级安全日记本"，每个人都能看到里面的内容，但不能随便修改，信息一旦写进去就永远保存下来。它通过密码保护确保安全，还能用"智能合约"自动完成任务。区块链可以用来记录钱、游戏道具或重要信息，让事情变得更公平、透明和安全！

## 1.5 用 DeepSeek 更改文章写作风格

为了使内容更加引人入胜且易于理解，以更有效地触达目标受众，往往需要变换写作风格来更好地契合与传达主要信息。本节将介绍如何让 DeepSeek 按指定的方式改写产品评测文章。

**步骤01** 开启一个新对话，单击提示词输入框下方的"上传附件"按钮，如图 1-12 所示。

图1-12

**步骤02** 弹出"打开"对话框，❶单击选择需要进行润色的文档，❷单击"打开"按钮，如图 1-13 所示。

图1-13

**步骤03** 文档上传成功后,在提示词输入框中输入提示词,这里为了增加文章的亲切感和可信度,先让 DeepSeek 采用第一人称改写文章。演示对话如下。

> 使用第一人称改写文章,直接表达个人的体验、感受和观点。

> 评测文章:全新 ×× 智能音箱深度体验
> 在智能家居设备越来越普及的今天,智能音箱已经成为许多家庭的必备品。最近,我有幸体验了一款全新的 ×× 智能音箱,经过一段时间的使用,我想和大家分享一下我的真实感受和体验。
> 一、外观设计:首先,×× 智能音箱的外观设计给我留下了深刻的印象。它的机身线条圆润流畅,整体看起来非常简约时尚。外壳的材质摸起来手感很好,而且有一定的抗刮擦能力,日常使用中不用担心轻易留下划痕。音箱顶部的触控按键设计得非常直观,操作起来非常方便。总的来说,我觉得这款音箱的外观设计既美观又实用,能够轻松融入各种家居风格中。
> 二、音质表现:音质是我最关心的部分,毕竟音箱的核心功能就是播放音乐。×× 智能音箱搭载了高保真音频技术,音质表现让我感到惊喜。在试听过程中,我发现它的中高频段表现非常出色,人声清晰细腻,乐器的层次感也很分明。虽然低频部分稍显不足,但考虑到它的价格定位,这样的音质表现已经让我非常满意了。
> 三、智能交互:作为一款智能音箱,×× 在智能交互方面的表现也让我感到非常满意。它支持多种语音助手,我可以通过简单的语音指令来控制音箱播放音乐、查询天气、设定闹钟等。在实际使用中,我发现它的语音识别准确率很高,响应速度也很快,基本上能够准确理解并执行我的指令。此外,它还支持与多种智能家居设备联动,这让我的生活变得更加便捷。
> 四、续航能力:续航能力也是我关注的一个重点。×× 智能音箱内置了大容量电池,官方宣称在满电状态下可以持续播放音乐长达 ×× 小时。在我的实际测试中,音箱在中等音量下连续播放音乐超过了 ×× 小时,表现与官方宣传基本一致。这样的续航能力完全能够满足我的日常使用需求,不需要频繁充电。
> 五、性价比分析:从性价比的角度来看,我觉得 ×× 智能音箱非常值得入手。它的音质表现、智能交互功能和续航能力都让我感到满意。虽然和一些高端智能音箱相比,它在某些方面可能稍显不足,但考虑到它的价格定位,我觉得这样的表现已经非常不错了。
> 六、总结:总的来说,我对这款 ×× 智能音箱的整体表现非常满意。它不仅在外观设计上符合我的审美,音质表现也让我感到惊喜,智能交互功能更是让我的生活变得更加便捷。虽然它在一些细节上还有提升空间,但总体而言,我认为这是一款性价比非常高的智能音箱。如果你正在寻找一款价格亲民、功能全面的智能音箱,我强烈推荐你考虑一下这款 ×× 智能音箱。

**步骤04** 从 DeepSeek 改写的结果来看，新的文案在保留原文核心信息的基础上，语言风格更加鲜明且富有感染力。接下来可以再让 DeepSeek 用热情、积极的语气进一步改写文案。演示对话如下。

> 采用热情、积极的语气，多用积极、正面的词汇和短语，表达对产品的喜爱和满意。

> 评测文章：全新××智能音箱深度体验——一款让我爱不释手的智能好物！
> 在智能家居设备风靡的今天，智能音箱已经成为现代家庭的必备神器！最近，我有幸体验了全新的××智能音箱，经过一段时间的使用，我简直被它的出色表现深深折服！今天，我迫不及待地想和大家分享这款让我爱不释手的智能好物！
> 一、外观设计：简约时尚，一见倾心！
> ××智能音箱的外观设计简直让我一见倾心！它的机身线条圆润流畅，简约而不失时尚感，摆在家里就像一件精致的艺术品。外壳材质手感细腻，还具备抗刮擦性能，日常使用完全不用担心磨损。顶部的触控按键设计得非常直观，操作起来得心应手。无论是放在客厅、卧室还是书房，它都能完美融入各种家居风格，简直是颜值与实用性的完美结合！
> 二、音质表现：震撼听觉，音乐盛宴！
> 音质是智能音箱的灵魂，而××智能音箱在这方面表现得尤为出色！它搭载了高保真音频技术，音质清晰饱满，尤其是中高频段的表现让我惊艳不已！人声细腻动人，乐器声层次分明，仿佛置身于音乐现场。虽然低频部分稍显柔和，但整体音质表现已经远超我的预期！无论是听流行音乐、古典乐还是播客，它都能带来一场听觉盛宴，让我每天都沉浸在美妙的音乐世界中！
> 三、智能交互：聪明贴心，生活更轻松！
> ××智能音箱的智能交互功能简直让我惊叹！它支持多种语音助手，只需一句话，我就能轻松控制音箱播放音乐、查询天气、设定闹钟，甚至还能控制家里的其他智能设备！它的语音识别准确率超高，响应速度也快得惊人，几乎每次都能准确理解并执行我的指令。有了它，我的生活变得更加智能、便捷，简直是居家生活的得力助手！
> 四、续航能力：持久耐用，畅享无忧！
> 续航能力也是××智能音箱的一大亮点！它内置了大容量电池，官方宣称可以持续播放音乐长达××小时。在我的实际使用中，它在中等音量下连续播放音乐超过了××小时，完全符合官方宣传！这样的续航表现让我完全不用担心频繁充电的问题，无论是日常使用还是外出携带，都能畅享音乐，毫无后顾之忧！
> 五、性价比分析：物超所值，诚意满满！
> 从性价比的角度来看，××智能音箱绝对是物超所值！它的音质表现、智能交

互功能和续航能力都让我感到非常满意。虽然和一些高端产品相比，它在某些细节上可能稍显不足，但考虑到它亲民的价格，这样的表现已经让我感到非常惊喜！无论是作为家庭娱乐中心，还是智能家居的控制枢纽，它都能完美胜任，绝对是性价比之选！

六、总结：一款让我爱不释手的智能好物！

总的来说，××智能音箱完全超出了我的期待！它不仅外观时尚、音质出色，智能交互功能更是让我的生活变得更加轻松便捷。续航能力也让我无须担心电量问题，随时随地都能享受音乐。虽然它还有一些小细节可以优化，但整体表现已经让我非常满意！如果你正在寻找一款高性价比、功能全面的智能音箱，我强烈推荐××智能音箱！它绝对是一款让你爱不释手的智能好物，值得拥有！

## 1.6 用 DeepSeek 进行深度思考

DeepSeek 推出了 DeepSeek-R1 推理模型，该模型在后训练阶段大规模使用了强化学习技术，在仅有很少标注数据的情况下极大提升了模型的推理能力，在数学、代码编程、自然语言推理等任务上，性能比肩 OpenAI 开发的 GPT-o1 模型正式版。本节就来介绍如何使用 DeepSeek-R1 推理模型进行深度思考。

**步骤01** 在 DeepSeek 中开启一个新对话，❶在提示词输入框中输入"人工智能在现代社会中有哪些重要应用？它的发展前景如何？"，❷单击"深度思考（R1）"按钮，❸然后单击 ↑ 按钮或按〈Enter〉键提交问题，如图 1-14 所示。

图1-14

**步骤02** DeepSeek 即可进入深度思考模式，在思考时，该模型将拆解提问背后的深层内容，并将思考的过程逐一表述出来，以灰色文字显示，如图 1-15 所示。

**步骤03** DeepSeek 给出完整的思考过程后，如图 1-16 所示，才会给出详细的解答内容，如图 1-17 所示。

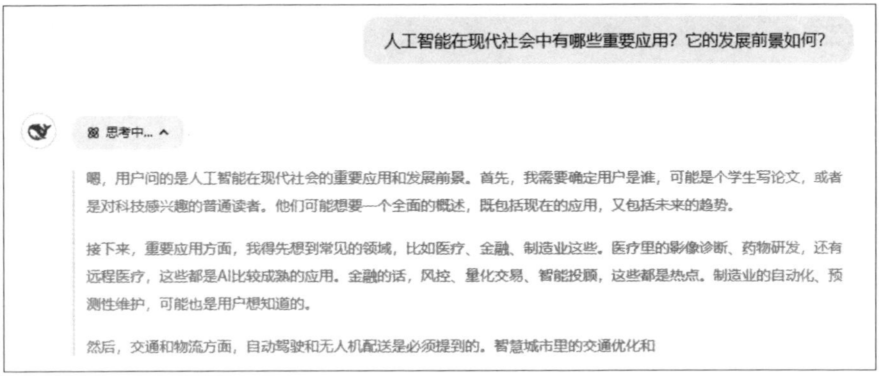

第 1 章　认识对话式 AI　｜ 017

人工智能在现代社会中有哪些重要应用？它的发展前景如何？

思考中... ∧

嗯，用户问的是人工智能在现代社会的重要应用和发展前景。首先，我需要确定用户是谁，可能是个学生写论文，或者是对科技感兴趣的普通读者。他们可能想要一个全面的概述，既包括现在的应用，又包括未来的趋势。

接下来，重要应用方面，我得先想到常见的领域，比如医疗、金融、制造业这些。医疗里的影像诊断、药物研发，还有远程医疗，这些都是AI比较成熟的应用。金融的话，风控、量化交易、智能投顾，这些都是热点。制造业的自动化、预测性维护，可能也是用户想知道的。

然后，交通和物流方面，自动驾驶和无人机配送是必须提到的。智慧城市里的交通优化和

图1-15

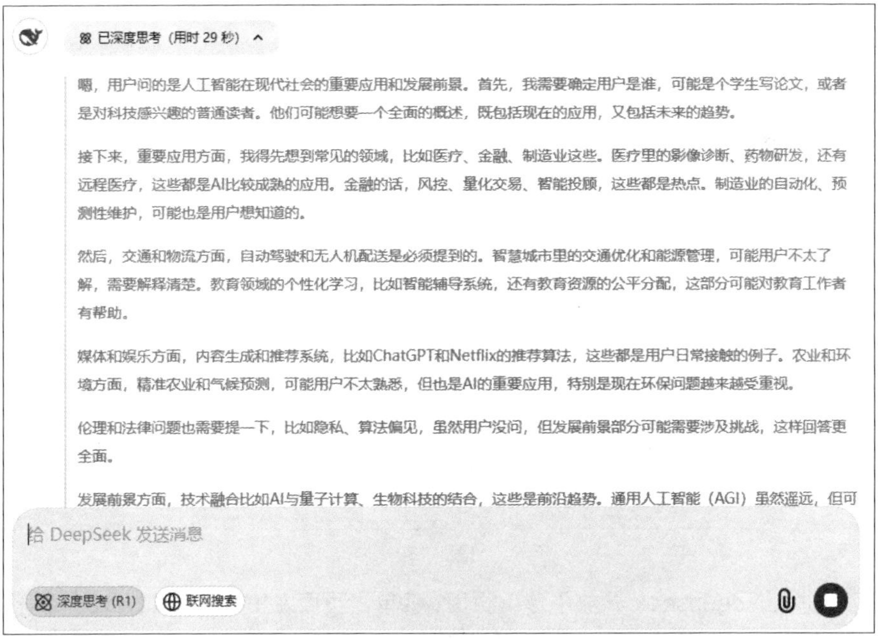

已深度思考（用时 29 秒）∧

嗯，用户问的是人工智能在现代社会的重要应用和发展前景。首先，我需要确定用户是谁，可能是个学生写论文，或者是对科技感兴趣的普通读者。他们可能想要一个全面的概述，既包括现在的应用，又包括未来的趋势。

接下来，重要应用方面，我得先想到常见的领域，比如医疗、金融、制造业这些。医疗里的影像诊断、药物研发，还有远程医疗，这些都是AI比较成熟的应用。金融的话，风控、量化交易、智能投顾，这些都是热点。制造业的自动化、预测性维护，可能也是用户想知道的。

然后，交通和物流方面，自动驾驶和无人机配送是必须提到的。智慧城市里的交通优化和能源管理，可能用户不太了解，需要解释清楚。教育领域的个性化学习，比如智能辅导系统，还有教育资源的公平分配，这部分可能对教育工作者有帮助。

媒体和娱乐方面，内容生成和推荐系统，比如ChatGPT和Netflix的推荐算法，这些都是用户日常接触的例子。农业和环境方面，精准农业和气候预测，可能用户不太熟悉，但也是AI的重要应用，特别是现在环保问题越来越受重视。

伦理和法律问题也需要提一下，比如隐私、算法偏见，虽然用户没问，但发展前景部分可能需要涉及挑战，这样回答更全面。

发展前景方面，技术融合比如AI与量子计算、生物科技的结合，这些是前沿趋势。通用人工智能（AGI）虽然遥远，但可

给 DeepSeek 发送消息

深度思考 (R1)　　联网搜索

图1-16

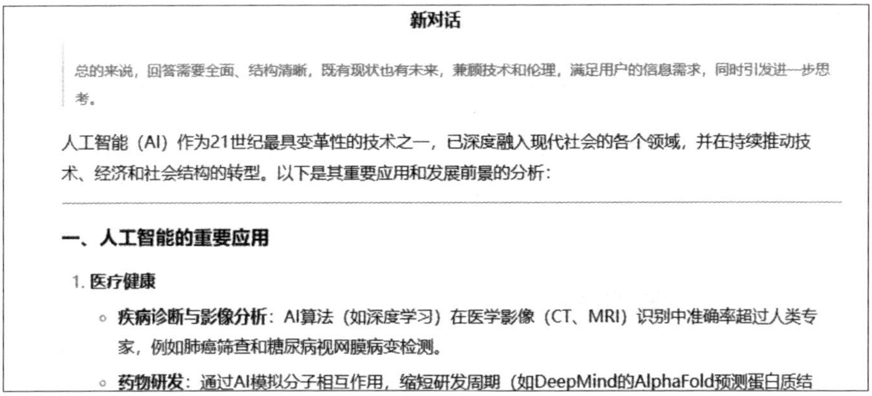

新对话

总的来说，回答需要全面、结构清晰，既有现状也有未来，兼顾技术和伦理，满足用户的信息需求，同时引发进一步思考。

人工智能（AI）作为21世纪最具变革性的技术之一，已深度融入现代社会的各个领域，并在持续推动技术、经济和社会结构的转型。以下是其重要应用和发展前景的分析：

---

### 一、人工智能的重要应用

1. 医疗健康

- **疾病诊断与影像分析**：AI算法（如深度学习）在医学影像（CT、MRI）识别中准确率超过人类专家，例如肺癌筛查和糖尿病视网膜病变检测。
- **药物研发**：通过AI模拟分子相互作用，缩短研发周期（如DeepMind的AlphaFold预测蛋白质结

图1-17

> **提示**
>
> DeepSeek 在生成回答时，有时会因为超出了长度限制而中断输出。此时输入指令"/续写"，DeepSeek 就会接着上次中断的地方输出剩余的内容。

## 1.7 在 Word 中接入 DeepSeek R1 模型

在日常工作中，Microsoft Word 通常是撰写文档的首选工具。然而，随着工作节奏的日益加快，人们对文档处理效率的要求也在不断提升，手动编写方式逐渐显得力不从心。鉴于 DeepSeek 在自然语言处理领域的卓越能力，将 DeepSeek R1 模型接入 Word 组件，可以在 Word 文档中轻松利用 AI 大模型处理文字内容，大幅提升工作效率。本节就来详细介绍具体的操作方法。

**步骤01** 进入 DeepSeek 官网，单击右上角的"API 开放平台"，如图 1-18 所示。在打开的页面中根据提示完成账户的注册和登录。

图1-18

**步骤02** 进入"deepseek 开放平台"页面，❶单击页面左侧的"API Keys"标签，❷在展开的"API Keys"界面中单击"创建 API Key"按钮，如图 1-19 所示。

图1-19

第 1 章　认识对话式 AI ｜ 019

**步骤03**　弹出"创建 API Key"对话框,单击对话框中的"创建",如图 1-20 所示,随后会生成一条 API Key,单击"复制"按钮,复制生成的 API Key,如图 1-21 所示。

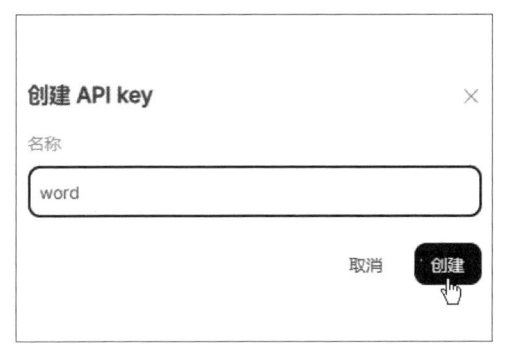

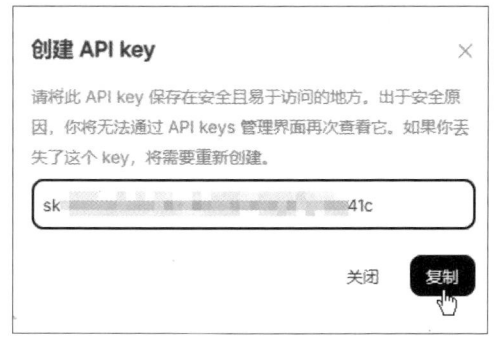

图1-20

图1-21

> **提示**
>
> API Keys 是在 DeepSeek 平台上进行身份验证的关键凭证。若此类密钥被未经授权的第三方获取,则可能导致该第三方在 DeepSeek 平台上产生的所有费用直接从您的账户中扣除。因此,务必妥善保管 API Keys,避免向他人泄露。

**步骤04**　打开 Word 组件,执行"文件→选项"菜单命令,弹出"Word 选项"对话框,❶单击对话框左侧的"自定义功能区"标签,❷在展开的界面中勾选"自定义功能区"下方的"开发工具"复选框,如图 1-22 所示。

图1-22

**步骤05** ❶单击"Word 选项"对话框左侧的"信任中心"标签，❷在展开的界面中单击"信任中心设置"按钮，如图 1-23 所示。

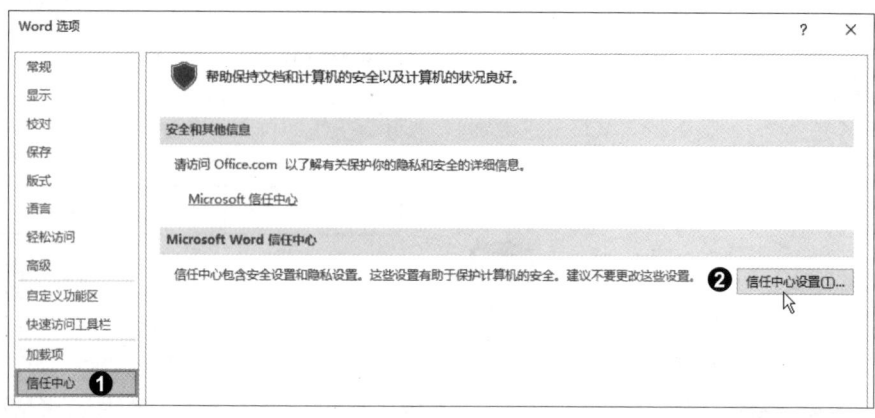

图1-23

**步骤06** 弹出"信任中心"对话框，默认情况下是禁用所有宏的，但是为了接入 DeepSeek，❶这里勾选"启用所有宏 ( 不推荐；可能会运行有潜在危险的代码 )"复选框，❷然后单击"确定"按钮，如图 1-24 所示。设置完成后单击"确定"按钮，退出"Word 选项"对话框。

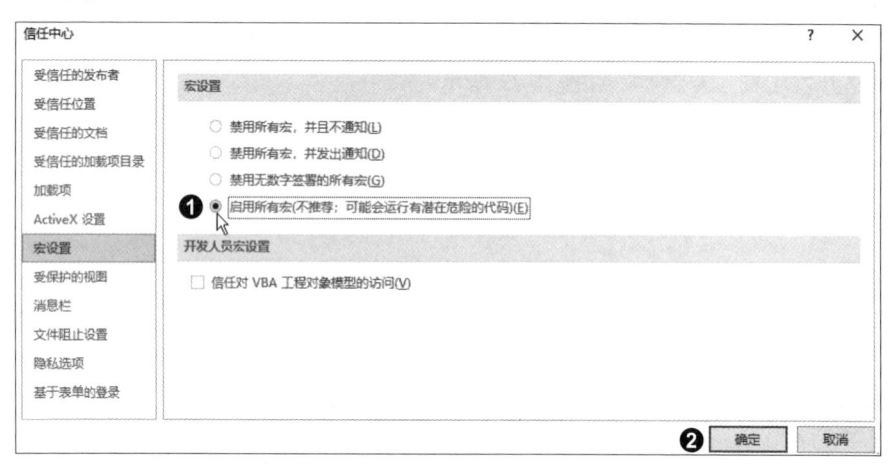

图1-24

**步骤07** 返回 Word 页面，❶单击"开发工具"标签，切换至"开发工具"选项卡，❷单击"代码"组中的"Visual Basic"按钮，如图 1-25 所示。

图1-25

**步骤08** 弹出"Microsoft Visual Basic for Applications"窗口，❶执行"插入→模块"菜单命令，如图 1-26 所示。❷在文档中插入模块 1，此时可以看到输入框中是空白的，如图 1-27 所示。

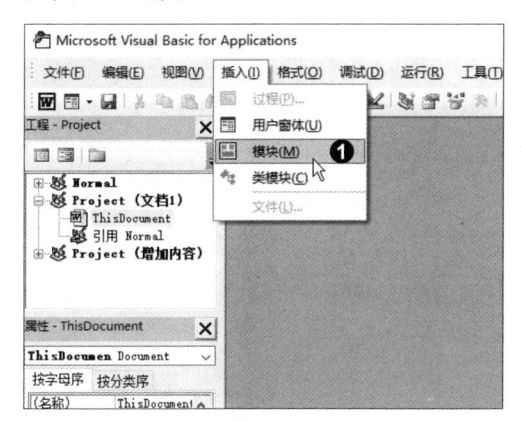

图1-26

图1-27

**步骤09** 打开"代码 .txt"文件，将之前复制的 API Keys 粘贴到"api_key="后面冒号里的位置，如图 1-28 所示。

**步骤10** 按快捷键〈Ctrl+A〉，全选文本，再按快捷键〈Ctrl+C〉，复制文本，如图 1-29 所示。

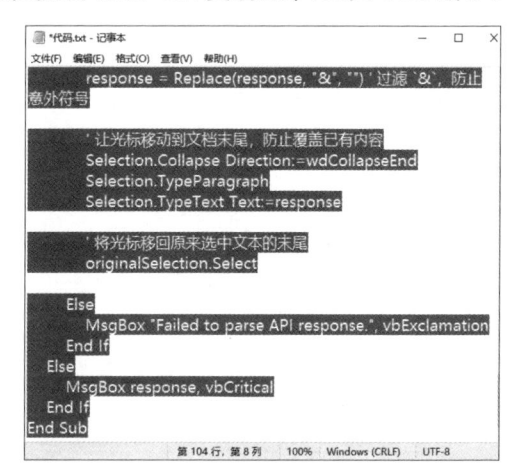

图1-28

图1-29

**步骤11** 返回"Microsoft Visual Basic for Applications"窗口，将光标插入点定位于模块 1 中，按快捷键〈Ctrl+C〉，粘贴文本，如图 1-30 所示。此时直接关闭窗口即可保存模块。

**步骤12** 再次执行"文件→选项"菜单命令，弹出"Word 选项"对话框，❶单击对话框左侧的"自定义功能区"标签，❷在展开的界面中单击"自定义功能区"下方的"开发工具"选项卡，❸单击下方的"新建组"按钮，如图 1-31 所示。

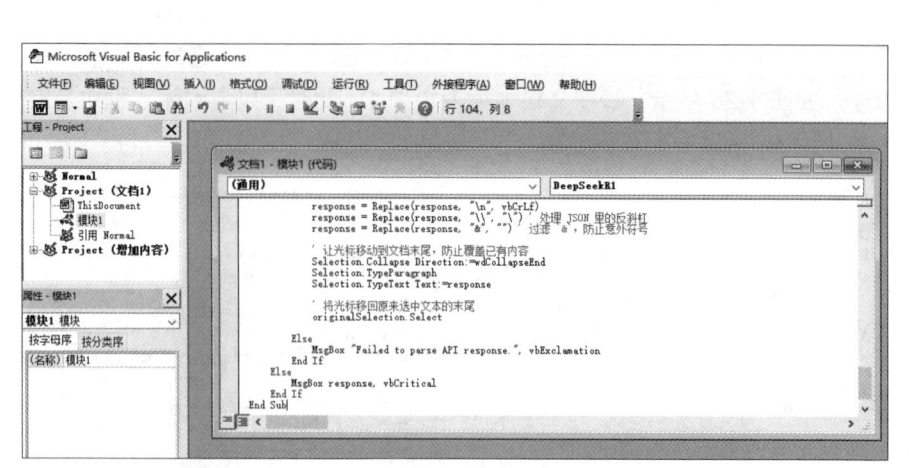

图1-30

图1-31

**步骤13** 此时"开发工具"选项卡下创建了一个"新建组(自定义)",❶单击"重命名"按钮,如图1-32所示。弹出"重命名"对话框,❷在"显示名称"文本框中输入"deepseek",❸输入后单击"确定"按钮,如图1-33所示,更改选项组名称。

**步骤14** ❶单击"从下列位置选择命令"右侧的下拉按钮,在展开的下拉列表中选择"宏"选项,如图1-34所示。可以看到刚刚配置的"Project.模块1.DeepSeekR1"模块,❷单击"添加"按钮,将该模块添加到新创建的"deepseek"组中,如图1-35所示。

第 1 章　认识对话式 AI　023

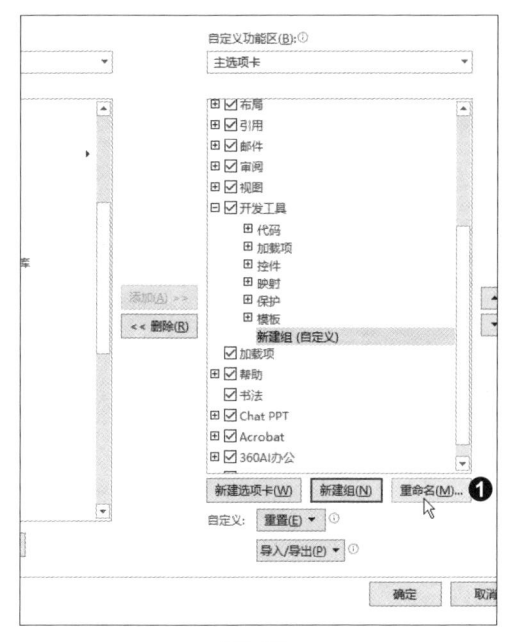

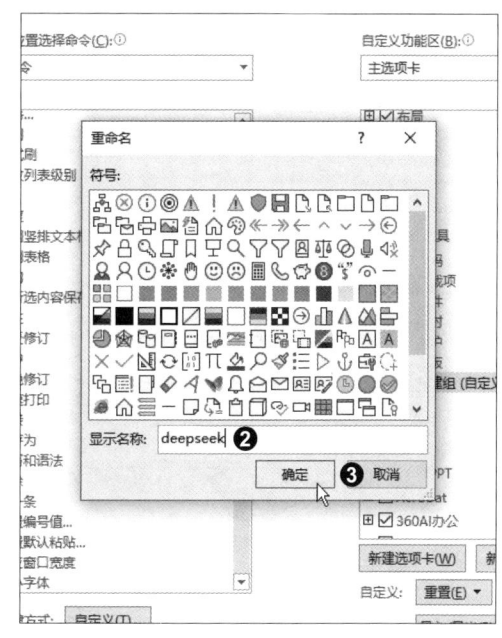

图1-32

图1-33

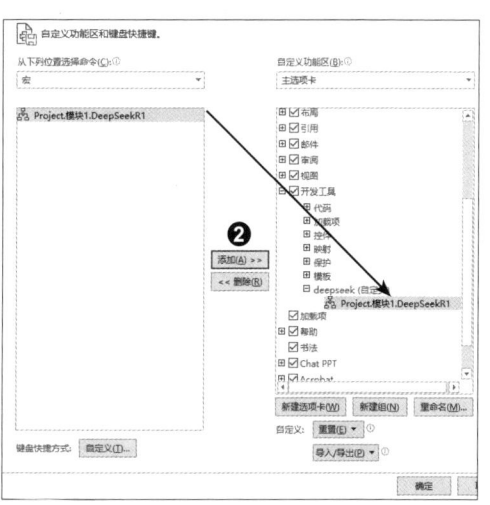

图1-34

图1-35

**步骤15**　如果模块名太长，可以修改模块名称，❶单击"重命名"按钮，如图 1-36 所示。❷在弹出的"重命名"对话框重新输入名称，❸在"符号"下方单击选择一个喜欢的图标，❹设置后单击"确定"按钮，如图 1-37 所示。最后单击"Word 选项"对话框右下角的"确定"按钮，完成设置。

**步骤16**　返回 Word 文档页面，单击"开发工具"标签，在选项卡功能区中可以看到"DeepSeekR1 生成"功能按钮，表示已经成功接入 DeepSeek。❶在文档中输入问题，并选中输入的文字，❷再单击"DeepSeekR1 生成"按钮，❸稍等片刻，DeepSeek 就会生成回答，如图 1-38 所示。

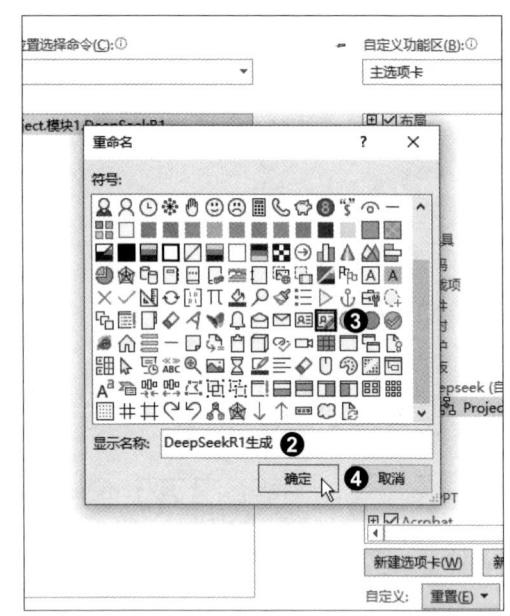

图1-36

图1-37

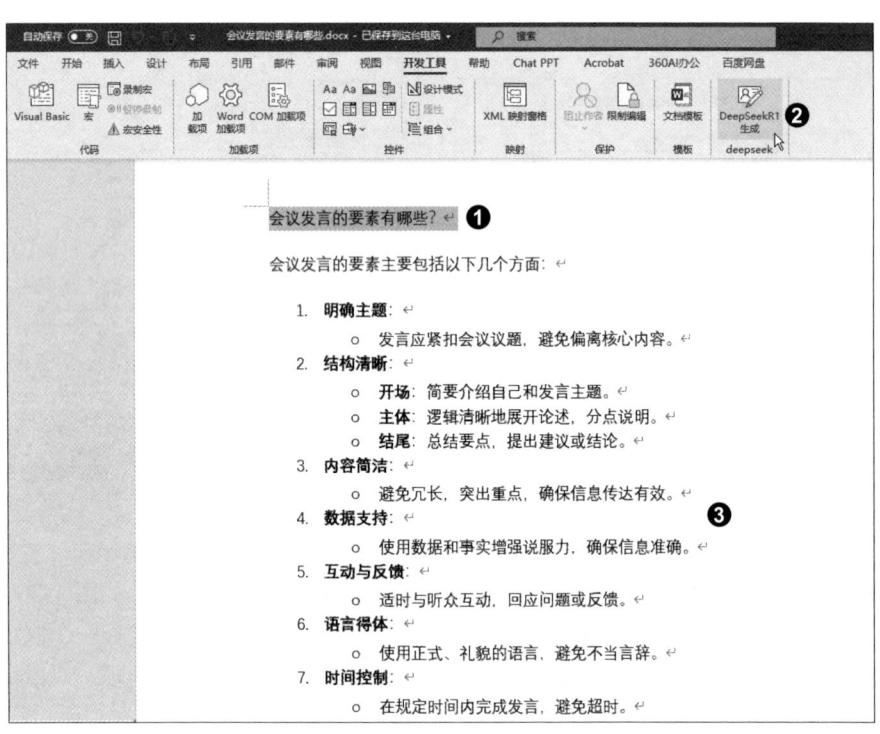

图1-38

# 第 2 章
# 通义千问与文心一言

为了高效完成各类写作任务,用户可能会依据不同的需求和场景,灵活运用多个 AI 写作工具。除了 DeepSeek,通义千问和文心一言也是两款极具代表性的 AI 写作工具。这两款工具分别由阿里云和百度两大科技巨头推出,凭借其强大的技术实力和深厚的行业积累,为用户提供了前所未有的智能写作体验。本章将介绍通义千问和文心一言的基本操作和进阶用法,帮助用户利用这两种工具,全面提升内容创作的效率与质量。

## 2.1 对话记录管理

在日常写作过程中，若想得到准确回答，有时需要经过多次对话才能获取目标内容。为了帮助用户更高效地管理和查找历史对话，AI 工具大多提供了对话记录管理功能，包括新建对话窗口、重命名对话记录、删除单条或多条对话记录等。用户使用这些功能可以便捷地整理和回顾自己的对话内容。本节将以通义千问平台为例，介绍如何在 AI 工具中进行对话记录管理。

### 1. 新建对话窗口

在通义千问中，用户可以通过"新建对话窗口"功能，保留当前对话框的聊天记录，同时开启一个新的对话窗口，以便与 AI 讨论不同的话题，具体操作步骤如下。

**步骤01** 打开通义千问（https://www.tongyi.com/qianwen/），进入一个使用过的对话窗口，单击左上角的"新建对话"按钮，如图 2-1 所示。

图2-1

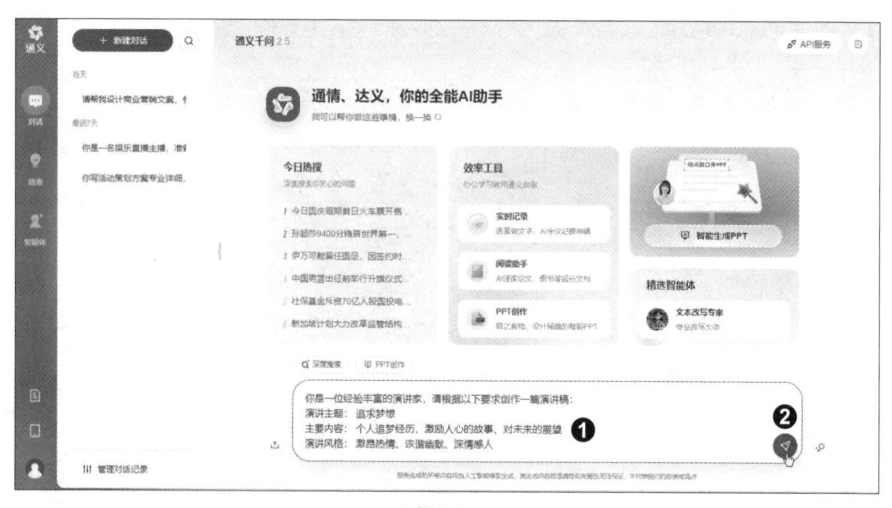

**步骤02** 执行操作后，即可新建一个对话窗口，❶在提示词输入框中输入提示词，❷单击 ▶ 按钮或按〈Enter〉键提交，如图 2-2 所示。

图2-2

**步骤03** 等待片刻，AI 便会根据要求创作一篇演讲稿，如图 2-3 所示。

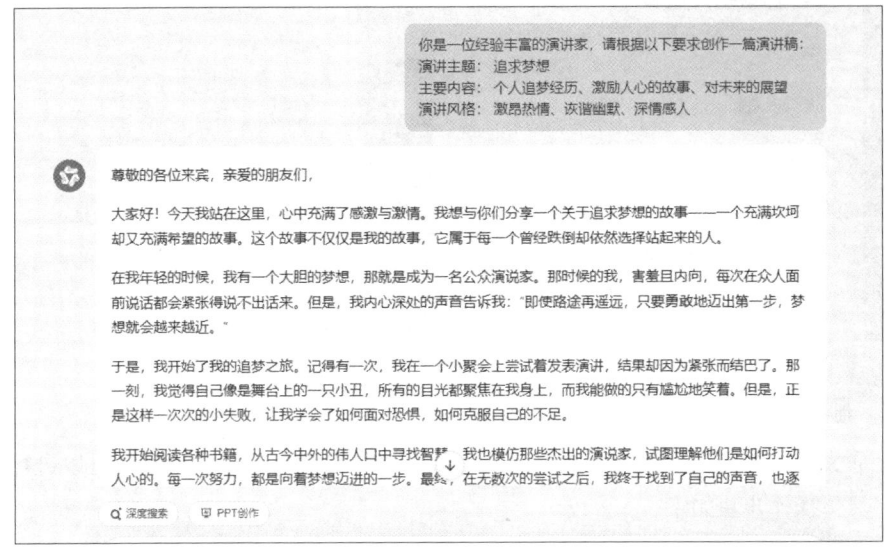

图2-3

### 2. 重命名对话记录

在通义千问的对话窗口中，每生成一段对话后，系统会自动为该对话记录分配一个名称。为了后续能够更便捷、准确地查找到特定的对话内容，可以重命名这些对话记录，具体操作步骤如下。

**步骤01** 以上一例中新建的对话窗口为例，将鼠标指针移到对话上，单击右侧的 ⋯ 按钮，如图 2-4 所示，在弹出的菜单中单击"重命名"命令，如图 2-5 所示。

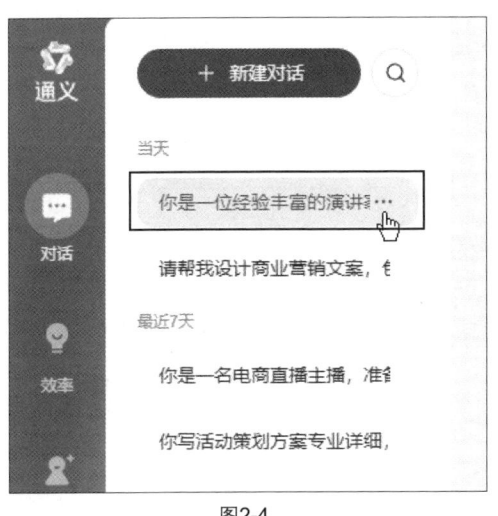

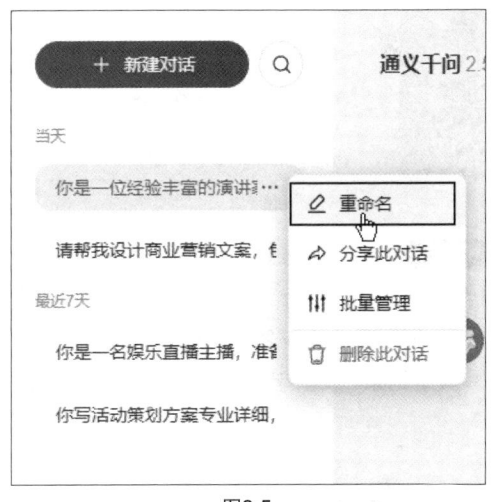

图2-4　　　　　　　　　　　　图2-5

**步骤02** 进入编辑状态，❶在文本框中输入新的名称，❷然后单击右侧的 ✓ 按钮，如图 2-6 所示，完成对话记录的重命名操作，如图 2-7 所示。

图2-6

图2-7

### 3. 删除对话记录

在通义千问中完成了当前话题的对话之后，如果不想保留对话记录，可以进行删除操作。具体操作步骤如下。

**步骤01** 将鼠标指针移到需要删除的对话记录上，单击右侧的 按钮，如图2-8所示，在弹出的菜单中单击"删除此对话"命令，如图2-9所示。

图2-8

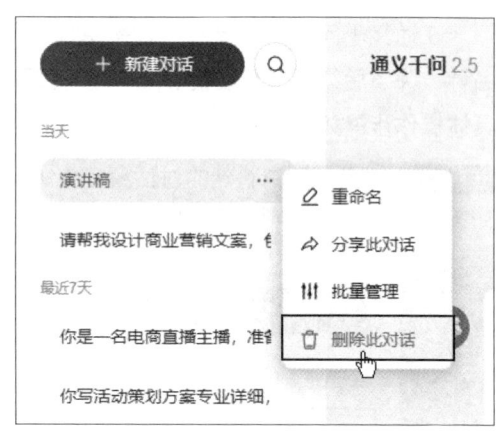

图2-9

**步骤02** 弹出"确认删除这1条对话记录吗？"对话框，单击"确定删除"按钮，删除对话记录，如图2-10所示。如果不想删除对话记录，则单击"取消"按钮。

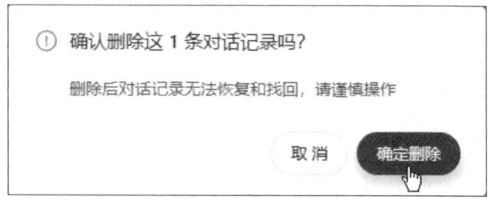

图2-10

### 4. 批量删除对话记录

前面介绍了删除单条对话记录的方法。为节省时间，还可以使用批量删除对话的功能，具体操作步骤如下。

**步骤01** 进入通义千问的对话页面，单击左下角的"管理对话记录"按钮，如图2-11所示。

图2-11

**步骤02** 弹出"管理对话记录"对话框，在对话框中勾选要删除的对话记录复选框，这里假设需要删除所有对话记录，❶单击勾选"全选"复选框，❷选中所有的对话记录，❸再单击"删除所选"按钮，如图2-12所示。

图2-12

**步骤03** 弹出"确认删除这3条对话记录吗？"对话框，单击对话框中的"确定删除"按钮，即可删除所有对话记录，如图2-13所示。

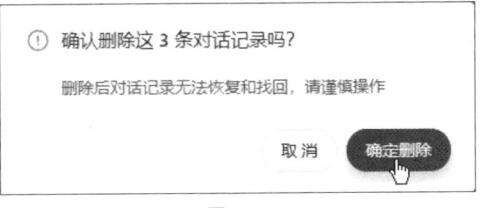

图2-13

## 2.2 文件的上传和分析

通义千问和文心一言都支持上传多种格式文件，以进行高效解析与关键内容提取，并能一次性处理多达100份资料或超过万页文档，极大提升工作效率。它们还能识别图片中的物体、文字，并基于图片内容进行回答或生成相关的创意作品。无论是面对大量文本，还是复杂的图片内容，它们都能从繁杂的数据中提炼出有价值的信息，并以直观的方式呈现出来。本节将以文心一言平台为例，介绍如何在AI工具中上传并分析文档与图片内容。

### 1. 上传文档

文心一言支持上传 Word、PDF、TXT、Excel 等多种格式的文件。上传文档后，可以根据需求让 AI 解析文档内容并生成相应的输出结果，如翻译文档、生成摘要、分析报告等，具体操作方法如下。

**步骤01** 打开文心一言（https://yiyan.baidu.com/），❶单击提示词输入框上方的"文件"按钮，如图 2-14 所示，❷在弹出的窗口中单击"点击上传或拖入文档"，如图 2-15 所示。

图2-14

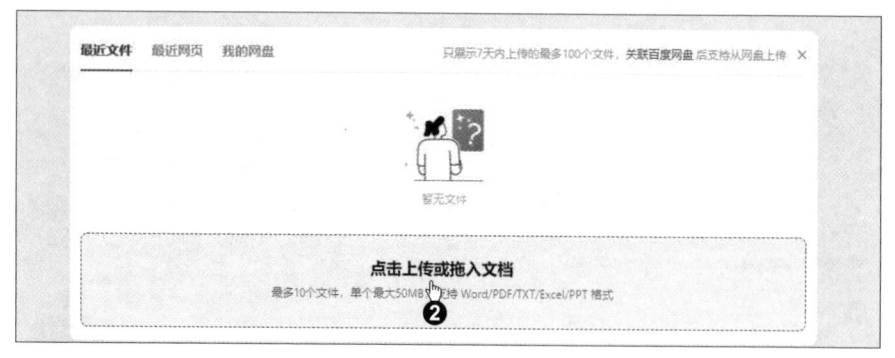

图2-15

**步骤02** 弹出"打开"对话框，❶在对话框中选择需要上传的文件，❷单击"打开"按钮，如图 2-16 所示。

图2-16

**步骤03** 文档上传成功后，❶在提示词输入框中输入提示词，❷然后单击按钮或按〈Enter〉键提交，如图 2-17 所示。

图2-17

**步骤04** 稍等片刻，文心一言便会自动阅读文档内容并生成一段符合要求的新闻摘要，如图 2-18 所示。

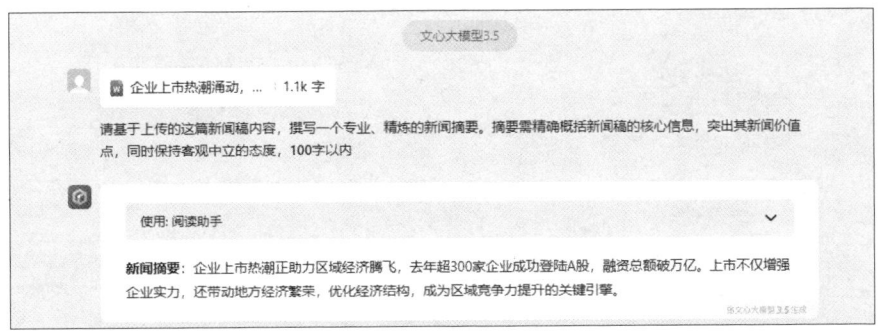

图2-18

## 2. 上传图片

文心一言除了支持上传文件，还支持上传图片。用户上传图片后，可以让 AI 解读和分析图片、根据图片内容撰写文章等，具体操作方法如下。

**步骤01** 在文心一言页面中，单击提示词输入框上方的"图片"按钮，如图 2-19 所示。

图2-19

**步骤02** 弹出"打开"对话框，❶选择需要上传的图片，❷然后单击"打开"按钮，如图 2-20 所示。

图2-20

**步骤03** 等待上传图片，❶上传成功后在提示词框中输入"请对上传的这张人口增长趋势图进行解读和分析"，❷然后单击 按钮或按〈Enter〉键提交，如图 2-21 所示。

图2-21

**步骤04** 稍等片刻，文心一言便会对上传的这张图片进行解析和分析，如图 2-22 所示。

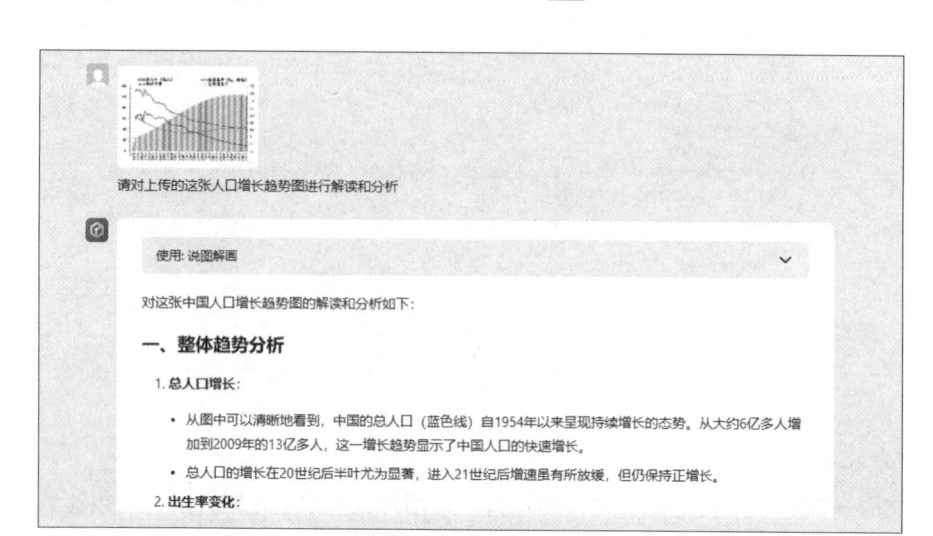

图2-22

**步骤05** 根据分析的结果，❶继续输入提示词"请就这张图片所反映的问题，撰写一篇500字以内的微博短文"，❷然后单击 按钮或按〈Enter〉键提交，如图2-23所示。

图2-23

**步骤06** 稍等片刻，文心一言便会根据图片反映的问题，快速撰写出一篇微博短文，如图2-24所示。

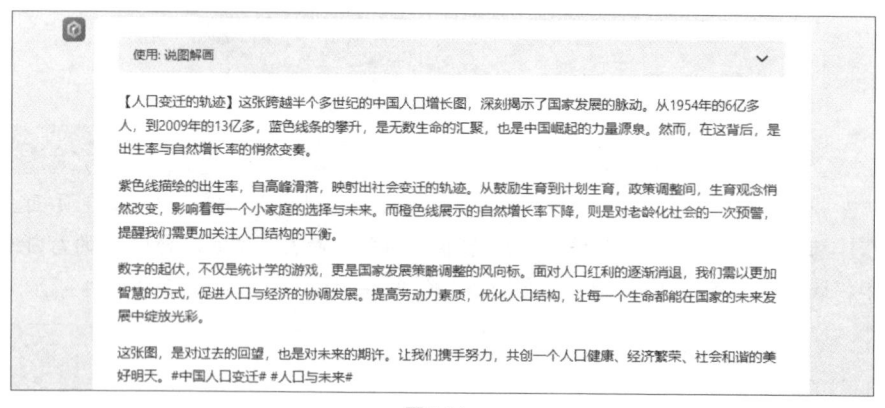

图2-24

## 2.3 智能体的应用

通义千问的"智能体"功能依托于最新的大语言模型，经过深度优化与训练，特别针对中文语境进行了强化。它不仅能够深刻理解中文独特的表达方式,还能在交流中自然融入文化元素,确保与用户的对话更加流畅与贴切。智能体功能多样且应用场景广泛,覆盖趣味生活、创意文案、办公助理和学习助手等多个领域。用户可以选择预设的智能体,快速完成特定任务,也可以通过模板或自由创建的方式,定制个性化的智能体,满足更复杂的需求。本节将详细介绍如何选择、创建和使用智能体,帮助用户充分发挥通义千问的智能化优势。

### 1. 选择应用智能体

智能体是专门针对特定任务或场景优化的 AI 模型,能够帮助用户更高效地完成特定任务。通义千问平台上汇集了众多热门的智能体。下面就来介绍如何选择并应用智能体,具体操作步骤如下。

**步骤01** ❶单击通义千问页面左侧的"智能体"按钮,进入智能体页面,❷根据需求单击对应的标签,例如单击"职场创意"标签,❸然后单击该分类下的"公文写作大师"智能体,如图 2-25 所示。

图2-25

> **提示**
> 如果对于特定功能、行业应用或性能要求有明确的需求,可以在页面上方的搜索框中直接输入关键词来搜索智能体,以便快速定位到符合需求的智能体。

**步骤02** 进入智能体对话页面,可以看到推荐的一些提示词模板,假设需要写一篇请示,就可以直接单击"写一篇请示"提示词模板,如图 2-26 所示。

图2-26

**步骤03** 稍等片刻，智能体便会根据模板中的提示词给出相应的回答，要求提供请示的对象、原因、具体内容等，如图 2-27 所示。

图 2-27

**步骤04** ❶接着在提示词输入框中输入相关的信息，❷输入完成后单击 ▷ 按钮或按〈Enter〉键提交，如图 2-28 所示。

图 2-28

**步骤05** 稍等片刻，智能体就会根据提供的信息撰写一份格式范围、内容清晰的请示，如图 2-29 所示。

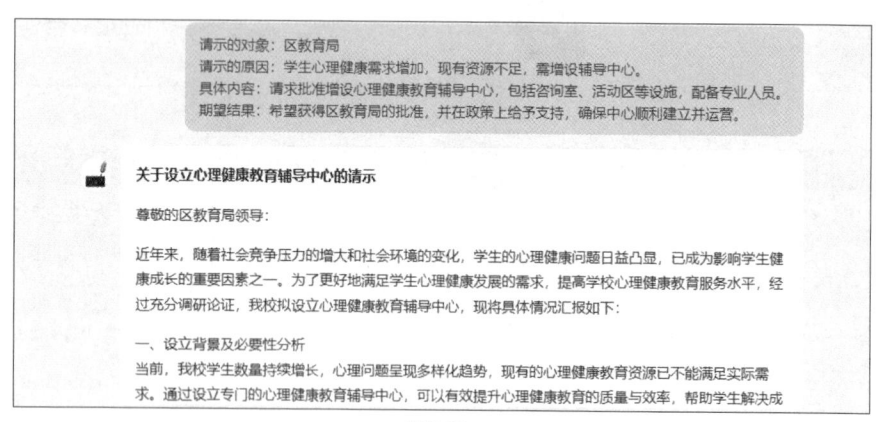

图 2-29

## 2．从模板创建智能体

虽然通义千问有很多智能体，但这些智能体并不能满足所有创作的需求，此时，用户可以根据自己的实际需求创建相应的智能体。下面就先来介绍如何从模板创建智能体，具体操作方法如下。

**步骤01** ❶单击通义千问页面左侧的"智能体"按钮,进入智能体页面,❷单击页面左下角的"创建智能体"按钮,如图2-30所示。

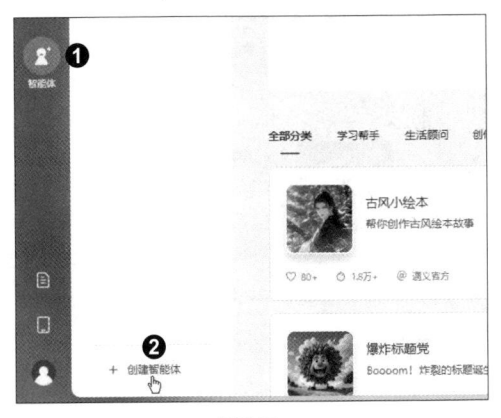

图2-30

**步骤02** 进入创建智能体页面,❶单击页面上方的"基础模板"标签,❷然后单击"决策能手"模板下方的"使用模板"按钮,如图2-31所示。

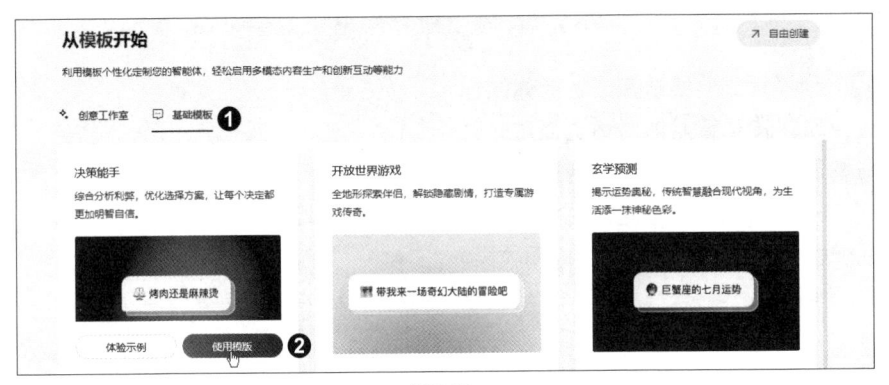

图2-31

**步骤03** ❶在"名称"下方的文本框中输入要创建的智能体名称,❷然后单击"灵感模板"下方的"待配置"按钮,如图2-32所示。

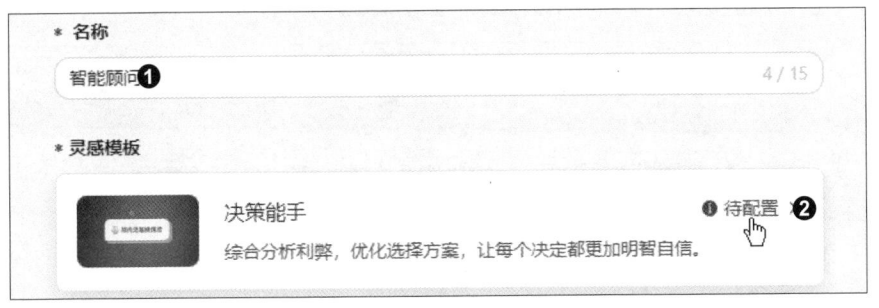

图2-32

**步骤04** ❶在"决策任务"下方输入需要完成的任务内容,例如"决定深造还是就业",❷接下来在"决策所需信息"文本框中输入"当前的学历水平、已完成的课程、所获得的成绩、长期和短期的职业规划、资金量",❸输入完成后单击"创建"按钮,如图2-33所示。

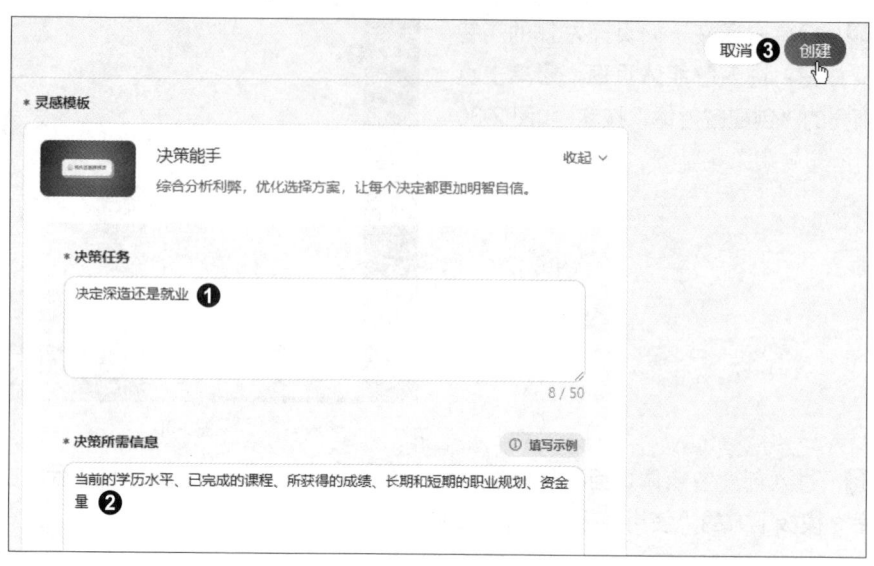

图2-33

**步骤05** 稍等片刻，便能完成智能体的创建，并自动跳转至智能体对话页面，此时可以与智能体进行对话交流。这里以单击"我对未来有清晰规划，你能帮我权衡吗？"提示词模板为例查看该智能体的应用效果，如图2-34所示。

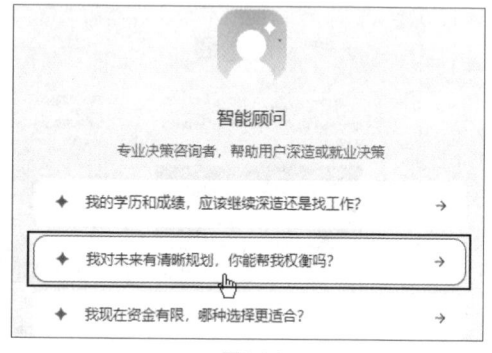

图2-34

**步骤06** 稍等片刻，智能体便会根据模板中的提示词给出相应的回答，要求我们提供学历水平、已完成的课程、成绩等相关信息，如图2-35所示。

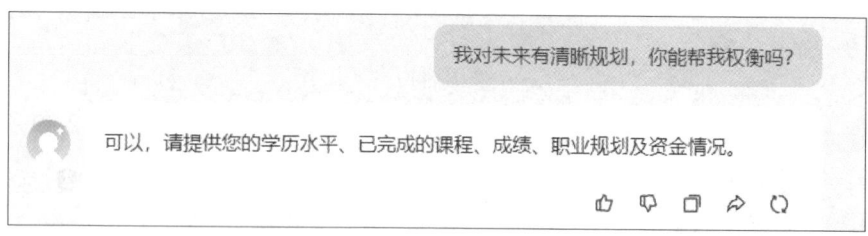

图2-35

**步骤07** 接下来就可以根据自己实际情况在提示词框中输入这些相关信息，❶例如输入"本科学历，计算机科学专业，已完成的课程有：计算机网络、数据库原理、人工智能导论、软件工程，短期目标是获得一份软件工程师的工作，积累实践经验，长期目标是成为一名技术领导者或创业，可用资金大约3万元人民币"，❷输入完成后单击 按钮或按〈Enter〉键提交，如图2-36所示。

第 2 章　通义千问和文心一言 | 037

本科学历，计算机科学专业，已完成的课程有：计算机网络、数据库原理、人工智能导论、软件工程，短期目标是获得一份软件工程师的工作，积累实践经验，长期目标是成为一名技术领导者或创业，可用资金大约3万元人民币 ❶                    ❷

图2-36

**步骤08**　稍等片刻，智能体便能根据输入的信息提供一个决策建议，如图 2-37 所示。

本科学历，计算机科学专业，已完成的课程有：计算机网络、数据库原理、人工智能导论、软件工程，短期目标是获得一份软件工程师的工作，积累实践经验，长期目标是成为一名技术领导者或创业，可用资金大约3万元人民币

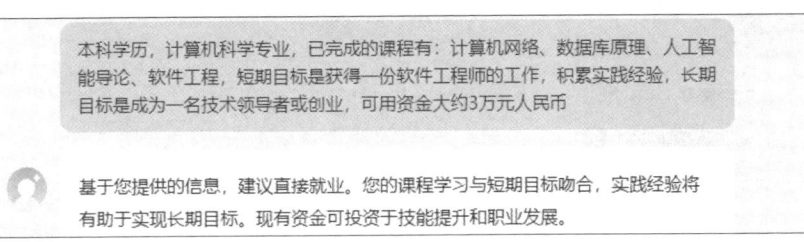

基于您提供的信息，建议直接就业。您的课程学习与短期目标吻合，实践经验将有助于实现长期目标。现有资金可投资于技能提升和职业发展。

图2-37

### 3. 自由创建智能体

在通义千问中，用户不仅可以使用预设模板快速创建智能体，还可以自由创建智能体。相较于模板创建方式，自由创建能够根据个人需求进行深度个性化定制，从而使智能体更加贴合用户的特定场景，具体操作步骤如下。

**步骤01**　进入通义千问的智能体页面，单击左下角的"创建智能体"按钮，如图 2-38 所示。

图2-38

**步骤02**　进入创建智能体页面，单击页面右上角的"自由创建"按钮，如图 2-39 所示。

图2-39

**步骤03** 进入自由创建智能体模式，❶首先在"名称"下方的文本框中输入要创建的智能体名称，例如"脚本创作大师"，然后在"设定"下方的文本框中设定角色、技能等，如果不想手动输入，❷可以单击"一键生成"按钮，让 AI 根据名称自动生成内容，如图 2-40 所示。

图2-40

**步骤04** 稍等片刻，❶在"设定"下方文本框中即可看到 AI 编写的角色设定内容，❷单击页面右上角的"创建"按钮，如图 2-41 所示。

图2-41

**步骤05** 即可成功创建"脚本创作大师"智能体，并自动跳转至智能体对话页面。此时就可以与智能体进行对话交流，❶在提示词输入框中输入提示词，❷单击 按钮或按〈Enter〉键提交，如图 2-42 所示。

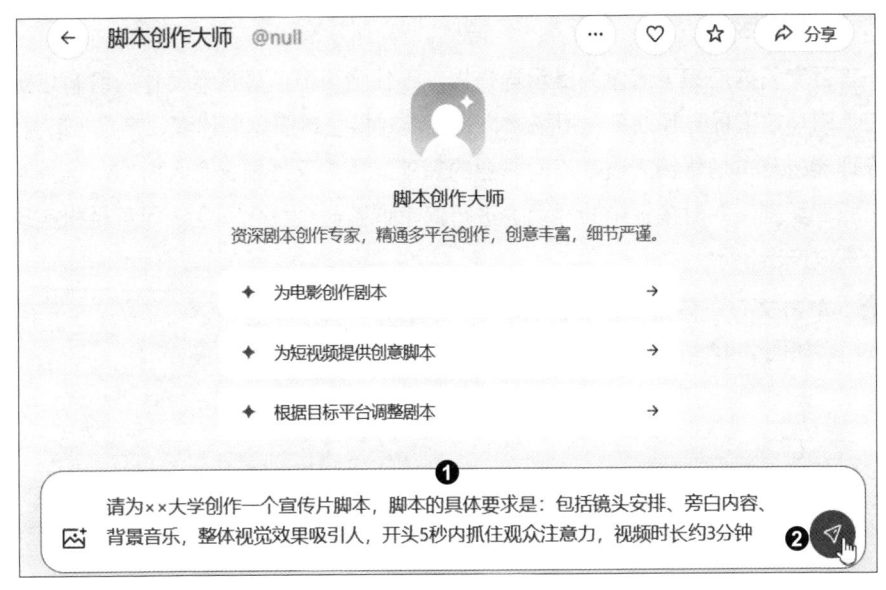

第 2 章　通义千问和文心一言　｜039

[图2-42]

**步骤06**　稍等片刻,"脚本创作大师"智能体便会根据输入的提示词创作一个包含镜头安排、旁白内容、背景音乐等信息的宣传片脚本,如图2-43所示。

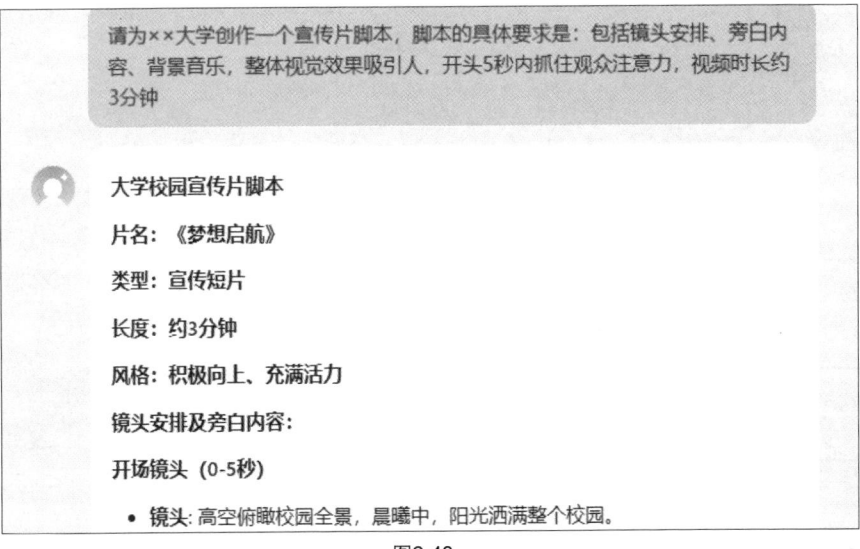

[图2-43]

## 2.4　进阶用法

　　文心一言提供了丰富的提示词模板和智能体,能够引导用户更准确地表达自己的需求或问题,从而提高对话的效率和效果。本节就来介绍如何获取提示词模板、如何选取并使用智能体,以及如何在文心智能平台中接入 DeepSeek 模型。

## 1．一言百宝箱

一言百宝箱内汇集了海量的提示词模板，不仅全面覆盖了创意写作、教育培训、数据分析、职场效率提升等众多应用场景，还精准对接了自媒体创作者、产品/运营专家、企业管理者以及市场营销人员等不同职业的需求。用户仅需根据个人所需，选择对应的场景或职业类别，并对模板中的提示词进行简单调整与个性化润色，即可轻松实现内容创作的高效产出。

**步骤01** 单击文心一言页面左侧的"百宝箱"按钮，如图2-44所示。

图2-44

**步骤02** 弹出"一言百宝箱"对话框，❶首先单击"场景"标签，切换到"场景"选项卡，❷可根据实际所需应用场景选择下方的分类标签，如单击"教育培训"标签，❸将鼠标指针移至下方具体的场景上，单击"使用"按钮，如图2-45所示。

图2-45

**步骤03** 此时提示词输入框中会自动填入相应的提示词，单击 按钮或按〈Enter〉键提交，如图2-46所示。

图2-46

**步骤04** 稍等片刻，文心一言便会根据提示词生成一份详细的考研学习计划，如图2-47所示。

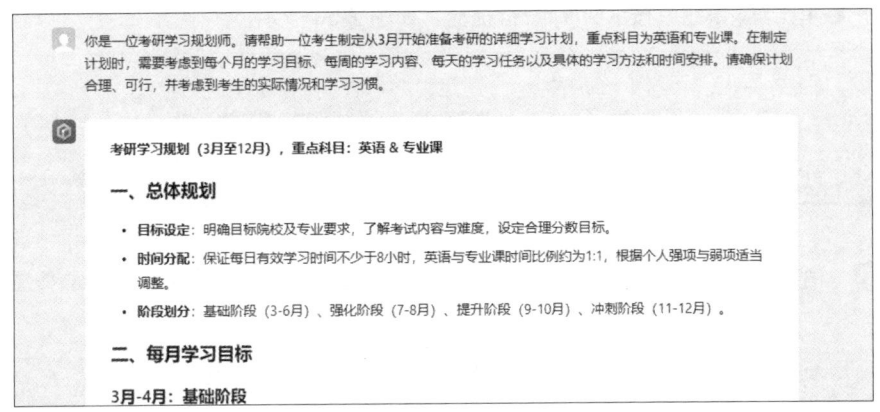

图2-47

**步骤05** 除了以场景分类，一言百宝箱还可以根据职业分类。新建对话窗口并打开一言百宝箱，❶单击"职业"标签，❷然后选择相应的职业类型，这里单击"产品/运营"提示词模板，❸将鼠标指针移至具体的职业上，单击"使用"按钮，如图2-48所示。

图2-48

**步骤06** 执行操作后，即可在提示词输入框中自动填入提示词模板，如图2-49所示。

图2-49

**步骤07** 接下来根据实际需求对括号中的内容进行修改，❶例如将模板中的"互联网招聘产品"改为"在线教育平台"，将模板中的"蓝领群体内容偏好"更改为"青少年学习兴趣"，❷单击 按钮或按〈Enter〉键提交，如图 2-50 所示。

图2-50

**步骤08** 稍等片刻，文心一言便根据修改后的提示词生成一份完整的调研问卷，如图 2-51 所示。

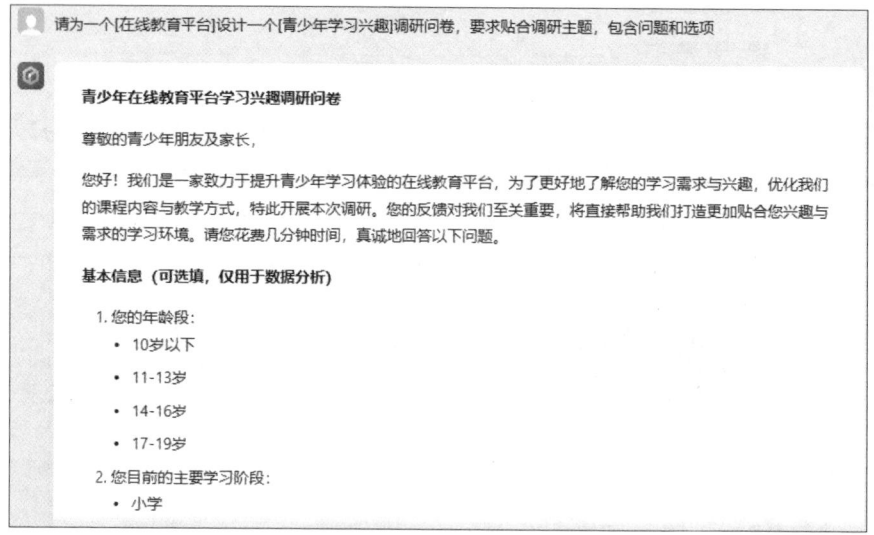

图2-51

## 2．智能体的应用

在文心一言的智能体广场中，用户可以找到文本写作、文档阅读、图片问答等多种智能体，满足不同用户的需求，具体操作如下。

**步骤01** 单击文心一言页面左侧的"智能体广场"按钮，如图 2-52 所示。

图2-52

**步骤02** 展开"智能体广场"页面,智能体广场中提供了很多智能体,单击选择一个智能体,例如"学术检索专家",如图 2-53 所示。学术检索专家是百度学术提供的文献检索插件,其中收录了大量的文献信息资源,覆盖国内外 120 万个学术站点,为用户提供全面的学术资源检索服务。

图2-53

**步骤03** 进入智能体对话页面,可以看到这里提供了一些提示词模板,单击选择一个提示词模板,如图 2-54 所示。

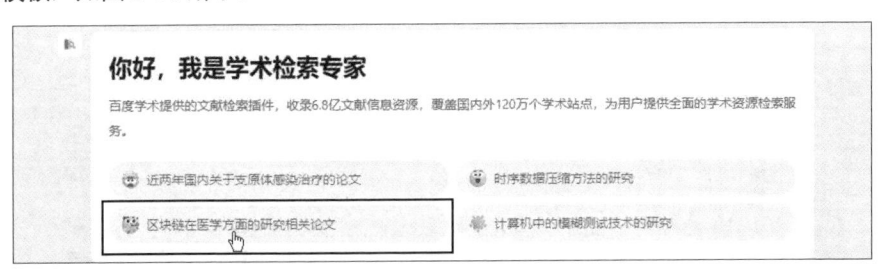

图2-54

**步骤04** 稍等片刻,文心一言便能根据选择的提示词模板搜索相关的学术资源,如图 2-55 所示。

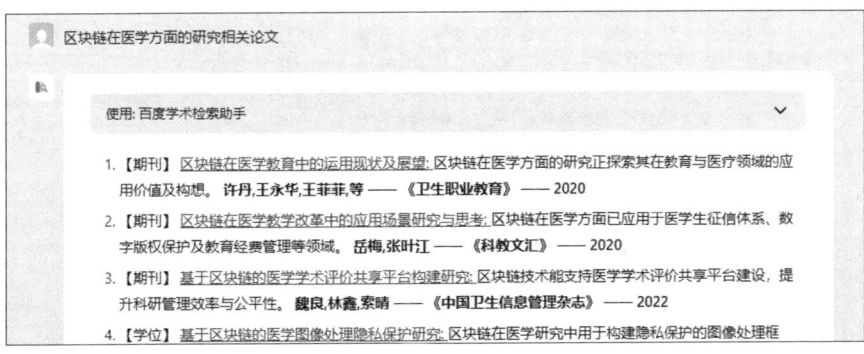

图2-55

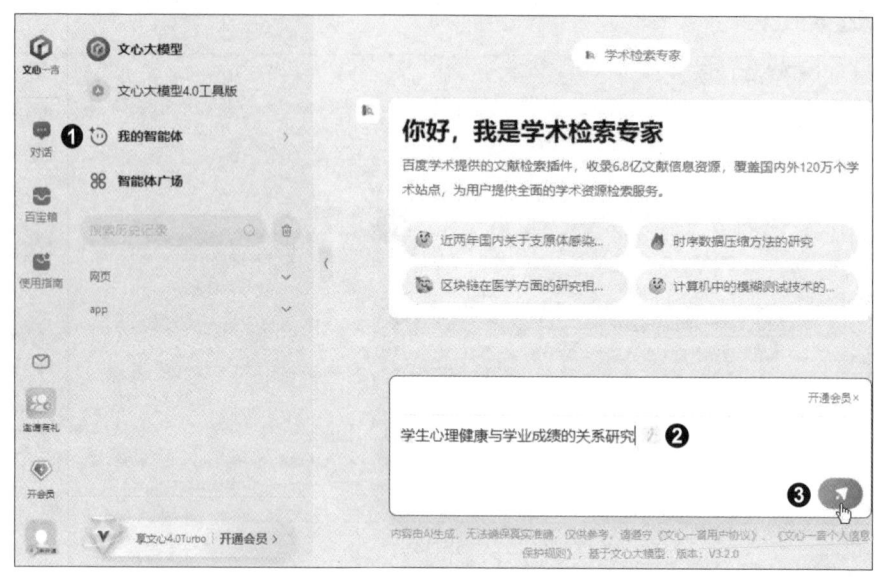

**步骤05** 如果需要搜索其他方面的学术资源，❶单击左侧菜单栏的"对话"按钮，新建对话窗口，❷然后在提示词输入框中输入提示词，例如输入"学生心理健康与学业成绩的关系研究"，❸单击 按钮或按〈Enter〉键提交，如图2-56所示。

图2-56

**步骤06** 稍等片刻，文心一言便能根据输入的提示词重新搜索相关的学术资源，如图2-57所示。

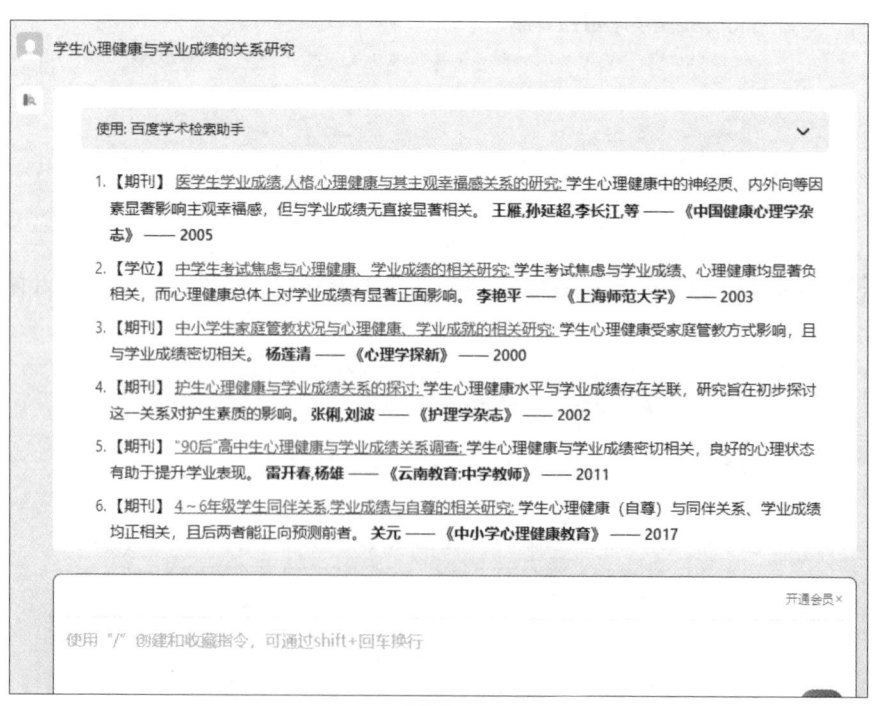

图2-57

## 3. 在文心智能平台中接入 DeepSeek 模型

百度文心智能体平台是一个基于文心大模型的智能体构建平台。目前，该平台全面接入 DeepSeek 模型，用户可根据实际搭建需求，随时调用 DeepSeek 模型创建并调优智能体。下面将介绍如何创建一个用于撰写课程大纲的智能体。

**步骤01** 在文心智能体平台中，单击页面左上角的"创建智能体"按钮，如图 2-58 所示。

图2-58

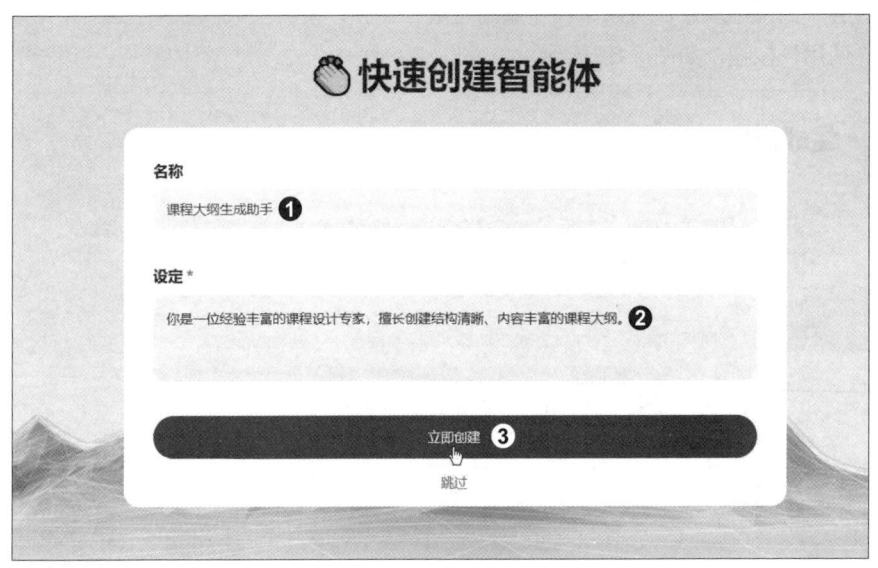

**步骤02** 进入"快速创建智能体"页面，❶在"名称"文本框中输入要创建的智能体名字，❷在"设定"文本框中输入智能体角色身份的描述内容，❸输入完成后单击"立即创建"按钮，如图 2-59 所示。

图2-59

**步骤03** 稍等片刻，即可根据输入的名称和设定创建一个智能体，此时在"编排配置"页面可以看到智能体配置信息，如名称、简介、人设与回复逻辑以及开场白等，用户可以根据实际需求加以修改，例如想要修改开场白，可以单击"开场白"右上角的"AI 优化"按钮，如图 2-60 所示。

图2-60

**步骤04** 弹出"生成开场文案"对话框，稍等片刻，该对话框中即可显示重新生成的开场白内容。如果不满意，可以单击"重新生成"按钮，重新生成，如果觉得不错，则直接单击"使用"按钮，如图2-61所示。

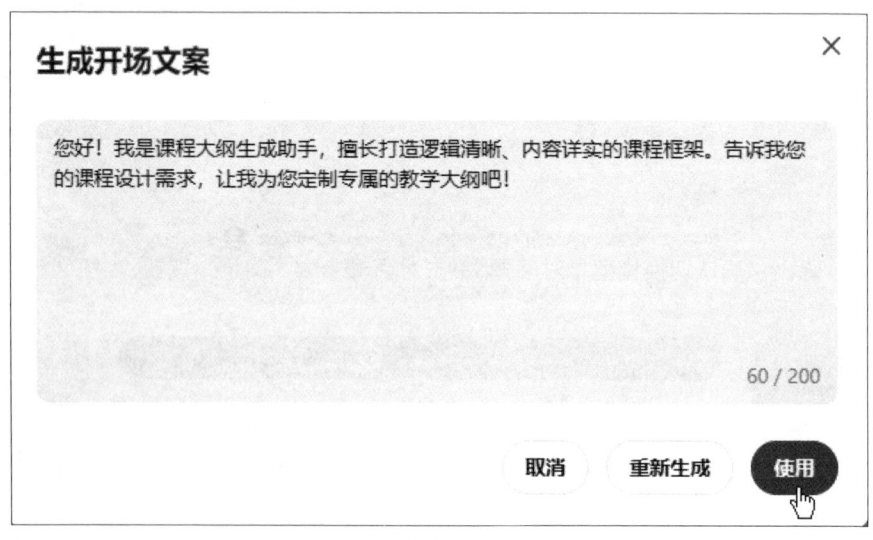

图2-61

**步骤05** 修改开场白后，在右侧的"预览调优"区域也可以看到修改后的开场白，如图2-62所示。除了使用AI优化，也可以将光标插入点定位到文本框内，以手动输入的方式修改开场白。

图2-62

**步骤06** 接下来配置模型，❶单击"文心大模型3.5"右侧的倒三角形按钮，展开"模型设置"下拉列表，❷单击"模型名称"下拉列表框，❸在展开的列表中选择"DeepSeek-R1"模型，如图2-63所示。

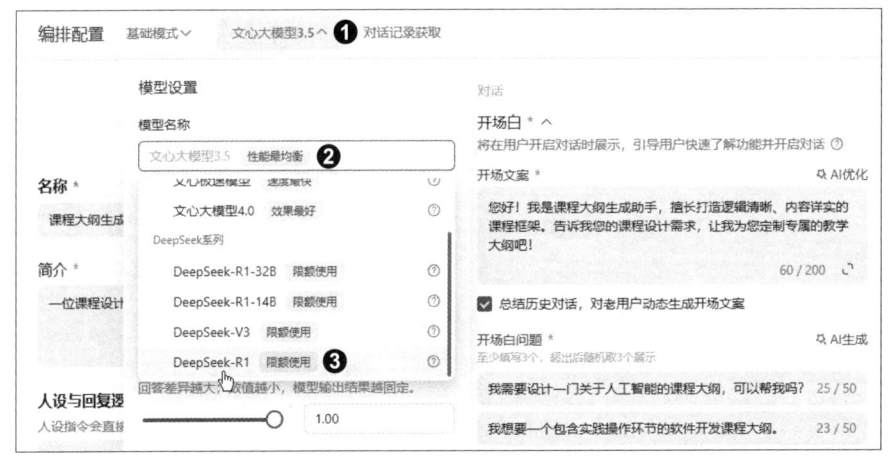

图2-63

**步骤07** 弹出"确认切换模型"对话框，单击对话框中的"确定"按钮，如图2-64所示，确认切换为 DeepSeek-R1 模型。

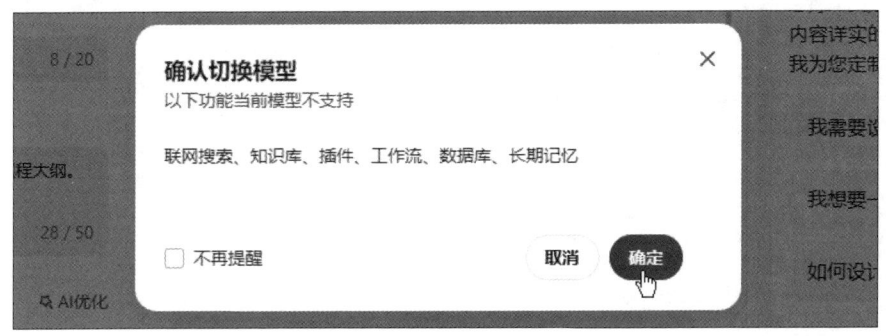

图2-64

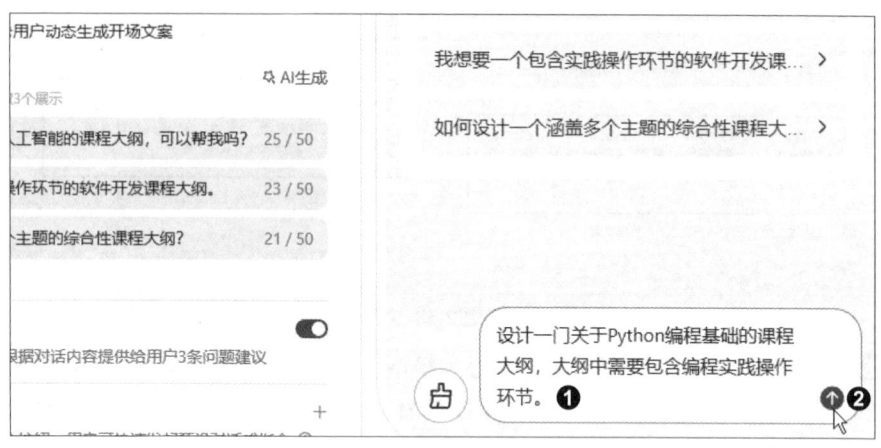

**步骤08** 设置完成后就可以测试智能体效果，❶在右下角的提示词输入框中输入提示词，包括课程信息及相关要求等，❷输入完成后单击 ↑ 按钮或按〈Enter〉键，如图 2-65 所示。

图2-65

**步骤09** 智能体即可进入深度思考模式，拆解提问背后的深层次内容，并将思考的过程逐一表述出来，如图 2-66 所示。展示了完整的思考过程后，课程大纲生成助手才会生成一份详细的课程大纲，这一过程可以反复多试几次。如果对生成结果较为满意，可单击页面右上角的"发布"按钮，如图 2-67 所示。

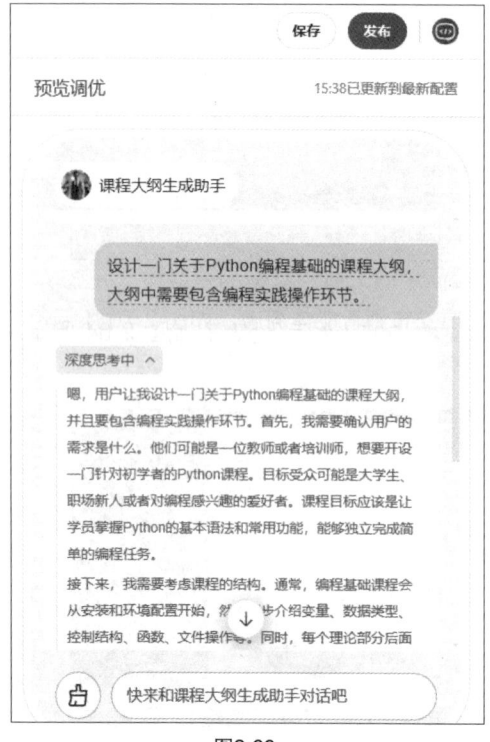

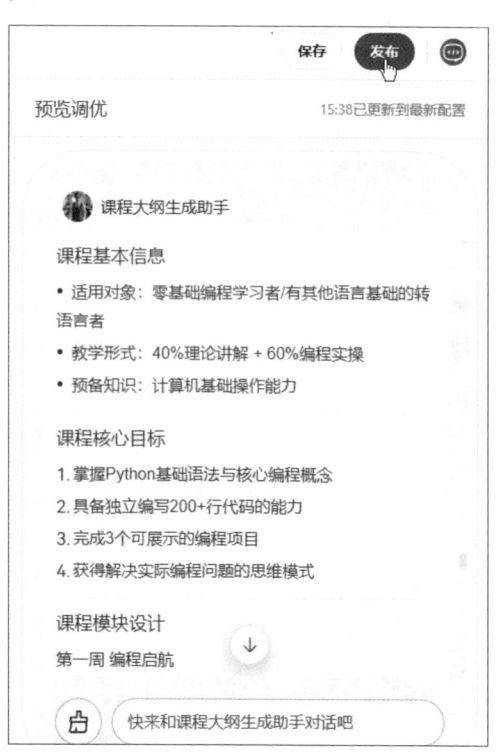

图2-66

图2-67

第 2 章 通义千问和文心一言 | 049

**步骤10** ❶在打开的新页面中单击"访问权限"下方的"公开访问"单选按钮，设置访问权限，❷再次单击"发布"按钮，发布智能体，如图 2-68 所示。

图2-68

**步骤11** 发布成功后，在弹出的"发布成功"对话框中单击"完成"按钮，如图 2-69 所示。

图2-69

**步骤12** 自动跳转至"我的智能体"页面，在页面中即可看到创建的智能体，并显示智能体已上线，表明该智能体已通过系统审核，成功发布到智能体商店，如图 2-70 所示。

图2-70

# 第 3 章

# 公文写作

  公文，公务文书的简称，是法定机关及其他社会组织在公务活动中所使用的具有法定效力和规范格式的文体。作为行政事务的重要组成部分，公文承担着传达政令政策、处理公务的重要职能，对协调各方关系、确保工作高效有序开展具有不可替代的作用。然而，传统公文写作长期面临效率低下、错误率高、行文风格不统一等突出问题。本章将深入探讨如何运用 AI 工具，有效提升公文写作的效率与质量，为现代行政办公注入新的活力。但需要注意的是，AI 工具并非全知全能，目前主流的 AI 工具尚无法直接输出符合复杂格式要求的文本，因此创作者仍需手动调整，以更符合公文格式的标准。

## 3.1 决议：助力精准决策表达

决议是党政机关、社会团体等组织就重大事项，经法定会议讨论通过并作出决策，要求下级机关或相关部门贯彻执行的重要指导性公文。根据内容和功能，决议可分为公布性决议、批准性决议、阐述性决议和部署性决议等类型。决议在形式结构上主要包括标题、题注（成文日期）和正文三个部分。其中，正文部分通常包含决议依据、决议事项和执行要求等要素。部分决议可根据需要添加落款，落款一般包括发文机关名称和发文时间。本节将详细介绍如何借助 AI 工具高效撰写决议。

**步骤01** 让 AI 撰写决议之前，可以先引导 AI 工具了解决议的基本结构与格式。训练 AI 工具方法比较简单，就是找到一篇符合规范的决议，直接发送或将其以文档形式上传至 AI 工具，让它学习并分析这篇决议的内容、结构、段落安排以及常用表达方式等。演示对话如下。

🧑 （上传"××省人大常委会关于办理加强农田水利基本建设议案的决议.docx"）请按照文档中这篇范文的格式和结构重写一篇决议。

🤖 ××省人大常委会关于推进绿色建筑发展议案的决议

（××××年××月××日××省第××届人大常委会第××次会议通过）

××省第××届人大常委会第××次会议听取并审议了××省人民政府《关于推进绿色建筑发展议案的实施方案报告》。会议充分肯定省人民政府的报告，并一致同意省人大城乡建设与环境资源保护委员会的审议意见。

会议指出，议案实施方案报告全面分析了我省绿色建筑发展的现状与面临的挑战，提出的措施切实可行，针对性强。通过将发展目标细化至各地市，并设定明确的时间表和路线图，有助于激发各地市的积极性，促进全省绿色建筑事业的快速发展与转型升级。

会议强调，省人民政府在推进议案实施过程中，应紧密结合实际，科学规划绿色建筑的建设任务，提高绿色建筑的评价标准和激励措施，鼓励采用先进技术和材料，提升建筑能效。各市县具体任务的下达需与节能减排成效、绿色建材使用情况等因素挂钩，确保绿色建筑推广的质量和效果。要加大对绿色建筑项目的资金支持力度，制定具体、高效的财政补贴、税收减免政策，优化资金配置，强化预算管理和绩效评价，确保资金使用的透明度和效益。

会议要求，加强绿色建筑项目的监管，建立健全绿色建筑的全过程管理制度，包括设计审查、施工监督、竣工验收等环节，确保绿色建筑标准得到有效执行。要推动绿色建筑评价体系和技术标准的持续完善，加强与国际先进标准的接轨，提升我省绿色建筑的整体水平。同时，要建立绿色建筑发展的长效机制，鼓励社会资本的参与，推动绿色建筑产业化发展，形成政府引导、市场主导、社会参与的绿色建筑发展格局。

××省人大常委会

××××年××月××日

> **提示**
>
> 决议的标题有两种形式：①发文机关/会议名称+事由+文种构成，如《××市人民代表大会关于加快城市基础设施建设的决议》；②事由+文种，如《关于加强安全生产管理的决议》。决议的成文日期一般会用圆括号进行标注，包括会议名称和日期这两个要素。例如，如果公文标题中已包括会议名称，括号内只需写明"××××年××月××日通过"即可；如果公文标题中没有会议名称，括号内要写明"××××年××月××日××会议通过"。

**步骤02** AI具有强大的上下文记忆能力。通过上一轮问答，我们基本可以确定AI工具已经通过提供的范文熟悉了决议的格式。接下来就可以继续提问，提供更加详细、具体的提示词，让AI工具根据要求撰写一篇决议，演示对话如下。

请帮我写一篇决议，具体内容如下：

标题是"××省人民代表大会常务委员会关于加快自然保护区建设的决议"。

这项决议是××××年××月××日××省第×届人大常委会第×次会议通过的。这项决议是依据××省人民政府提交的《关于加快我省自然保护区建设步伐议案的办理方案报告》作出的。

这份决议内容指出了××省自然保护区建设和管理的现状、存在的主要问题，并提出了针对性的解决措施，如提高思想认识、增加资金投入、理顺管理体制、实行政策倾斜和对口扶持等。

决议结论是同意××省人民政府《关于加快我省自然保护区建设步伐议案的办理方案报告》，由省人民政府组织实施。

**AI** ××省人民代表大会常务委员会关于加快自然保护区建设的决议

（××××年××月××日××省第××届人大常委会第××次会议通过）

××省第××届人民代表大会常务委员会第××次会议，认真审议了××省人民政府提交的《关于加快我省自然保护区建设步伐议案的办理方案报告》。该报告全面分析了当前我省自然保护区建设和管理的现状，深刻揭示了存在的主要问题，并在此基础上，提出了包括提高思想认识、增加资金投入、理顺管理体制、实行政策倾斜和对口扶持等一系列切实可行的解决措施。会议认为，这些措施对于促进我省自然保护区建设，保护生物多样性，维护生态平衡，实现可持续发展目标具有重要意义。

会议指出，自然保护区是保护自然环境和自然资源、维护生态平衡的重要基地，是推进生态文明建设不可或缺的重要组成部分。加快自然保护区建设，不仅是我省生态环境保护的迫切需要，也是实现经济社会全面协调可持续发展的必然要求。当前，我省自然保护区建设虽然取得了一定成绩，但仍存在保护面积不足、资金投入不够、管理体制不顺等问题，严重制约了自然保护区功能的充分发挥。因此，必须采取有力措施，切实加以解决。

会议经过审议，同意××省人民政府《关于加快我省自然保护区建设步伐议案的办理方案报告》，并决定由省人民政府负责组织实施。会议要求，省人民政府要高度重视自然保护区建设工作，将其纳入全省经济社会发展总体规划，加大投入力度，确保各项政策措施落到实处。同时，要加强组织领导，建立健全自然保护区建设和管理机制，强化监督考核，确保自然保护区建设取得实效。

会议强调，全省各级人民政府和有关部门要进一步提高思想认识，增强责任感和紧迫感，密切配合，通力协作，共同推进自然保护区建设。要广泛动员社会各界力量，积极参与自然保护区建设和管理，形成全社会共同关心、支持和参与自然保护区建设的良好氛围。

本决议自省人民代表大会常务委员会会议通过之日起生效。

××省人民代表大会常务委员会

××××年××月××日

## 3.2 决定：辅助明确指示与部署

决定是党政机关、企事业单位、社会团体等组织对重要事项或重大行动作出决策或安排，并要求相关部门或单位贯彻执行的指令性公文。根据内容和功能，决定可分为法规性决定、部署性决定、奖惩性决定和变更性决定等类型。其中，法规性决定和部署性决定在党政机关使用频率较高，而奖惩性决定和变更性决定在企事业单位中应用较为广泛。在形式结构上，决定一般包括标题、题注（成文日期）、正文等要素，根据实际需要可添加主送机关和落款。落款部分应规范标注发文机关名称和成文日期。本节将详细介绍如何借助AI工具高效撰写决定。

**步骤01** 已知决定的形式结构，我们可以给出每个部分的具体内容，让AI根据这些内容进行决定的写作。演示对话如下。

> 我是××市××部门的工作人员，现在需要拟一篇关于进一步加快旅游产业发展的决定。
>
> 请帮我拟好这篇决定的标题。
>
> 主送机关是各区、县人民政府。
>
> 正文部分的开头需要介绍作出决定的缘由和目的，例如，为了充分发挥我市旅游资源优势，推动旅游产业快速发展，加快建设文旅融合、全域全季的旅游强市等。

分条目列出如下决定内容：确定旅游产业地位，培植新的经济增长点；发挥旅游资源优势，加速开发建设步伐；加大宣传促销力度，大力开拓旅游市场；加大资金投入，确保旅游业快速健康发展；搞好旅游扶贫开发，促进贫困地区脱贫致富；抓好旅游商品产销，扩大创汇创收渠道。

发文机关是××市人民政府。

成文日期是××××年××月××日。

**AI** 关于进一步加快旅游产业发展的决定。

主送机关：各区、县人民政府：

为了充分发挥我市丰富的旅游资源优势，推动旅游产业实现跨越式发展，加快建设文旅深度融合、全域全季覆盖的旅游强市，进一步提升旅游业对经济社会发展的贡献率，经市政府研究决定，现就进一步加快我市旅游产业发展作出如下决定：

一、确定旅游产业地位，培植新的经济增长点

旅游产业作为现代服务业的重要组成部分，对于促进经济增长、调整产业结构、增加就业机会、提高人民生活水平具有重要意义。各地、各部门要进一步提高认识，将旅游产业作为战略性支柱产业来培育，切实加大扶持力度，推动旅游产业成为我市新的经济增长点。

二、发挥旅游资源优势，加速开发建设步伐

充分利用我市丰富的自然景观、人文历史、民俗风情等旅游资源，科学规划、合理布局，加速推进旅游重点景区、旅游度假区、旅游特色村镇等开发建设。同时，注重旅游设施的配套完善，提升旅游服务质量，打造一批具有地方特色的旅游精品。

三、加大宣传促销力度，大力开拓旅游市场

创新旅游宣传营销方式，加强与省内外知名旅游机构、媒体的合作，充分利用互联网、新媒体等平台，提高我市旅游品牌的知名度和影响力。组织参加各类旅游交易会、博览会，积极举办特色旅游节庆活动，吸引更多游客来我市旅游观光。

四、加大资金投入，确保旅游业快速健康发展

各级财政要加大对旅游产业的投入力度，支持旅游基础设施建设、旅游项目开发、旅游宣传促销等。同时，鼓励社会资本通过PPP、投资基金等多种形式参与旅游产业发展，形成多元化投入格局。

五、搞好旅游扶贫开发，促进贫困地区脱贫致富

将旅游产业扶贫作为打赢脱贫攻坚战的重要抓手，依托贫困地区独特的旅游资源，大力发展乡村旅游、农家乐等旅游业态，带动贫困群众增收致富。加强旅游扶贫示范点建设，推广旅游扶贫成功经验，确保旅游扶贫取得实效。

六、抓好旅游商品产销，扩大创汇创收渠道

充分挖掘我市特色旅游资源，开发具有地方特色的旅游商品，加强旅游商品生

第 3 章 公文写作 | 055

产和销售体系建设，提高旅游商品的附加值和市场竞争力。同时，积极开拓国内外旅游市场，扩大旅游商品销售，增加外汇和本地收入。

本决定自发布之日起施行。各地、各部门要结合实际，认真贯彻落实，确保各项政策措施落到实处，共同推动我市旅游产业实现又好又快发展。

发文机关：××市人民政府

成文日期：××××年××月××日

**步骤02** 从输出结果看，虽然语句比较通顺，但格式还不太规范，细则内容也不够充实。我们可以针对这些问题优化提示词。演示对话如下。

> 我是××市××部门的工作人员，现在需要拟一篇关于进一步加快旅游产业发展的决定。
>
> 标题为"××市关于进一步加快旅游产业发展的决定"。
>
> 标题下方写明主送机关"各区、县人民政府"。
>
> 正文部分的开头需要介绍作出决定的缘由和目的，例如，为了充分发挥我市旅游资源优势，推动旅游产业的快速发展，加快建设文旅融合、全域全季的旅游强市等。
>
> 分条目列出如下决定内容：确定旅游产业地位，培植新的经济增长点；发挥旅游资源优势，加速开发建设步伐；加大宣传促销力度，大力开拓旅游市场；加大资金投入，确保旅游业快速健康发展；搞好旅游扶贫开发，促进贫困地区脱贫致富；抓好旅游商品产销，扩大创汇创收渠道。针对每个条目，需要进一步细化其内容，通过分列出具体的子条目或措施来进行详细阐述。
>
> 发文机关为"××市人民政府"。
>
> 成文日期为"××××年××月××日"。

**AI** ××市关于进一步加快旅游产业发展的决定

各区、县人民政府：

为了充分发挥我市得天独厚的旅游资源优势，加速旅游产业转型升级，推动其成为我市经济的新增长极，并致力于建设一个文旅深度融合、全域全季繁荣的旅游强市，现就进一步加快我市旅游产业发展作出如下决定：

一、确定旅游产业地位，培植新的经济增长点

1. 明确战略定位：将旅游产业定位为战略性支柱产业，纳入国民经济和社会发展总体规划，作为推动经济结构调整和转型升级的重要力量。

2. 政策支持体系：建立健全旅游产业政策支持体系，包括税收优惠、土地供应、资金扶持等，为旅游产业发展提供坚实保障。

二、发挥旅游资源优势，加速开发建设步伐

1. 科学规划布局：依据我市旅游资源特色，科学编制旅游发展规划，明确重点发展区域和特色项目。

2. 提升基础设施：加快旅游交通、住宿、餐饮、娱乐等基础设施建设，提升旅游服务品质，打造舒适便捷的旅游环境。

3. 特色项目开发：依托自然景观、文化遗产、民俗风情等资源，开发一批具有地方特色的旅游项目，丰富旅游产品供给。

三、加大宣传促销力度，大力开拓旅游市场

1. 创新营销手段：运用新媒体、互联网等现代传播手段，提高旅游品牌知名度和影响力。

2. 深化区域合作：加强与周边地区、国内外旅游城市的交流合作，共同开发旅游线路，实现资源共享、市场共拓。

3. 举办节庆活动：定期举办具有地方特色的旅游节庆活动，吸引游客参与，提升旅游市场活力。

四、加大资金投入，确保旅游业快速健康发展

1. 政府资金引导：设立旅游产业发展专项资金，用于支持旅游基础设施建设、旅游项目开发、旅游宣传促销等。

2. 社会资本引入：鼓励社会资本通过PPP、投资基金等多种形式参与旅游产业发展，形成多元化投入格局。

3. 金融服务创新：创新旅游金融服务，为旅游企业提供融资支持，降低融资成本。

五、搞好旅游扶贫开发，促进贫困地区脱贫致富

1. 旅游扶贫规划：编制旅游扶贫专项规划，明确扶贫目标和措施，确保旅游扶贫精准有效。

2. 特色乡村旅游：依托贫困地区独特的旅游资源，发展乡村旅游、农家乐等旅游业态，带动贫困群众增收致富。

3. 旅游技能培训：加强旅游从业人员技能培训，提升服务质量，为贫困地区旅游产业发展提供人才保障。

六、抓好旅游商品产销，扩大创汇创收渠道

1. 特色旅游商品开发：挖掘地方文化元素，开发具有地方特色的旅游商品，提升商品附加值。

2. 产销体系建设：建立健全旅游商品生产和销售体系，拓宽销售渠道，提高市场占有率。

3. 国际市场推广：加强国际旅游市场宣传推广，扩大我市旅游商品在国际市场的知名度和影响力，增加外汇收入。

本决定自发布之日起施行。各区、县人民政府要结合实际，认真贯彻落实，确保各项政策措施落到实处，共同推动我市旅游产业实现高质量发展。

××市人民政府

××××年××月××日

## 3.3 公报：正式易读的公报文本

公报是由国家机关、政府机构、政党团体、国际组织或其领导人公开发布的正式文书，用于报道和公布重大事件、重要会议、决策事项及其他具有公共价值的信息。作为党政机关常用的一种重要公文文种，公报具有权威性、公开性、庄重性和纪实性等特点。根据内容和用途，公报可分为会议公报、统计公报、联合公报、新闻公报和专题公报等类型。公报写作要求内容准确、表述严谨、格式规范，既要体现权威性，又要确保信息的公开透明。本节将详细介绍如何借助 AI 工具高效撰写公报。

**步骤01** 在撰写公报之前，需要先让 AI 了解公报的基本结构与格式。具体操作方法是找到一篇符合规范的公报，通过让 AI 学习这篇公报，总结出其格式和写作要素。演示对话如下。

🔲 （上传"××××年我国卫生健康事业发展统计公报 .docx"）
请你根据这篇范文总结出统计公报的格式和要素。

🅰️ 统计公报的格式和要素总结：

一、格式：

1. 标题：位于公文最上方，居中书写，明确表明公报的主题和年份，如"××××年我国卫生健康事业发展统计公报"。

2. 发布日期：紧随标题下方，居中书写，标注公报的发布日期，格式为"××××年××月××日"。

3. 正文：

• 引言：简要概述全国卫生健康系统在特定年份的主要工作成果和成就，以及公报的目的。

• 主体：分为多个部分，每个部分详细阐述某一方面的统计数据和情况，通常使用数字、百分比等具体数据进行说明。

二、要素：

1. 标题：明确表明公报的主题和年份。

2. 发布日期：确保读者了解公报的时间背景。

3. 引言：

• 工作指示与部署：提及国家领导人的重要指示批示精神，以及党中央、国务院的决策部署。

• 工作目标与成果：概述卫生健康事业的主要工作目标和取得的成果。

4. 主体内容：

• 分类统计：根据公报的主题，将内容分为多个部分（如卫生资源、医疗服务、基层卫生服务等），每个部分详细列出相关数据。

- 具体数据：使用数字、百分比等具体数据，展示各类统计指标的变化和趋势。
- 对比分析：通过对比不同年份或不同类别的数据，分析卫生健康事业的发展状况。

5. 数据可视化（隐含要素）：虽然文本格式中不直接体现，但统计公报的数据通常可以通过图表、表格等形式进行可视化展示，以增强可读性和理解性。在实际应用中，可以考虑将统计公报与图表、表格等结合使用。

综上所述，统计公报的格式和要素主要包括标题、发布日期、正文（引言和主体内容）几个部分。这些要素共同构成了统计公报的基本框架和内容要求。

**步骤02** 从上述回答中可看到AI已经掌握了公报的格式和写作要素。接下来就可以让AI根据我们提供的相关信息撰写符合规范的公报。这里假设需要撰写一篇年度交通运输行业发展统计公报，演示对话如下。

> 我是交通运输部的工作人员，请根据总结出的统计公报格式与要素，帮我撰写一篇统计公报，标题为"××××年度交通运输行业发展统计公报"。

> **AI** ××××年度交通运输行业发展统计公报
> 
> ××××年××月××日
> 
> ××××年度，我国交通运输行业在党中央、国务院的坚强领导下，深入贯彻新发展理念，加快构建新发展格局，积极推动交通运输高质量发展，不断提升交通运输服务能力和水平，为经济社会发展提供了有力支撑。
> 
> 一、基础设施建设
> 
> （一）公路
> 
> ××××年年末，全国公路总里程达到××万公里，比上年年末增加××万公里。其中，高速公路里程××万公里，增加××万公里，国家高速公路网主线基本贯通；普通国道、省道里程分别为××万公里、××万公里，分别增加××万公里、××万公里。农村公路里程××万公里，增加××万公里，其中县道、乡道、村道分别占××%、××%、××%。
> 
> （二）铁路
> 
> 全国铁路营业里程达到××万公里，增加××万公里。其中，高铁营业里程××万公里，增加××万公里，稳居世界第一；"四纵四横"高速铁路主骨架全面形成，"八纵八横"高速铁路主通道加快构建。
> 
> （三）水路
> 
> 内河航道通航里程××万公里，增加××万公里，其中三级及以上高等级航道里程××万公里，增加××万公里。全国港口拥有万吨级及以上泊位××个，增加××个，其中沿海港口万吨级及以上泊位××个，内河港口万吨级及以上泊位××个。

（四）民航

颁证运输机场达到××个，增加××个；定期航班航线里程达到××万公里，增加××万公里；运输飞机在册架数××架，增加××架。

二、运输服务

（一）公路运输

全年完成营业性客运量××亿人，下降××%，旅客周转量××亿人公里，下降××%；完成货运量××亿吨，增长××%，货物周转量××亿吨公里，增长××%。

（二）铁路运输

全年完成旅客发送量××亿人，下降××%，旅客周转量××亿人公里，下降××%；完成货物发送量××亿吨，增长××%，货物周转量××亿吨公里，增长××%。

（三）水路运输

全年完成客运量××亿人，下降××%，旅客周转量××亿人公里，下降××%；完成货运量××亿吨，增长××%，货物周转量××亿吨公里，增长××%。

（四）民航运输

全年完成旅客运输量××亿人，下降××%，旅客周转量××亿人公里，下降××%；完成货邮运输量××万吨，增长××%，货邮周转量××亿吨公里，增长××%。

三、绿色交通发展

全年新能源和清洁能源公交车占比达到××%，同比提高××个百分点。国三及以下排放标准营运柴油货车淘汰工作加快推进，绿色交通发展取得积极进展。

四、安全应急保障

全年交通运输行业安全生产形势总体稳定，事故起数和死亡人数同比下降。应急管理体系不断完善，应急保障能力持续提升，有效应对了多起突发事件，保障了人民群众生命财产安全。

五、科技创新与智慧交通

交通科技创新体系不断完善，智慧交通建设加快推进。全年新增一批智能交通示范项目，交通信息化、智能化水平进一步提高。

综上所述，××××年度我国交通运输行业在基础设施建设、运输服务、绿色交通发展、安全应急保障以及科技创新与智慧交通等方面取得了显著成绩，为经济社会发展提供了坚实支撑。未来，我们将继续推动交通运输高质量发展，不断提升服务保障能力，为人民群众提供更加安全、便捷、高效的交通运输服务。

> **提示**
>
> AI生成的公报虽然已初步满足公文写作的规范,但在实际应用中,还需要根据实际情况对其进行进一步的细化和完善。具体而言,包括查阅相关权威资料以补全并核实各项数据,确保信息的准确无误;同时,为了更直观地展示数据和信息,还需要适当地添加表格、图表等辅助元素。

## 3.4 公告:打造清晰的公告内容

公告是国家机关、社会团体或企事业单位向国内外宣布重要事项或法定事项的周知性公文。根据内容和用途,公告可分为重大事项公告、政策法规公告、人事任免公告、法定程序公告和专项事务公告等类型。公告在形式结构上主要包括标题、正文和落款等要素,重要公告可添加发文字号。正文部分通常包含公告依据、公告事项和执行要求等内容,要求表述准确、语言庄重、格式规范。落款部分应注明发文机关名称和成文日期。本节将详细介绍如何借助AI工具高效撰写公告。

**步骤01** 已知公告的形式结构,我们可以给出每个部分的具体内容,让AI根据这些内容进行公告的写作。演示对话如下。

🧑 我是××市××部门的工作人员,现在需要写一篇关于土地征收的公告,请根据以下信息,帮我撰写这篇公告。

标题是"××人民政府关于土地征收启动的公告"。

发文字号是"××××年第××号"。

正文部分需要包括此次土地征收的缘由、依据的法律法规,征收范围、征收目的、土地现状调查以及具体安排。

落款是××市人民政府,日期是××××年××月××日。

🤖 ××人民政府关于土地征收启动的公告

发文字号:××××年第××号

为加强城市基础设施建设,提升土地利用效率,根据国家和地方相关法律法规,经××市人民政府研究决定,现就启动××市××区域土地征收工作公告如下:

一、征收缘由

随着我市经济社会快速发展,基础设施建设需求日益增加。为完善城市功能,提高居民生活质量,现需对××区域土地进行征收,用于××(具体项目名称,如"城市道路建设""公共设施配套"等)项目。

二、法律依据

本次土地征收依据《中华人民共和国土地管理法》《中华人民共和国土地管理

法实施条例》《××省（市）土地管理条例》等法律法规进行。

三、征收范围

征收范围位于××市××区（县）××乡（镇）××村（社区），具体范围以征地红线图为准。征收土地总面积约为××公顷（具体面积）。

四、征收目的

本次征收土地主要用于（具体项目名称，如"××生态公园建设项目"），旨在优化土地利用结构，提升土地利用效率，促进地方经济可持续发展，增进社会公共利益。

五、土地现状调查

自本公告发布之日起，由××部门牵头，组织相关部门及专业机构，对征收范围内的土地现状进行调查，包括土地权属、面积、地类、地上附着物及青苗等，请相关权利人积极配合，确保调查工作顺利进行。

六、具体安排

1. 公示与听证：征收范围确定后，将在征收范围内张贴征收公告，并在政府网站进行公示。同时，将组织召开听证会，听取被征地权利人的意见和建议。

2. 补偿与安置：根据相关法律法规和政策文件，制定征地补偿和安置方案，确保被征地权利人的合法权益得到保障。

3. 签订协议：与被征地农民签订征地补偿安置协议，明确补偿标准、安置方式及时间节点。

4. 实施征收：在签订协议并完成补偿安置工作后，将依法实施土地征收。

七、其他事项

本公告自发布之日起生效，请广大居民相互转告，积极配合征收工作。任何单位和个人不得在征收范围内抢栽抢种抢建，违者不予补偿。

特此公告。

落款：

××市人民政府

××××年××月××日

**步骤02** 查看AI生成的结果，可以发现AI生成的公告格式不太规范，内容安排稍显混乱，且包含一些冗余词汇，不够简洁精练。因此，可以在提示词中增加一些写作要求，让AI重新撰写。演示对话如下。

（同步骤01提示词，略）公告中不要出现格式和要点的名称。

××人民政府关于土地征收启动的公告

发文字号：××××年第××号

为加快我市××区域城市化进程，提升城市基础设施水平，促进经济社会可持续发展，根据《中华人民共和国土地管理法》《中华人民共和国土地管理法实施条例》及《××省（市）土地管理条例》等相关法律法规，经××市人民政府研究决定，决定启动××区域土地征收工作。现将有关事项公告如下：

一、征收目的

本次土地征收旨在支持（具体项目名称，如"××生态公园建设项目"）的建设，此项目是我市生态环境保护计划的重要组成部分，将有效改善生态环境，为市民提供更加舒适的生活环境。

二、土地现状调查

自本公告发布之日起，由××部门牵头，组织相关单位和专业机构，对征收范围内的土地现状进行详细调查，包括土地权属、面积、地类、地上附着物及青苗等。请相关权利人积极配合，确保调查工作顺利进行。

三、征收范围

征收范围位于××市××区（县）××乡（镇）××村（社区），具体范围以征地红线图为准。征收土地总面积约为××公顷（具体面积），涉及的具体地块和权利人将在后续的调查工作中逐一确认。

四、具体安排

1. 公示与听证：征收范围确定后，将在征收范围内张贴征收公告，并在政府网站进行公示。同时，将组织召开听证会，听取被征地权利人的意见和建议。

2. 补偿与安置：根据相关法律法规和政策文件，制定征地补偿和安置方案，确保被征地权利人的合法权益得到保障。

3. 签订协议：与被征地农民签订征地补偿安置协议，明确补偿标准、安置方式及时间节点。

4. 实施征收：在签订协议并完成补偿安置工作后，将依法实施土地征收。

五、其他事项

本公告自发布之日起生效，请广大居民相互转告，积极配合征收工作。任何单位和个人不得在征收范围内抢栽抢种抢建，违者不予补偿。

特此公告。

××市人民政府

××××年××月××日

> **提示**
>
> 　　经过优化提示词后，AI工具输出的公告初稿已经基本符合公文写作的各项要求。最后只需根据实际情况做进一步的修订和完善工作，并调整好公告的格式，即可最终定稿发布。

## 3.5 通知：高效传达组织信息与要求

通知是党政机关、企事业单位、社会团体用于发布法规规章、传达工作部署、告知有关事项的常用公文类型。作为机关单位内部及相互之间沟通信息、协调工作的重要工具，通知具有使用范围广、时效性强、内容具体等特点。根据内容和功能，通知可分为发布性通知、指示性通知、批转性通知、事务性通知、会议通知和任免通知等类型。在形式结构上，通知一般包括标题、正文和落款等要素，根据实际需要可添加主送机关。正文部分通常包含通知依据、具体事项和执行要求等内容，要求表述准确、条理清晰。落款部分应规范标注发文机关名称和成文日期。本节将详细介绍如何借助 AI 工具高效撰写通知。

**步骤01** 使用 AI 工具帮助我们撰写通知之前，可以先训练 AI 工具，让其了解通知的基本结构和格式。训练 AI 工具的方法同样是先找一篇符合规范的通知，让它学习并分析这篇通知的内容、结构、段落安排以及常用表达方式等，然后根据提供的范文重写一篇通知，演示对话如下。

> 以下是转发性通知的一篇范文。
> ××市人民政府办公厅转发市民政局《关于××市未成年人社会保护工作实施方案》的通知
> 各县（市）区人民政府，市直有关单位：
> 市民政局制定的《关于××市未成年人社会保护工作实施方案》已经市政府研究同意，现予以转发，请认真组织实施。
> ××市人民政府办公厅
> ××××年××月××日
> 附件：关于××市未成年人社会保护工作实施方案
> 请参考以上范文的格式和结构重写一篇转发性通知。

> [AI] ××省教育厅办公室转发教育部《关于深化高等教育综合改革的若干意见》的通知
> 各市（州）教育局，各高等院校：
> 教育部近期发布的《关于深化高等教育综合改革的若干意见》已经我省教育厅深入研究并获得批准，现将该文件转发给你们，请各单位结合实际情况，认真贯彻执行。
> ××省教育厅办公室
> ××××年××月××日
> 附件：关于深化高等教育综合改革的若干意见

**步骤02** 从上述回答中可看到，AI 参考范文快速完成了一篇转发性通知的写作，且写作出来的通知是完全符合规范的。前面提到,通知分为批转性通知、转发性通知、发布性通知、事务性通知、任免性通知和告知性通知多种类型。其中,批转性通知、发布性通知与转发性通知类似,这里就不再赘述。接下来将一篇事务性通知范文以文档形式上传至 AI 工具中,让 AI 学习并写作事务性通知。演示对话如下。

(上传"关于开展消防安全大检查的通知 .docx")

文档内容为一篇事务性通知,请参考文档的格式和结构写一篇关于加强培训收费管理的事务性通知。

关于加强培训收费管理的通知

各区县教育局、各高等院校、各职业培训机构:

为进一步加强我市培训市场管理,规范培训收费行为,维护学员合法权益,促进培训行业健康有序发展,根据教育部及省、市关于规范教育培训机构管理的相关规定,经市政府研究决定,将在全市范围内开展培训收费管理专项检查工作。现将有关事项通知如下:

一、检查范围

本次检查覆盖全市所有面向中小学生、成人继续教育、职业技能培训等领域的校外培训机构,包括但不限于民办学校、在线教育平台、职业技能培训中心等。

二、检查内容

(一)培训收费项目、标准是否公开透明,有无违规收费、超标准收费现象;

(二)是否存在虚假宣传、承诺保证通过考试或获取证书等误导性收费行为;

(三)培训费用退费机制是否健全,退费流程是否清晰明了,能否保障学员合理退费权益;

(四)是否使用规定票据,是否存在偷逃税款等财务违规行为;

(五)培训合同是否规范,是否明确培训内容、时间、地点、费用、违约责任等关键条款;

(六)是否存在强制或变相强制学员购买教材、资料、器材等额外收费行为。

三、时间安排与方法步骤

本次专项检查自××月××日起至××月××日止,分为两个阶段进行:

第一阶段(××月××日至××月××日):各培训机构开展自查自纠,对照检查内容逐一排查,发现问题立即整改,并提交自查报告至所属教育行政部门。

第二阶段(××月××日至××月××日):由各区县教育局联合市场监管、税务等部门组成检查组,对各培训机构进行实地检查,同时市教育局将组织抽查,确保检查全覆盖、无死角。

四、工作要求

(一)各培训机构要高度重视,主要负责人要亲自抓,组织全体员工认真学习相关法律法规及政策文件,切实增强规范收费的自觉性。

(二)自查自纠阶段,各机构要全面彻底,不留死角,对发现的问题要立即整改,确保合法合规经营。

(三)对于检查中发现的问题,将依法依规严肃处理,情节严重者将取消其培训资质,并追究相关责任人法律责任。

(四)各区县教育局要做好组织协调工作,确保检查工作顺利推进,同时要加强宣传引导,营造良好社会氛围。

(五)请各区县教育局于××月××日前将本地区培训收费管理专项检查工作总结报告及整改情况汇总表上报市教育局。

××市教育局

××××年××月××日

**步骤03** 从上述回答中可以看到 AI 参考范文同样能够迅速完成符合规范的转发性通知写作。因此,我们可以进一步向 AI 提供相关的具体信息,让它根据这些信息撰写一篇专业、规范的事务性通知。演示对话如下。

> 请参考以上范文的格式和结构写一篇事务性通知。
> 标题是"××人民政府办公厅关于非住宅物业专项维修资金交存管理有关事项的通知"。
> 主送机关是"各区人民政府,市政府各委、办、局"。
> 正文部分的开头介绍设置发布本通知的缘由,比如,为进一步规范本市非住宅物业管理,切实维护非住宅物业所有权人的合法权益。然后分条目列出如下通知内容:专项维修资金的交存范围、专项维修资金的交存标准、专项维修资金的交存方式和专项维修资金的使用管理。结尾用一句话说明通知实施时间以及有效期。
> 落款是××市人民政府办公厅。
> 时间是××××年××月××日。

**AI** ××人民政府办公厅关于非住宅物业专项维修资金交存管理有关事项的通知

各区人民政府,市政府各委、办、局:

为进一步规范本市非住宅物业管理,切实维护非住宅物业所有权人的合法权益,根据《物业管理条例》及《××省物业专项维修资金管理办法》等相关法律法规,结合我市实际情况,现就非住宅物业专项维修资金交存管理的有关事项通知如下:

一、专项维修资金的交存范围

本市行政区域内已交付使用的非住宅物业(包括但不限于商业楼宇、办公场所、工业厂房等),其所有权人均应按照本通知规定交存专项维修资金。

二、专项维修资金的交存标准

非住宅物业专项维修资金的交存标准,按照物业建筑面积计算,具体标准为每平方米建筑面积交存××元。首次交存后，根据物业使用年限及维修需求，适时调整交存标准。

三、专项维修资金的交存方式

专项维修资金应由非住宅物业所有权人在办理物业交付手续时一次性交存至指定的物业专项维修资金专户。对于已交付使用但未交存专项维修资金的非住宅物业，所有权人应在接到通知后的××个月内完成补交。

四、专项维修资金的使用管理

专项维修资金的使用应遵循"专款专用、业主决策、政府监督"的原则。具体使用程序包括：由物业服务企业或业主委员会提出使用方案，经业主大会或相关业主表决同意后，报区物业行政主管部门审核备案，并按照相关规定进行资金拨付和使用。

本通知自××××年××月××日起实施，有效期为五年。请各相关单位认真遵照执行，确保非住宅物业专项维修资金交存管理工作的顺利开展。

××市人民政府办公厅

××××年××月××日

> **提示**
>
> 通知的发文机关通常不止一个，因此，在进行排序时需要注意其规范性，通常会按照"先外后内"和"党政军群"的原则进行排序。"先外后内"原则指的是在涉及多级政府或不同地域的机关时，非本机关（即外部机关）的单位通常排在前面，然后是本机关（即内部机关）的职能部门；"党政军群"原则指的是按照党、政、军、群四个系统的先后顺序进行排列，这也是在党的文件中运用得比较多的原则。

## 3.6 通报：辅助情况或信息的及时传递

通报是党政机关、企事业单位用于表彰先进、批评错误、传达重要精神或交流重要情况的公务文书。按内容和功能，通报可分为表彰通报、批评通报和情况通报；按表述方式，通报可分为直述式通报和转述式通报。在形式结构上，通报一般包括标题、题注（成文日期）、正文等要素，根据实际需要可添加主送机关。正文部分通常包含通报背景、事实陈述、分析评价和处理意见等内容，要求事实准确、分析客观、措辞得当。落款部分应规范标注发文机关名称和成文日期。本节将详细介绍如何借助AI工具高效撰写通报。

**步骤01** 已知通报的形式结构，我们可以给出每个部分的具体内容，让AI根据这些内容进行公告的写作。演示对话如下。

> 你是一名××机关党委的工作人员，请根据以下要求撰写一则通报：
> 标题为"关于表彰××××年度优秀共产党员的通报"。
> 主送机关为局直机关各党委、直属支部。
> 通报的内容：在过去的一年里，××等10名同志坚定理想信念，牢记党的宗旨，充分发挥党员的先锋模范作用，在各自的工作岗位上取得了显著成绩，授予××5名同志"××××年度优秀共产党员"荣誉称号，并颁发荣誉证书及奖品。
> 发文机关为××局直属机关党委。
> 通报时间为××××年××月××日。

**AI** 关于表彰××××年度优秀共产党员的通报

主送机关：局直机关各党委、直属支部

在过去的一年里，全局广大党员干部深入学习贯彻党的理论和路线方针政策，紧紧围绕中心工作，扎实工作，开拓创新，涌现出了一批政治坚定、业绩突出、群众公认的优秀共产党员。为表彰先进，树立典型，进一步激励全局党员干部职工积极投身到各项工作中去，经各党委、直属支部推荐，××局直属机关党委研究决定，对在××××年度表现突出的党员同志进行表彰。

××等10名同志，在过去的一年中，坚定理想信念，牢记党的宗旨，充分发挥了党员的先锋模范作用。他们立足本职岗位，勤勉敬业，勇于担当，以实际行动践行了共产党人的初心和使命，在各自的工作领域取得了显著成绩，为推动我局各项事业的发展作出了积极贡献。

为表彰他们的先进事迹和崇高精神，经研究决定，授予××、××、××、××、××等5名同志"××××年度优秀共产党员"荣誉称号，并颁发荣誉证书及奖品，以资鼓励。希望受到表彰的同志珍惜荣誉，戒骄戒躁，再接再厉，继续在新的征程中发挥表率作用，再创佳绩。

局直机关各党委、直属支部要组织广大党员干部职工认真学习受表彰同志的先进事迹，以他们为榜样，不忘初心，牢记使命，锐意进取，扎实工作，为推动我局各项事业高质量发展贡献力量。

发文机关：××局直属机关党委

通报时间：××××年××月××日

**步骤02** 查看AI生成结果，可以看到AI生成的通报初稿仍存在一些问题，例如，格式与标准通报存在细微差别，内容存在重复啰唆的问题。因此，可以继续追加提问，让AI对通报内容进行修改。演示对话如下。

> 请删除所有"主送机关""发文机关"等标注格式的文字，并仔细审查内容，去除其中的重复和啰唆部分，使表达更加精炼和准确。

**AI** 关于表彰××××年度优秀共产党员的通报

局直机关各党委、直属支部：

在过去的一年里，全局广大党员干部深入学习贯彻党的理论和路线方针政策，积极投身各项事业，涌现出了一批政治坚定、业绩突出、群众公认的优秀共产党员。其中，××等10名同志以实际行动践行党的初心使命，坚定理想信念，牢记党的宗旨，充分发挥党员的先锋模范作用，在各自的工作岗位上兢兢业业、勇于担当、无私奉献，取得了显著成绩，为推动我局各项工作高质量发展作出了重要贡献。

为表彰先进，树立典型，进一步激励全局党员干部的积极性和创造性，经党委组织研究决定，特授予××、××、××、××、××等5名同志"××××年度优秀共产党员"荣誉称号，并颁发荣誉证书及奖品，以资鼓励。

希望受到表彰的同志珍惜荣誉，戒骄戒躁，再接再厉，继续发挥示范引领作用，在新的起点上不断取得新的更大成绩。全局广大党员干部要以受表彰的同志为榜样，不忘初心、牢记使命，立足本职岗位，扎实工作，勇于创新，为推动我局各项工作再上新台阶贡献力量。

××局直属机关党委

××××年××月××日

> **提示**
>
> 虽然通报也需要遵循一定的格式规范，但相较于其他类型的公文，通报的格式有一定的灵活性。例如，有些通报会把成文日期置于落款中，不单独标注出来；有些通报则不注明主送机关。

## 3.7 通告：细化实施方案确保通告详尽

通告是国家机关、企事业单位、社会团体在一定范围内公布应当遵守或周知事项的规范性公文，主要用于发布政策规定、告知重要事项、宣布管理措施等。根据内容和功能，通告可分为知照性通告、办理性通告和禁管性通告等类型。在形式结构上，通告一般包括标题、正文和落款三个部分。正文部分通常包含通告依据、具体事项、执行要求等内容，要求表述准确、条理清晰、措辞严谨。对于涉及范围较广的通告，可根据需要添加主送机关。落款部分应规范标注发文机关名称和成文日期。本节将详细介绍如何借助AI工具高效撰写通告。

**步骤01** 下面以禁管性通告为例，让AI写作一篇关于禁止非法猎捕野生动物的通告。演示对话如下。

你是××市自然资源和规划局的工作人员，请根据以下要求撰写一个禁管性通告：

通告主题为禁止非法猎捕野生动物。

落款为××市自然资源和规划局、××市公安局、××市林业局。

时间为××××年××月××日。

**【禁管性通告】**

关于禁止非法猎捕野生动物的通告

为进一步加强我市野生动物资源保护,维护生物多样性和生态平衡,根据《中华人民共和国野生动物保护法》及相关法律法规规定,现就禁止非法猎捕野生动物有关事项通告如下:

一、严禁非法猎捕行为:自本通告发布之日起,全市范围内禁止任何单位和个人非法猎捕、杀害国家重点保护野生动物和地方重点保护野生动物,以及有重要生态、科学、社会价值的陆生野生动物。任何捕猎行为必须依法取得相应许可,并严格按照许可的范围、方法、工具及数量进行。

二、加强监管与执法:××市自然资源和规划局、××市公安局、××市林业局将联合开展专项执法行动,加大对非法猎捕野生动物行为的打击力度。对违反规定者,将依据相关法律法规严厉查处,构成犯罪的,依法追究刑事责任。

三、鼓励社会监督与举报:鼓励广大市民积极参与野生动物保护,如发现非法猎捕、贩卖、食用野生动物等违法行为,请及时向相关部门举报。举报电话:××××—××××××××(市自然资源和规划局)、××××—××××××××(市公安局)、××××—××××××××(市林业局)。对提供有效线索的举报人,将给予适当奖励,并严格保护其个人信息安全。

四、普及法律知识与宣传教育:各相关部门将加大野生动物保护法律法规的宣传力度,通过媒体、网络、社区活动等多种渠道,提高公众的法律意识和保护意识,共同营造人与自然和谐共生的良好氛围。

五、本通告的解释权:本通告由××市自然资源和规划局、××市公安局、××市林业局共同负责解释。

请全市人民自觉遵守本通告规定,共同保护我们赖以生存的自然环境和野生动物资源。让我们携手努力,为建设生态文明、美丽××贡献力量!

特此通告。

××市自然资源和规划局

××市公安局

××市林业局

××××年××月××日

**步骤02** 为了确保通告能够准确无误地将信息传达给目标受众,在撰写提示词时,需要采用通俗易懂的语言,详尽地阐述需要告知的具体事项。以这篇关于禁止非法猎捕野生动物的通告为例，就应当清晰列出禁猎的具体时间范围、禁猎区域以及被禁止猎捕的野生动物种类等关键信息。鉴于此，我们继续向 AI 提问，让其进一步优化和调整通告的内容。演示对话如下。

> 通告正文分条目列出以下内容：禁猎时间和区域、禁猎对象、禁猎工具和方法、法律责任、施行时间和有效期。正文结尾用一句话鼓励广大人民群众勇于举报违法或控告非法猎捕野生动物的行为。

【禁管性通告】

关于禁止非法猎捕野生动物的通告

为进一步加强我市野生动物资源保护，维护生物多样性和生态平衡，根据《中华人民共和国野生动物保护法》及相关法律法规规定，现就禁止非法猎捕野生动物具体事项通告如下：

一、禁猎时间和区域

禁猎时间：自本通告发布之日起，全年实施禁猎。

禁猎区域：××市行政区域内所有自然保护地、风景名胜区、森林公园、湿地公园、饮用水水源保护区及其他重要生态功能区，以及野生动物重要栖息地、繁殖地、迁徙通道等区域，均为禁猎区。

二、禁猎对象

列入《国家重点保护野生动物名录》《××省重点保护野生动物名录》和《有重要生态、科学、社会价值的陆生野生动物名录》的陆生野生动物，以及法律法规和国家、省规定禁止猎捕的其他野生动物。

三、禁猎工具和方法

禁猎工具：禁止使用枪支、弹药、爆炸物、毒药、电子诱捕装置、猎套、猎夹、地弓、排铳、烟熏、火攻、掏窝、挖洞等一切可能伤害野生动物的工具或装置。

禁猎方法：禁止采用网捕、夹捕、陷阱、笼捕、射击、刺杀、毒杀、爆炸、烟熏、火攻、电击、掏取卵、捣毁巢穴等方法猎捕野生动物。

四、法律责任

违反本通告规定，非法猎捕野生动物的，将依据《中华人民共和国野生动物保护法》及相关法律法规，由林业主管部门、公安机关等相关部门依法查处。情节轻微的，给予行政处罚；构成犯罪的，依法追究刑事责任。

五、鼓励举报

鼓励广大人民群众勇于举报违法或控告非法猎捕野生动物的行为，共同维护我市野生动物资源安全。举报电话：××××-××××××××。对于有效举报，相关部门将给予适当奖励，并严格保护举报人的个人信息及安全。

六、施行时间和有效期

本通告自××××年××月××日起施行，有效期五年。期满后，如需继续施行,将另行发布通告。

让我们携手共进,为保护野生动物、建设生态文明、美丽××贡献力量!

××市自然资源和规划局

××市公安局

××市林业局

××××年××月××日

> **提示**
>
> 通知、通报和通告虽然都是具有告知作用的公文,但三者又有一定的区别。在告知对象上,通报的内容通常是对工作情况、会议情况等的事后告知;而通知和通告是对具体事项进行告知,且往往是事项发生前或初期进行告知。在告知内容上,通报和通知是内部行文,告知对象为有关单位;而通告是周知性行文,需公开发布,告知对象为广泛的社会群体。在用途上,通报用于表彰先进、批评错误和传达事项;通知用于批转、转发公文,任免干部、发布规章等;而通告主要用于在一定范围内公布应当遵守或者周知的事项。

## 3.8 报告:助力深入分析特定问题或情况

报告是下级机关向上级机关汇报工作、反映情况、提出建议、答复询问的上行公文。根据内容和用途,报告可分为工作报告、情况报告、答复报告、报送报告等类型。在形式结构上,报告一般包括标题、主送机关、正文和落款四个部分。正文部分通常包含报告缘由、主要内容和工作建议等内容,要求事实准确、重点突出、层次分明、语言得体。需要注意的是,报告不得夹带请示事项,如"以上报告当否,请指示"等用语,以免造成文种混淆。如需请示事项,应当另行使用请示文种。本节将详细介绍如何借助 AI 工具高效撰写报告。

**步骤01** 在撰写报告之前,需要先对 AI 工具进行训练,让它熟悉报告的基本结构与格式。具体操作方法是找到一篇符合规范的报告作为样本,让 AI 学习并分析这篇报告,从而总结出报告的格式和关键写作要点。演示对话如下。

> (上传"关于主汛期防汛抗旱和地质灾害防治志愿服务工作开展情况的报告.docx")请根据上传的这篇范文学习报告的格式和写作要点。

> 从提供的范文中,我们可以学习到关于报告的基本格式和写作要点如下:
> 报告的格式
> 1. 标题:
> • 位于报告的第一行,明确报告的主题和内容,如"关于主汛期防汛抗旱和地

质灾害防治志愿服务工作开展情况的报告"。

2．接收单位（主送机关）：

- 接收单位（主送机关）位于标题下一行，顶格书写，后加冒号。

3．正文引言：

- 简述报告的背景和依据，如引用上级文件或指示精神。

4．报告内容：

- 通常分为几个部分，每个部分有明确的标题和小标题，便于阅读和理解。
- 内容包括工作开展情况、取得的成效、存在的问题、下一步打算等。

5．结尾：

- 报告单位（发文机关）署名，位于正文末尾下一行，右对齐。
- 报告日期，位于署名下一行，右对齐，使用阿拉伯数字书写。

写作要点

1．高度重视，明确指导思想：

- 强调报告工作的政治背景和重要性，引用相关领导的指示或文件精神。
- 简述本单位对工作的认识和态度。

2．具体工作开展情况：

- 详细描述工作的具体做法、措施和成效。
- 使用数据和事实支撑，增强说服力。
- 可以分为几个方面或阶段进行阐述。

3．存在的问题与困难：

- 客观分析工作中遇到的问题和困难，提出初步的解决方案或建议。
- 如果没有明显的问题，也可以省略这一部分。

4．下一步打算：

- 提出未来工作的方向和计划，包括加强宣传、完善机制、提升能力等。
- 强调持续努力和不断改进的决心。

5．语言简洁明了：

- 使用准确、简洁的语言，避免冗长和复杂的句子。
- 注意段落之间的逻辑关系和过渡，使报告条理清晰。

6．格式规范：

- 注意标题、小标题、段落、数字、日期等格式的统一和规范。
- 遵循公文写作的基本要求和规范，如字体、字号、行距等。

通过学习和掌握这些格式和要点，可以更好地撰写出符合要求的报告。

**步骤02** 从生成结果来看，AI 总结的格式和写作要点均正确，表明 AI 已掌握报告写作的基本要领。接下来，我们可以提供如报告标题、主送机关、正文内容等更详细的信息，让 AI 根据这些信息撰写报告。演示对话如下。

你是××镇人民政府的工作人员,请根据以下要求撰写一篇项目推进情况的报告。

标题为"关于××镇××号地块土地储备项目推进情况的报告"。

主送机关为××区规划和自然资源局。

正文部分分条目列出基本情况、土地储备项目进展和下一步工作计划,土地储备项目进展条目下再分子条目列出土地前期手续进展和动迁情况进展。

发文机关为××区××镇人民政府。

报告中不要出现格式和要点的名称。

关于××镇××号地块土地储备项目推进情况的报告

××区规划和自然资源局:

为推动××区的全面发展,加快城镇化建设步伐,土地储备中心正全力推进××号地块的收储及清理工作。根据区政府最新工作部署,现将项目进展情况汇报如下:

一、项目概况

××号地块位于××区核心区域,东接××号地块,西临××地块,南达××大道,北抵××路。该地块占地面积约为××公顷,规划用途为综合性商业开发。

二、土地储备项目进展

××号地块土地储备项目由区土地储备中心委托××区××街道办事处作为实施主体,负责前期的各项开发工作,具体进展概述如下:

(一)土地前期手续办理情况

项目已顺利完成立项审批、选址意见书获取。土地征收工作已圆满结束,劳动力安置妥善完成,场地平整作业也已告竣,目前正积极推进土地出让的相关手续。

(二)拆迁安置工作进展

该地块总面积为××公顷(约合××亩),涉及国有非住宅用地单位××家、集体土地非住宅用地单位××家。其中,集体土地非住宅的协议搬迁及房屋拆除工作已于××年顺利完成。

国有非住宅用地单位为××区文化和体育局(××区文化中心)。依据[××规(××)××号]、[××土征(××)××号]文件,该地块原由区文化和体育局投资建设,占地面积××平方米,建筑面积××平方米。

本项目已委托××房地产土地评估有限公司进行评估。评估结果显示,××区文化和体育局(××区文化中心)所占土地面积为××公顷(约合××亩),其中位于项目红线内的土地面积为××公顷(约合××亩)。各项补偿费用总计:国有土地使用权补偿××万元,有证房屋补偿、装修补偿及附属设施费用××万元,无证房屋补偿、装修及设备补偿费用××万元,搬迁费用(含设备、物资）××万元，电力设施迁移补偿××万元，绿化迁移补偿××万元，停产停业损失补偿（考虑到文化中心功能转换的特殊性，给予适当补偿）××万元，签约奖励金××万元，总计补偿金额为××万元。经过××街道办事处与征收部门的多次沟通，双方已就上述补偿金额基本达成共识。

经核算，××区文化和体育局（××区文化中心）的收储补偿总额为××万元，亩均收储单价约为××万元。××号地块整体收储成本为××亿元，地块总面积××亩，亩均收储单价约为××万元，低于周边地块的市场出让价格。

三、下一步工作计划

为加速推进××区的城镇化发展，高效完成土地清理任务，建议依据上述评估结果与××区文化和体育局（××区文化中心）签订补偿协议。鉴于该非住宅建筑主要位于××地块，部分涉及××地块及邻近道路建设，建议按照土地面积比例将补偿费用分摊至各相关项目成本中。

特此报告。

×区×镇人民政府

××××年××月××日

**步骤03** AI根据要求生成了一篇报告，从整体上看这篇报告是符合写作规范的。但"下一步工作计划"部分描述显得过于简略，现在需要在这部分添加更多细节，如时间安排、计划工作内容等。因此，向AI追加提问，让其对报告中的相应内容进行修改和完善。演示对话如下。

> 报告中，"下一步工作计划"这部分内容表述过于笼统，缺乏具体细节，请对其进行修改以使其更加详尽清晰。

> 关于××镇××号地块土地储备项目推进情况的报告
> 
> ××区规划和自然资源局：
> 
> 为推动××区的全面发展，加快城镇化建设步伐，土地储备中心正全力推进××号地块的收储及清理工作。根据区政府最新工作部署，现将项目进展情况汇报如下：
> 
> 一、项目概况（略）
> 
> 二、土地储备项目进展（略）
> 
> 三、下一步工作计划
> 
> 为确保××号地块土地储备项目顺利推进，高效完成后续的土地清理与开发准备工作，并为××区的城镇化发展贡献力量，我们制定了以下详细的工作计划：
> 
> （一）签订补偿协议
> 
> 时间安排：计划在××××年××月××日至××月××日，与××区

文化和体育局（××区文化中心）签订补偿协议。

协议内容：明确补偿金额、支付方式、时间节点、土地交接程序及双方权利义务，特别是针对文化中心功能转换的特殊性，明确停产停业损失补偿的具体安排。

执行监督：设立专项监督小组，跟踪补偿款项支付进度，确保资金按时到位，并协调解决可能出现的问题。

（二）费用分摊与财务管理

费用分摊：按土地面积比例，将补偿费用分摊至××号地块、××地块及相关道路建设项目中，并于××××年××月××日前确定分摊方案并报上级部门审批。

财务管理：建立专项财务管理账户，实施严格的财务管理制度，确保支出有明确的依据和审批流程，定期报告财务状况。

（三）后续开发与准备工作

土地出让准备：在补偿协议签订后，立即准备土地出让相关材料，确保在××××年××月底前提交至区规划和自然资源局审核。

场地维护与监管：加强××号地块日常管理，建立巡查机制，防止非法占用和破坏，确保土地后续开发顺利进行。

公众参与与沟通：加强与周边社区居民的沟通，提高公众对项目的认知度和支持度，营造良好的社会氛围

特此报告。

×区×镇人民政府

××××年××月××日

## 3.9 请示：清晰阐述请求事项与理由

请示是下级机关向上级机关就某项工作请求指示、批准或帮助的上行公文。根据内容和用途，请示可分为请求指示性请示、请求批准性请示和请求批转性请示等类型。在形式结构上，请示一般包括标题、主送机关、正文和落款四个部分。正文部分通常包含请示缘由、具体事项和请求意见等内容，要求理由充分、事项明确、语言得体。请示写作应当遵循"一事一请"原则，不得在同一请示中提出多个事项；主送机关应当单一明确，避免多头请示；同时要严格遵守行文规则，不得越级请示。本节将详细介绍如何借助AI工具高效撰写请示。

**步骤01** 首先提出需求，让AI根据要求写作一篇关于请求批准对市政园林道路进行改建的请示。演示对话如下。

> 我是一名××市××区绿化和市容管理局的工作人员。目前，我区面临着道路狭窄、交通拥堵严重、安全隐患突出等问题。这些问题不仅极大地影响了市

民的日常出行体验，还严重制约了城市的进一步发展和提升。现需要向上级部分请示，请求批准对市政园林道路进行改建，请你帮我完成这篇请示的写作。

> 关于请求批准对市政园林道路进行改建的请示
>
> 尊敬的上级部门：
>
> 随着我市经济的快速发展和城市化进程的加快，我市面临着日益严峻的道路狭窄、交通拥堵严重、安全隐患突出等问题。这些问题不仅极大地影响了市民的日常出行体验，降低了城市交通效率，还严重制约了城市的进一步发展和提升。为了有效解决这些问题，提升城市形象，改善市民生活质量，我局经过深入调研和论证，特向上级部门请示，请求批准对市政园林道路进行改建。
>
> 一、项目背景与必要性
>
> 当前，我市道路狭窄，交通拥堵现象日益严重，特别是在早晚高峰时段，部分路段几乎陷入瘫痪状态。这不仅严重影响了市民的出行效率，还增加了交通事故的风险。同时，由于道路狭窄，大型车辆难以通行，给城市物流运输带来了诸多不便。此外，部分路段还存在安全隐患，如路面破损、照明不足等问题，给市民的生命财产安全带来了严重威胁。因此，对市政园林道路进行改建，已成为当务之急。
>
> 二、项目内容与目标
>
> 本次改建项目主要包括以下几个方面：一是拓宽部分狭窄道路，提高道路通行能力；二是优化交通流线，减少交通拥堵点；三是加强道路安全防护措施，如增设护栏、照明设施等；四是提升道路绿化水平，打造宜居宜业的城市环境。通过本次改建，我们期望达到以下目标：一是显著提升城市交通效率，改善市民出行体验；二是减少交通事故风险，保障市民生命财产安全；三是提升城市形象，促进城市经济发展。
>
> 三、项目预算与资金来源
>
> 本次改建项目预计总投资为××万元，主要包括工程费用、设备购置费、设计费、监理费等。资金来源方面，我局将积极争取上级部门资金支持，同时整合自有资源，确保项目顺利实施。
>
> 四、项目实施计划与保障措施
>
> 为确保项目顺利实施，我局将制定详细的实施计划，明确各阶段工作任务和时间节点。同时，我们将加强项目管理，确保工程质量和安全。此外，我们还将加强与相关部门的沟通协调，形成工作合力，共同推动项目进展。
>
> 鉴于以上情况，恳请上级部门批准我局对市政园林道路进行改建的请示。我们将严格按照上级部门的要求和指示，精心组织、周密部署，确保项目顺利实施并取得实效。
>
> 此致
>
> 敬礼！
>
> ××区绿化和市容管理局
>
> ××××年××月××日

**步骤02** 由于没有提供具体的范文作为参考，AI可能不清楚请示的正确格式和关键写作要点，导致其生成的请示不符合规范。因此，我们可以根据请示的形式结构，包括标题、主送机关、正文内容等要素，对提示词进行修改，让AI重新写作。演示对话如下。

> 请你帮我写一篇"关于市政园林道路改建的请示"，具体要求如下：
> 主送机关是××市××区建设和管理委员会；
> 请示正文开头用一段话说明请示缘由，例如为了提高市民的生活质量和满足市民的出行需求。然后分条目列出请示事项，包括改建方案、投资预算和资金来源等内容。最后用"以上请示，请予批示"作为正文的结语；
> 发文机关是××市××区绿化和市容管理局。
> 请示中不要出现格式和要点的名称。

> **AI** 关于市政园林道路改建的请示
> ××市××区建设和管理委员会：
> 随着我区经济社会的快速发展，市民对生活质量和出行环境的要求日益提高。当前，我区部分市政园林道路存在路面破损、交通不畅、绿化不足等问题，严重影响了市民的日常出行和休闲体验。为了切实提升市民的生活品质，满足市民日益增长的出行需求，我局经过深入调研和论证，决定对部分市政园林道路进行改建。现将有关事项请示如下：
> 一、改建方案
> 我们计划对全区范围内存在问题的市政园林道路进行全面排查，并根据实际情况制定详细的改建方案。方案将包括道路拓宽、路面修复、交通标志标线完善、绿化景观提升等内容，旨在打造安全、畅通、美观的市政园林道路。
> 二、投资预算
> 经过初步估算，本次市政园林道路改建工程预计总投资为××万元。其中，道路拓宽和路面修复费用约为××万元，交通标志标线完善费用约为××万元，绿化景观提升费用约为××万元，其他费用（如设计费、监理费等）约为××万元。
> 三、资金来源
> 本次改建工程的资金来源主要包括两部分：一是区财政拨款，预计投入××万元；二是通过争取上级部门专项补助资金和社会资本投入等方式筹集剩余资金。我们将积极争取各方面支持，确保资金及时到位，保障工程顺利实施。
> 以上请示，请予批示。
> ××市××区绿化和市容管理局
> ××××年××月××日

**步骤03** 重新生成的这篇请示在格式上已经相对规范，符合一般请示的书写要求。然而正文中对市政园林道路改建的具体方案描述却不够详细，这可能会成为该请示不被通过的一个重要原因。因此，还需要向AI追加提问，让其对改建方案的部分进行更为细化的描述。演示对话如下。

> 请示中关于改建方案的部分描述不够详细，需要分条列出具体的改建方案，例如，拓宽道路、优化交通组织、增加绿化覆盖率、增设照明设施、完善配套设施等，请修改。

> 关于市政园林道路改建的请示
>
> ××市××区建设和管理委员会：
>
> 随着我区经济社会的快速发展，市民对生活质量和出行环境的要求日益提高。当前，我区部分市政园林道路存在路面破损、交通不畅、绿化不足等问题，严重影响了市民的日常出行和休闲体验。为了切实提升市民的生活品质，满足市民日益增长的出行需求，我局经过深入调研和论证，决定对部分市政园林道路进行改建。现将有关事项请示如下：
>
> 一、改建方案
>
> 拓宽道路：针对交通流量大、拥堵严重的路段，我们计划进行适当的道路拓宽，以提高道路的通行能力，缓解交通压力。
>
> 优化交通组织：通过科学规划，优化交通流线，设置合理的交通标志标线，引导车辆和行人有序通行，减少交通冲突点，提高交通效率。
>
> 增加绿化覆盖率：在改建过程中，我们将注重绿化景观的提升，通过增加绿化植物种类和数量，提高道路的绿化覆盖率，营造宜人的出行环境。
>
> 增设照明设施：针对夜间照明不足的路段，我们计划增设路灯和景观照明设施，提高道路的照明水平，确保市民夜间出行的安全。
>
> 完善配套设施：根据实际需要，增设或更新道路沿线的配套设施，如公交站台、停车场、垃圾桶等，方便市民出行和生活。
>
> 二、投资预算（略）
>
> 三、资金来源（略）
>
> 以上请示，请予批示。
>
> ××市××区绿化和市容管理局
>
> ××××年××月××日

**提示**

请示的标题除了采用"事由+文种"形式外，还可以采用"发文机关/会议名称+事由+文种"形式，如本案例的标题可以改为"××区绿化和市容管理局关于市政园林道路改建的请示"。

# 3.10 批复：针对请示事项的明确答复

批复是上级机关答复下级机关请示事项的下行公文，具有指示性和权威性。根据内容和性质，批复可分为审批性批复和指示性批复：审批性批复主要针对具体事项的请示作出答复；指示性批复则着重对政策性问题进行指导。在形式结构上，批复一般包括标题、主送机关、正文和落款四个部分。正文部分通常包含批复依据、答复意见和执行要求等内容，要求观点明确、措辞严谨、针对性强。批复原则上应一文一事，主送机关通常为请示单位，但涉及普遍性问题时，可抄送相关单位。本节将详细介绍如何借助 AI 工具高效撰写批复。

**步骤01** 批复是与请示配合使用的，先有请示，后有批复。这里将上一节写好的请示以文档形式上传至 AI 工具，让其根据这篇请示写一篇批复。演示对话如下：

🧑 （上传"关于市政园林道路改建的请示.docx"）
文档内容为××市××区建设和管理委员会呈递的一篇关于对市政园林道路改建的请示，请根据这篇请示写一篇批复。

🤖 关于市政园林道路改建请示的批复
××市××区绿化和市容管理局：
你局《关于市政园林道路改建的请示》（日期：××××年××月××日）已收悉。经我委认真审议并综合考量当前我区经济社会发展现状及市民实际需求，现就该请示批复如下：
一、原则同意改建方案
你局提出的市政园林道路改建方案，包括拓宽道路、优化交通组织、增加绿化覆盖率、增设照明设施及完善配套设施等措施，符合我区城市发展规划和市民生活品质提升的总体要求。原则同意按照该方案实施改建工程，以有效解决当前市政园林道路存在的问题，提升城市形象，改善市民出行体验。
二、关于投资预算与资金来源
1. 投资预算：经审核，你局提交的总投资预算（××万元）基本合理，但需进一步细化各分项预算，确保资金使用的高效性和透明度。
2. 资金来源：同意你局提出的资金来源方案，即由区财政拨款××万元，并鼓励你局积极争取上级部门专项补助资金和社会资本投入，确保项目资金足额到位。同时，要加强资金监管，确保专款专用，避免浪费和挪用。
三、后续工作要求
1. 项目实施前，需依法依规办理相关审批手续，包括但不限于规划许可、施工许可等，确保项目合法合规推进。
2. 在项目实施过程中，要注重环境保护，采取有效措施减少对周边居民和环境的影响。同时，要加强施工安全管理，确保无安全事故发生。

3. 项目完成后，要及时组织验收，确保工程质量符合设计要求。同时，要做好后期维护管理工作，确保改建成果得以长期保持和有效利用。

4. 请你局定期向我委报告项目进展情况，包括但不限于资金使用、施工进度、质量监管等方面，以便及时协调解决遇到的问题。

综上所述，希望你局能够按照批复要求，精心组织，周密部署，确保市政园林道路改建工程顺利实施，为市民创造更加安全、便捷、舒适的出行环境。

××市××区建设和管理委员会

××××年××月××日

**步骤02** AI生成的批复对请示中提出的事项作出了明确答复，并提出了后续的工作要求。然而，该批复还存在两方面的问题：一是请示后应附上文件号以便查阅和追踪；二是批复的结尾应以"特此批复"为正式的结束语。下面针对这两个问题追加提问，让AI调整批复内容。演示对话如下。

> 请在批复中，针对请示部分提及的请示文件，附上文件号"××字〔××××〕××号"；并在批复正文的最后添加"特此批复"作为结束语。

> 关于对市政园林道路改建请示的批复
>
> ××市××区绿化和市容管理局：
>
> 你局《关于对市政园林道路改建的请示》（××字〔××××〕××号）已收悉。经我委认真审议并综合考量当前我区经济社会发展现状及市民实际需求，现就该请示批复如下：
>
> 一、原则同意改建方案（略）
>
> 二、关于投资预算与资金来源（略）
>
> 三、后续工作要求（略）
>
> 综上所述，希望你局能够按照批复要求，精心组织，周密部署，确保市政园林道路改建工程顺利实施，为市民创造更加安全、便捷、舒适的出行环境。
>
> 特此批复。
>
> ××市××区建设和管理委员会
>
> ××××年××月××日

## 3.11 议案：辅助撰写精简议案文本

议案是各级人民政府、人民代表大会代表或有关机关依照法定程序，向同级人民代表大会或其常务委员会提请审议事项的公文。根据内容和性质，议案可分为立法性议案、重大事项议案、任免性议案和专项工作议案等类型。在形式结构上，议案一般包括标题、主送机关、正文和落款四个部分。正文部分通常包含案据、方案和审议请求等内容：案据部分阐明提出议案的依据和理由；方案部分提出具体的建议和措施；审议请求部分则采用"现提请审议"或"请予审议"等规范用语。议案写作要求内容合法、依据充分、方案可行、格式规范。本节将详细介绍如何借助 AI 工具高效撰写议案。

**步骤01** 这里以任免性议案为例，让 AI 撰写一篇关于政府部门部分人员任免职务的具体议案。演示对话如下。

假设你目前是××市政府职能部门的一名工作人员，领导安排你起草一份关于任免职务的议案。该议案的具体内容包括：任命××同志为××市××区人民政府副区长；任命××同志为××市××区发展和改革委员会主任，免去其××市××区民政局局长职务；任命××同志为××市××区民政局局长；任命××同志为××市××区医疗保障局局长。请你撰写一份符合规范的任免性议案。

【任免议案草稿】

关于××市××区人民政府部分领导职务任免的议案

市人民代表大会常务委员会：

为进一步推动我市××区经济社会持续健康发展，加强干部队伍建设，根据《中华人民共和国地方各级人民代表大会和地方各级人民政府组织法》及《××市国家公务员任免管理暂行办法》等相关法律法规，结合××区实际工作需要，现就××市××区人民政府副区长及部分部门负责人的任免事项，特提请如下：

一、任命事项

任命××同志为××市××区人民政府副区长。

××同志（简历概述，包括性别、年龄、学历、工作经历等，具体根据实际情况填写）长期致力于政府工作，具有丰富的管理经验和卓越的领导能力，在推动经济发展、改善民生等方面取得了显著成绩。其任职将有利于进一步加强区政府领导班子建设，促进区域经济社会持续健康发展。

任命××同志为××市××区发展和改革委员会主任。

鉴于××同志（简历概述）在担任××市××区民政局局长期间，展现出良好的组织协调能力和政策执行能力，特别是在推进社会救助、养老服务体系建设等方面成效显著，经综合考量，决定任命其为区发展和改革委员会主任，以充分发挥其在宏观经济调控和综合协调方面的专长，推动全区经济社会高质量发展。

任命××同志为××市××区民政局局长。

××同志（简历概述）具有深厚的民政工作经验和强烈的为民服务意识，曾在多个部门担任领导职务，成绩斐然。此次任命，旨在进一步加强民政工作，提升民生保障水平，确保各项民政政策落到实处，惠及广大人民群众。

任命××同志为××市××区医疗保障局局长。

鉴于医疗保障工作的重要性日益凸显，××同志（简历概述）因其扎实的专业背景和丰富的管理经验，特别是在医疗卫生领域的工作实绩，被提名担任此职务。相信其能够带领全局同志，不断提升医疗保障服务水平，有效保障人民群众健康福祉。

二、免去职务事项

免去××同志××市××区民政局局长职务。

鉴于人事调整和工作需要，决定免去××同志（此处简要说明免职原因，如因岗位调整、到龄退休等）××市××区民政局局长职务。感谢其在职期间为民政事业做出的贡献。

以上任免事项，请市人民代表大会常务委员会审议决定。

特此议案。

××市政府职能部门（名称）

××××年××月××日

注：以上议案草稿为示例文本，实际撰写时需根据具体情况调整内容，包括但不限于被任免人员的简历概述、免职原因的具体说明等，并确保所有信息准确无误，符合相关法律法规和政策要求。

**步骤02** AI根据要求快速生成了一篇任免议案，但此议案存在几个问题。一是议案标题不够规范；二是正文内容过于冗长，详细描述了任免原因，且将同一人的任命事项和免去事项分开罗列，而按照常规写法，议案正文只需简洁明了地依次罗列任免职务即可；三是议案结尾缺乏标准的审议提请语，应添加如"现提请审议"或"请予审议"等结语。综合上述这些问题，向AI追加提问，让其修改上一步骤中生成的议案。演示对话如下。

> 请将议案标题改为"××市××区人民政府关于提请审议××等同志职务任职的议案"；并在正文中将任命事项和免去职务事项合并列出，无须具体说明免费原因，结尾部分直接使用"请予审议"作为结语。同时，发送机关改为"××市××区人民政府"。

**AI**【任免议案草稿（修订版）】

××市××区人民政府关于提请审议××等同志职务任免的议案

××市××区人民代表大会常务委员会：

为进一步推动我市××区经济社会持续健康发展，加强干部队伍建设，根据《中华人民共和国地方各级人民代表大会和地方各级人民政府组织法》及《××市国家公务员任免管理暂行办法》等相关法律法规，结合××区实际工作需要，现就××市××区人民政府副区长及部分部门负责人的任免事项，特提请如下：

任命××同志为××市××区人民政府副区长。

任命××同志为××市××区发展和改革委员会主任，免去其××市××

区民政局局长职务。

任命××同志为××市××区民政局局长。

任命××同志为××市××区医疗保障局局长。

请予审议。

××市××区人民政府

××××年××月××日

注：此议案草稿为简化版，实际使用时需根据具体情况调整，并确保所有信息准确无误。

> **提示**
>
> 由于议案只能由各级人民政府按照法律程序向同级人民代表大会或人民代表大会常务委员会行文，不能向其他部门单位行文，因此，议案的主送机关也只有一个。

# 第4章

# 商业营销

营销文案是商业传播的核心载体，不仅承担着推广产品、服务的重要职能，更是塑造品牌形象、建立客户关系的关键工具。优秀的营销文案能够精准传达产品价值，激发消费者共鸣，在激烈的市场竞争中建立品牌差异化优势。随着AI技术的发展，营销文案创作迎来了新的机遇，从精准的用户画像分析到个性化的内容生成，从实时的市场反馈到智能化的优化建议，AI技术正在重塑营销文案创作的全流程。本章将深入探讨如何利用AI技术高效生成各类营销文案，包括品牌宣传文案、产品推广文案、社交媒体文案等，为现代营销注入智能化动能。

# 4.1 广告文案：让广告"吸睛"更"吸金"

在信息爆炸的时代，优秀的广告文案不仅要"吸睛"——快速抓住目标受众的注意力，更要"吸金"——有效促成消费转化。一篇出色的广告文案能够通过精准的用户洞察和富有创意的表达，将产品价值与消费者需求巧妙结合，在引发情感共鸣的同时，引导用户完成购买决策。随着 AI 技术的发展，广告文案创作也迎来了新的突破：从用户画像构建到行为预测，从创意构思到效果优化，AI 技术正在为广告效果提升提供智能化支持。本节将详细介绍如何借助 AI 工具，快速创作出既能吸引眼球又能促进转化的广告文案。

**步骤01**　首先给 AI 设定一个具体的角色，让它基于这个角度来撰写广告语。演示对话如下。

> 你是一名广告创意师，请为某护肤品牌新推出的一款香水提供 5 条广告语，每条广告语字数不超过 15 字。该款香水的基础属性如下：
> 客户群体：25～40 岁的都市白领女性。
> 香型：花香型。
> 香调：清新淡雅，融合玫瑰、茉莉与柑橘的优雅香调。
> 浓度：EDT（淡香水），适合日常使用，持久而不过分浓烈。

> AI
> 1. 都市雅韵，花香轻拂心间。
> 2. 玫瑰茉莉轻语，清新日常之选。
> 3. 淡雅柑橘香，白领自信风采。
> 4. 清新 EDT，都市丽人必备香。
> 5. 花漾淡香，优雅随行每一天。

**步骤02**　在 AI 给出的 5 条广告语中选择一条符合预期的广告语，并追加提问，让 AI 撰写一个详细的广告策划方案。演示对话如下。

> 请基于"花漾淡香，优雅随行每一天"这则广告语，撰写一份创意广告策划方案。

> AI
> 创意广告策划方案：花漾淡香，优雅随行每一天
> 一、广告目标
> 1. 品牌提升：通过广告活动提升某护肤品牌新推出的花香型淡香水的知名度与品牌形象。
> 2. 目标群体覆盖：精准覆盖 25～40 岁的都市白领女性，传达香水优雅、清新、日常适用的特点。
> 3. 销售促进：激发目标群体的购买欲望，促进新香水的市场销量。
> 二、广告主题
> 主题：花漾淡香，优雅随行每一天

## 三、广告创意

### 1. 视觉创意

主视觉：设计一款以清新淡雅的花卉为背景，都市白领女性自信微笑站在花丛中的广告海报。画面以柔和的色调和光影效果，营造出优雅、自然的氛围。

产品展示：在海报中突出展示香水的瓶身设计，体现精致与高雅。同时，通过水雾效果展示香水的清新淡雅。

### 2. 文案创意

广告语：花漾淡香，优雅随行每一天。

副文案：

- 玫瑰的柔情，茉莉的雅致，柑橘的清新，每一天，都以最美的姿态绽放。
- 清新淡雅的香调，如同你的气质，优雅而不张扬，适合每一个日常。

### 3. 视频创意

制作一段以都市白领女性日常生活为背景的短视频，展示她们在不同场合（如办公室、咖啡厅、晚宴）中自信优雅的形象，同时融入香水的使用场景。

视频中穿插香水喷洒的瞬间、花香的弥漫以及女性自信微笑的镜头，传达"花漾淡香，优雅随行每一天"的主题。

## 四、广告媒介选择

### 1. 线上媒介

社交媒体（如微博、微信、抖音）：发布广告海报、短视频和互动话题，吸引目标群体的关注和参与。

电商平台（如天猫、京东）：在品牌旗舰店首页展示广告，同时推出限时优惠活动，吸引消费者购买。

品牌官方网站：更新广告专题页面，详细介绍香水的特点和使用体验。

### 2. 线下媒介

高端商场专柜：在品牌专柜布置广告海报和展示架，提供香水试用服务。

时尚杂志与报纸：投放广告插页，覆盖目标群体的阅读习惯。

户外广告：在都市白领女性常去的商圈、地铁站等人流密集区域投放广告牌。

## 五、广告活动执行

### 1. 活动预热

在社交媒体上发布倒计时海报和预告视频，引发目标群体的期待。

与时尚博主、网红合作，进行产品试用和分享。

### 2. 活动执行

线上发布广告海报、短视频和互动话题，鼓励用户分享自己的优雅日常和香水使用体验。

线下在商场专柜举办新品发布会和香水品鉴会，邀请目标群体参与。

推出限时优惠活动，如购买即赠小样、满额减免等。

3．活动评估

通过数据分析工具监测广告活动的曝光量、点击量、互动量等指标。

收集消费者反馈和购买数据，评估广告活动的效果。

根据评估结果调整广告策略和活动方案，持续优化广告效果。

六、预算分配

1．线上媒介投放费用：××%

2．线下媒介投放费用：××%

3．活动执行费用（包括新品发布会、品鉴会等）：××%

4．推广物料制作费用（包括海报、短视频等）：××%

5．其他费用（如合作费用、监测费用等）：××%

七、效果预期

通过本次广告活动，预期能够显著提升某护肤品牌新推出的花香型淡香水的知名度和市场份额，增强品牌在目标群体中的影响力和美誉度。同时，通过精准的目标群体覆盖和有效的销售促进策略，实现销售业绩的稳步增长。

**步骤03** AI根据所选广告语生成了一个详细的广告策划方案，该策划方案中提到了视频创意，下面就让AI以此为基础撰写一个视频广告脚本。演示对话如下。

> 请根据策划案中提到的视频创意，撰写一个用于制作视频广告的脚本，视频时长在1分钟以内。

> AI 视频广告脚本：《花漾淡香，优雅随行每一天》
>
> 时长：55秒
>
> 开场（0～5秒）
>
> 画面：
>
> ·黑屏，逐渐显现柔和的晨光，光线透过窗帘缝隙，照在一张摆放着新香水瓶身的梳妆台上。
>
> 旁白：
>
> ·（温柔女声）"在每一个黎明初现的时刻，新的一天，新的开始。"
>
> 场景一：办公室（5～20秒）
>
> 画面：
>
> ·切换至一位都市白领女性，身着职业装，自信地走进办公室。她轻轻旋开香水瓶盖，喷洒于手腕与颈部，瞬间，空气中弥漫起清新淡雅的花香。
>
> ·镜头特写：玫瑰、茉莉与柑橘的图案在屏幕一角缓缓旋转，象征香水的香调。

旁白：
- "玫瑰柔情，茉莉雅致，柑橘清新，交织成你独有的职场魅力。"

画面：
- 女性专注工作，偶尔抬头与同事微笑交流，周围人似乎也被她的气质所吸引。

场景二：咖啡厅（20～35秒）

画面：
- 午后，她走进一家温馨的咖啡厅，与好友相聚。阳光透过窗户洒在她身上，花香随风轻拂，与咖啡香交织成一幅美好的画面。
- 特写镜头：咖啡杯旁，香水瓶静静地躺在桌上，反射出柔和的光芒。

旁白：
- "闲暇时光，与好友相聚，那份清新淡雅的芬芳，让你成为聚会中的焦点。"

场景三：晚宴（35～50秒）

画面：
- 夜幕降临，她换上晚礼服，准备参加一场晚宴。在镜前，她再次轻喷香水，增添一抹不凡的风采。
- 镜头跟随她步入灯火辉煌的宴会厅，与人交谈，笑容灿烂，成为全场焦点。
- 特写镜头：香水瓶在灯光下更显精致，仿佛承载着无尽的优雅与自信。

旁白：
"晚宴上，灯光下，你是最耀眼的存在。那抹独特的芬芳，让你的优雅无处不在。"

结尾（50～55秒）

画面：
- 回到最初的梳妆台，香水瓶在柔和的灯光下静静地散发着光芒。镜头拉远，展现整个房间，一切都显得那么和谐而美好。

旁白：
- "花漾淡香，优雅随行每一天。让这款新推出的花香型淡香水，成为你日常中的一抹亮色。"

画面：
- 最后，品牌logo与香水名称优雅地出现在屏幕上，下方附上购买链接或二维码。

旁白：
- "现在就来体验，开启你的优雅日常吧！"

结束：
- 视频以品牌标志性的音乐渐弱结束，留下深刻的印象。

## 4.2 品牌宣传文案：塑造独特品牌形象

优秀的品牌宣传文案不仅要准确传递品牌价值，更要通过差异化的定位和富有创意的表达，在消费者心中建立独特的品牌认知。从品牌定位分析到用户情感洞察，从差异化卖点提炼到文案优化，AI 技术正在为品牌形象塑造提供智能化支持。本节将详细介绍如何借助 AI 工具，快速创作出既能彰显品牌特色又能激发情感共鸣的宣传文案。

**步骤01** 利用 AI 工具撰写品牌宣传文案时，需要先向 AI 提供品牌定位、品牌理念及主营产品或服务等信息，帮助它深入理解品牌核心价值与特点，进而创作出更符合品牌调性和市场需求的文案。演示对话如下。

> 你是一名资深文案创作专家，请根据以下信息创作 5 个品牌宣传口号：
> 品牌定位：有机农产品品牌，专注于为消费者提供健康、安全的有机食品。
> 品牌理念与价值观：我们相信，健康的生活源于健康的食品。
> 产品 / 服务：提供各类有机农产品，如蔬菜、水果、谷物等。

> 基于您提供的品牌信息，以下是 5 个品牌宣传口号建议：
> 1. 健康生活，从我们的有机农产品开始！
> 此口号直接明了地传达了品牌的核心价值，即提供有机农产品以引领健康生活。它鼓励消费者从选择有机产品开始，踏上健康生活的道路。
> 2. 绿意盎然，健康之选——您的有机食品专家！
> 通过"绿意盎然"这一生动的描述，此口号展现了品牌产品的自然、生态特性。同时，"健康之选"和"有机食品专家"则强调了品牌在有机农产品领域的专业性和对消费者健康的承诺。
> 3. 纯净自然，健康保证，有机生活由此启航！
> 此口号强调了品牌产品的纯净、自然特性，以及它们对健康生活的保障作用。通过"有机生活由此启航"，它鼓励消费者通过选择品牌产品来开启一段全新的、更加健康的生活方式。
> 4. 每一口都是自然的馈赠，我们的有机农产品，守护您的健康每一天！
> 此口号突出了品牌产品的天然来源和对消费者健康的持续守护。通过"每一口都是自然的馈赠"，它强调了产品的高品质和天然价值，同时传达了品牌对消费者健康的深切关怀。
> 5. 信赖源于健康，健康始于有机——品味自然，享受安心生活！
> 此口号通过"信赖源于健康"和"健康始于有机"两个简洁有力的句子，强调了健康和有机之间的紧密联系，以及品牌产品在这一领域中的可靠性。最后，"品味自然，享受安心生活"则进一步传达了品牌带给消费者的愉悦和安心感受。
> 请根据您的具体需求调整或选择最合适的口号。希望这些建议能够帮助到您！

**步骤02** AI 围绕品牌定位、品牌核心理念以及品牌的产品或服务撰写了 5 个品牌宣传文案，但这些宣传口号字数较多，不够简洁，不易于记忆。因此让 AI 对生成的宣传口号进行修改。演示对话如下。

> 品牌宣传口号要求简洁、鲜明、有吸引力，每个宣传口号不超过 10 个汉字。

> 1．健康启航，有机农产品！
> 简洁明了地传达了有机农产品引领健康生活的核心价值。
> 2．绿意健康，专家之选！
> 通过"绿意"和"专家之选"强调了产品的自然和专业性。
> 3．纯净有机，健康保障！
> 突出了产品的纯净、有机特性和对健康的保障作用。
> 4．自然馈赠，守护健康！
> 强调了产品的天然来源和对健康的守护。
> 5．信赖有机，安心生活！
> 简洁地传达了有机产品带来的信赖和安心感受。
> 这些口号都符合简洁、鲜明、有吸引力的要求，并且每个口号的字数都未超过 10 个汉字。

## 4.3 产品推广文案：助力产品脱颖而出

在竞争激烈的市场中，优秀的产品推广文案是帮助产品脱颖而出的利器。创作能够助力产品脱颖而出的推广文案，需要深入分析市场竞争格局，准确把握产品卖点，并通过富有感染力的语言打动目标受众。本节将详细介绍如何借助 AI 工具，创作出既能突出产品特色又能有效促进转化的推广文案，助力产品在市场竞争中脱颖而出。

**步骤01** 首先，尽可能向 AI 详细描述所要推广产品的特点，使其根据这些特点深入分析目标受众的特征及其关注的焦点，以便撰写更具针对性的文案。演示对话如下。

> 我需要写一篇耳机推广文案。这款耳机的特点包括：旗舰蓝牙 5.4 芯片、无损 HiFi 音质、48 小时超长续航、AI 智能通话降噪和双效定向传音。请帮我分析一下这款耳机的目标受众。

> 在撰写这篇耳机推广文案之前，对目标受众的精准分析是至关重要的。根据您提供的这款耳机的特点，我们可以将其目标受众细分为以下几个主要群体：
> 1．音乐发烧友与音频专业人士
> 特征：这类人群对音质有着极高的追求，他们可能是音乐制作人、DJ、音频编辑师，或是热爱高品质音乐的普通消费者。他们愿意为无损 HiFi 音质支付额

外费用，以享受最纯粹、最细腻的音乐体验。

关注点：他们最看重的是音质表现，旗舰蓝牙5.4芯片带来的稳定连接与低延迟也是吸引他们的因素之一。

2. 长途旅行者与通勤族

特征：这部分人群经常需要长时间佩戴耳机，无论是在长途飞行、火车旅行中，还是在日常通勤的地铁、公交车上。他们需要一个能提供持久续航能力的耳机，以应对长时间的使用需求。

关注点：48小时超长续航是吸引他们的关键卖点，同时，AI智能通话降噪功能也能在嘈杂环境中保证清晰的通话质量，增加使用的便捷性。

3. 商务人士与远程工作者

特征：这类人群频繁参与电话会议或需要高质量的在线交流环境。他们需要一个能有效隔绝背景噪声，确保通话清晰度的耳机。

关注点：AI智能通话降噪技术是他们最为看重的，这可以大大提升工作效率与沟通效果。同时，旗舰蓝牙5.4芯片的稳定性和低延迟对于保持流畅的在线会议体验也至关重要。

4. 运动爱好者与健身人士

特征：虽然您未直接提及防水或运动设计，但考虑到双效定向传音技术可能意味着更好的佩戴舒适度和声音定位，这对于运动中保持耳机的稳定性和安全性有一定帮助。

潜在关注点：如果进一步强调耳机的轻便性、稳定性以及是否适合运动佩戴，这部分受众也会被吸引。虽然续航和音质同样重要，但运动时的实用性和舒适度也是不可忽视的因素。

综上所述，这款耳机的目标受众广泛，涵盖了音乐爱好者、专业人士、日常通勤者和运动健身人群。在撰写推广文案时，可以根据不同受众群体的特定需求和关注点，定制化地突出耳机的各项优势，以更有效地触达并吸引潜在客户。

**步骤02** 接下来，在上述回答列举的几类目标人群中选择一个主要的目标用户群，并据此向AI追加提问，让它根据这一目标受众来设定推广文案的风格。演示对话如下。

> 假设这款耳机的目标受众是音乐发烧友和音频专业人士，请帮我确定耳机推广文案的风格。

> 针对音乐发烧友和音频专业人士这一目标受众，推广文案的风格应当体现出专业、高端、细节丰富且富有感染力的特点。以下是对这款耳机推广文案风格的建议：

1. 专业性与权威性

使用专业术语，如"旗舰蓝牙5.4芯片""无损HiFi音质""AI智能通话降噪"等，展现产品的技术实力。

引用或提及音频行业的权威认证、奖项或技术背景,增强产品的可信度。

2. 细节描述与情感共鸣

详细描述音质体验,如"每一次音符的跳跃,都如同亲临现场,感受每一个细微的情感波动"。

通过音乐场景描绘,如"在深夜的静谧中,让无损 HiFi 音质带你穿越至维也纳金色大厅,聆听贝多芬的交响乐章",激发受众的情感共鸣。

3. 高端定位与奢华感

使用高端、奢华的词汇,如"旗舰级""尊享"等,强调产品的高端定位。

描述产品的外观设计、材质选择等,如"采用航空级铝合金材质,经过精密打磨,每一处细节都彰显着匠心独运"。

4. 技术亮点与功能优势

突出技术亮点,如"搭载最新旗舰蓝牙 5.4 芯片,实现超低延迟与稳定连接,让音乐无缝流淌"。

强调功能优势,如"AI 智能通话降噪技术,即使在嘈杂环境中也能确保通话清晰,让每一次交流都如同面对面"。

5. 情感连接与品牌故事

讲述品牌故事,如"我们致力于将音乐的纯粹与美好传递给每一位热爱音乐的你,这款耳机是我们对音乐的极致追求"。

强调品牌与受众之间的情感连接,如"选择我们,就是选择了一个与你共同探索音乐世界的伙伴"。

**步骤03** 下面就可以让 AI 工具依据上述回答中的建议撰写一篇完整的产品推广文案。演示对话如下。

> 请根据文案风格建议,为这款耳机撰写一篇产品推广文案。

> [耳机品牌名]蓝牙耳机——音乐之旅的极致伴侣
>
> 在音乐的浩瀚宇宙中,每一个音符都承载着无尽的情感与故事。我们深知,对于音乐发烧友和音频专业人士而言,一款真正卓越的耳机,不仅仅是声音的传递者,更是情感的共鸣者。今天,我们自豪地向您推荐——[耳机品牌名]旗舰级蓝牙耳机,它不仅仅是一款耳机,更是您探索音乐世界的钥匙。
>
> 旗舰蓝牙 5.4 芯片,连接未来
>
> 搭载最新旗舰蓝牙 5.4 芯片,[耳机品牌名]蓝牙耳机实现了超低延迟与稳定连接,让音乐无缝流淌,每一次点击播放,都是与音乐世界的即时对话。无论您是在家中静享古典乐章,还是在街头聆听流行金曲,都能享受到前所未有的流畅体验。
>
> 无损 HiFi 音质,还原每一个细节

音质，是［耳机品牌名］对音乐的极致追求。采用无损 HiFi 音质技术，我们致力于还原每一个音符的原始韵味，让每一次音符的跳跃，都如同亲临现场，感受每一个细微的情感波动。无论是激昂的交响乐，还是细腻的钢琴曲，都能让您沉浸在音乐的海洋中，享受无与伦比的听觉盛宴。

48 小时超长续航，音乐不停歇

对于热爱音乐的人来说，续航是选择耳机的重要考量。［耳机品牌名］蓝牙耳机拥有 48 小时的超长续航能力，无论是长途旅行还是日常通勤，都能陪伴您度过每一个音乐相伴的时刻。无需频繁充电，让音乐与您同行，永不间断。

AI 智能通话降噪，清晰沟通无界限

在嘈杂的环境中，通话质量往往成为一大挑战。［耳机品牌名］蓝牙耳机采用 AI 智能通话降噪技术，即使在喧嚣的街头或繁忙的办公室，也能确保通话清晰，让每一次交流都如同面对面。无论是商务通话还是亲友闲聊，都能让您享受高质量的沟通体验。

双效定向传音，定制您的专属音乐空间

双效定向传音技术，是［耳机品牌名］为音乐发烧友和音频专业人士量身定制的又一创新功能。它根据您的耳型与佩戴习惯，智能调整声音方向，为您打造一个专属的音乐空间。无论是沉浸在个人音乐世界，还是与他人分享美妙旋律，都能让您感受到前所未有的音乐体验。

匠心独运，尊享奢华

［耳机品牌名］蓝牙耳机不仅拥有卓越的性能，更在外观设计上追求极致。采用航空级铝合金材质，经过精密打磨与抛光，每一处细节都彰显着匠心独运。无论是佩戴在耳边，还是放置在桌上，都能成为一道亮丽的风景线。

选择［耳机品牌名］蓝牙耳机，就是选择了一个与您共同探索音乐世界的伙伴。让我们一起，用音乐点亮生活，用声音传递情感，共同开启一段美妙的音乐之旅。现在，就让我们一起，聆听未来，感受音乐的无限魅力吧！

**步骤04** 查看 AI 生成的文案。如果觉得文案标题不够吸引人，还可以让 AI 重新撰写标题。演示对话如下。

> 我觉得文案标题不够吸引人，想要换一个标题，请提供 5 个备选方案。

> 当然，标题是吸引读者注意的第一要素，选择一个恰当且吸引人的标题非常重要。以下是 5 个备选方案，供您参考：
> 1. ［耳机品牌名］蓝牙耳机：音乐发烧友的终极梦想
> 2. ［耳机品牌名］蓝牙耳机：为音频专业人士打造的听觉盛宴
> 3. ［耳机品牌名］蓝牙耳机：音质巅峰，重塑音乐体验

4.［耳机品牌名］蓝牙耳机：解锁音乐世界的无限可能

5.［耳机品牌名］蓝牙耳机：让每一次聆听，都成为非凡之旅

这些标题都旨在强调耳机的卓越性能与高端定位，同时吸引音乐发烧友和音频专业人士的注意。您可以根据品牌特色和产品优势，选择最适合的标题来呈现您的产品推广文案。

## 4.4 电商销售文案：直击痛点激发购买欲望

作为连接商品与消费者之间的关键纽带，电商销售文案的重要性不言而喻。它不仅要能够精准地传达出产品的独特卖点与核心价值，更要能够触动消费者的情感需求，激发他们的购买欲望。本节将介绍如何借助 AI 工具撰写出色的电商销售文案。

**步骤01** 首先向 AI 提供商品的具体信息及目标受众，让 AI 分析目标用户的需求、喜好及痛点，以便生成更加精准有效的销售文案。演示对话如下。

我需要写一篇关于便携式咖啡机的电商销售文案，这款便携式咖啡机的目标受众是追求便捷生活的旅行者和办公族。请帮我分析他们的需求、喜好，以及他们在购买咖啡机时关注的问题和顾虑。

AI 目标受众分析：追求便捷生活的旅行者与办公族

需求：

· 便捷性：对于经常外出或需要在不同地点工作的旅行者和办公族而言，产品的便携性至关重要。他们需要一个易于携带、不占太多空间的咖啡机。

· 快速制作：时间对他们来说非常宝贵，因此能够快速制作出高质量咖啡的咖啡机是他们的首选。他们希望能在短时间内享受到一杯新鲜、美味的咖啡，无论是早晨提神还是工作间隙的小憩。

· 多功能性：考虑到不同人的口味偏好，一款能够制作多种类型咖啡（如浓缩、美式、拿铁等）的便携式咖啡机将更具吸引力。

· 易清洁与维护：由于使用环境多变，易于拆卸、清洗和保养的咖啡机更符合他们的需求，减少旅行或工作中的不便。

· 能源适应性：支持多种电源输入（如 USB 充电、车载充电器、标准电源插座）的咖啡机，能更灵活地适应不同的使用场景。

喜好：

· 设计美学：简约、时尚的设计风格更能吸引年轻、追求生活品质的旅行者和办公族。

· 环保理念：使用环保材料，或具有节能功能的咖啡机，符合他们对可持续生活方式的追求。

- 智能化：支持智能控制（如通过手机 App 操作、预设冲泡时间）的咖啡机，能提升用户体验，满足他们对科技产品的偏好。

购买时关注的问题和顾虑：

- 性能稳定性：担心在旅途中或办公室使用时出现故障，影响使用体验。
- 噪声水平：在办公室或酒店房间使用时，低噪声是重要考量因素，避免打扰他人。
- 耐用性：频繁使用下，产品的耐用性和使用寿命是他们关心的重点。
- 价格与性价比：虽然追求便捷，但合理的价格与高性能之间的平衡也是他们决策的关键。
- 售后服务：完善的售后服务体系，包括保修政策、维修服务等，能够增加购买信心。

基于以上分析，撰写销售文案时，可以围绕这些核心需求和偏好展开，强调产品的便携性、快速制作能力、多功能性、易清洁维护以及符合他们生活方式的特色功能，同时解答他们的顾虑，展示产品的可靠性和售后服务优势，以吸引目标受众的注意并促成购买。

**步骤02** AI 从给出的商品信息和目标受众，生成了一份分析结果，详细列出了目标用户的需求、喜好及关注的问题等。接下来让 AI 根据这个分析结果来设计一份用于商品详情页、能够突出产品亮点和优势的宣传文案。演示对话如下。

请根据分析结果设计一份适用于商品详情页的宣传文案。在这篇文案中，需要突出该款便携式咖啡机的产品亮点和优势。

商品详情页宣传文案：为旅行者与办公族打造的便携咖啡机

【标题】

随行咖啡香，便捷新生活——您的私人便携式咖啡机

【副标题】

无论身在何处，尽享品质咖啡时光

【产品亮点与优势】

1. 轻巧便携，随行无忧

仅重 [具体重量] 克，小巧身材轻松放入背包或行李箱，随时随地满足您的咖啡需求。

2. 快速制作，美味即享

一键操作，简单易懂，无需复杂设置，最快 30 秒内即可享用一杯新鲜出炉的咖啡。

3. 多模式冲泡，满足多样口味

支持多种冲泡模式，无论是浓缩、美式还是拿铁，都能轻松驾驭，满足您的不同口味偏好。

4．智能操控，精准控温

配备先进智能操作系统，通过精准控温技术，确保每一杯咖啡都能达到最佳风味。

5．静音设计，不打扰每一刻

采用低噪声设计，即使在安静的办公室或酒店房间，也能享受静谧的咖啡时光。

6．耐用材质，品质保证

采用高品质不锈钢与耐热材料，经久耐用，即使频繁使用也能保持卓越性能。

7．可拆卸设计，清洗无忧

可拆卸部件，方便清洗，保持机器内部卫生，确保每一杯咖啡的纯净与美味。

8．优质售后，服务无忧

提供［具体年限］质保，全国联保，专业客服团队随时待命，解决您的任何疑问与需求。

结语：

让咖啡成为您生活中的美好伴侣，无论身处何地，都能享受到独特的咖啡时光。选择［品牌名］便携式咖啡机，开启您的便捷咖啡生活新篇章！

通过这份宣传文案，结合目标受众的需求与喜好，突出产品的便携性、快速制作能力、智能操控、静音设计、耐用材质、易清洁维护以及优质售后服务等核心优势，旨在吸引追求便捷生活的旅行者与办公族的注意，并激发他们的购买欲望。

> **提示**
>
> 以上宣传文案中详细列出了便携式咖啡机的多个亮点与优势。然而，在网店详情页装修过程中，需要充分考虑页面的整体布局与风格，灵活选取其中几个最为突出的亮点与优势进行重点展示，以吸引目标受众的注意。

## 4.5 产品评测文章：轻松打造"爆款文案"

产品评测文章提供关于产品性能、质量以及性价比等方面较为有价值的参考信息，可以帮助消费者全面深入地了解产品的特点和优势，进而做出更加明智的购买决策。一篇优秀的产品评测不仅能够客观地展示产品的优缺点，还能通过真实的用户反馈或专业测试数据，增强信息的可信度，为潜在买家提供实用的指导。下面将介绍如何借助 AI 快速撰写一篇产品评测文章。

**步骤01** 利用 AI 工具撰写产品评测时，需要明确指定需要评测的产品。演示对话如下。

> 你是一名专业的产品评测师，请撰写一篇评测文章，评测产品是 ×× 公司新推出的一款扫地机器人。

**评测文章：××公司新款扫地机器人深度评测**

随着智能家居产品的日益普及，扫地机器人作为家庭清洁的好帮手，越来越受到消费者的青睐。今天，我们为大家带来的是××公司最新推出的一款扫地机器人的深度评测。这款扫地机器人以智能导航、高效清洁和便捷操作为卖点，接下来，我们将从外观设计、清洁能力、智能导航、电池续航、噪声控制以及用户体验等多个方面，为大家详细解读这款产品的表现。

一、外观设计

××公司这款扫地机器人采用了简约时尚的设计风格，整体以白色为主色调，搭配黑色的控制面板，显得既大气又不失科技感。机器顶部配备有激光导航传感器和多个操作按钮，操作界面清晰易懂。底部则设计有双边刷、主刷和吸尘口，同时配备有防跌落和防碰撞传感器，确保机器在清扫过程中能够灵活应对各种复杂环境。

二、清洁能力

在清洁能力方面，这款扫地机器人表现出色。它搭载了强劲的无刷电机，能够提供高达××××Pa的吸力，轻松应对灰尘、毛发、碎屑等常见家庭垃圾。同时，双边刷和主刷的配合使得机器在清扫边角和地毯时更加得心应手。在实际测试中，我们分别模拟了灰尘、毛发、碎屑以及小颗粒物等场景，机器均能够迅速且干净地完成清扫任务。

三、智能导航

××公司这款扫地机器人采用了先进的激光导航技术，能够实时构建家庭地图，并根据地图信息进行智能规划清扫路径。在实际测试中，我们发现机器在初次使用时能够快速且准确地绘制出家庭布局图，并在后续的清扫过程中不断优化清扫路径。此外，机器还支持多种清扫模式，如自动清扫、定点清扫、沿边清扫等，用户可以根据实际需求进行选择。

四、电池续航

电池续航是衡量扫地机器人性能的重要指标之一。这款扫地机器人内置了大容量锂电池，支持长达××小时的连续清扫。在实际测试中，我们发现机器在满电状态下能够轻松完成×××平方米的房屋清扫任务，且电量消耗均匀，不会出现突然断电的情况。同时，机器还支持自动回充功能，当电量不足时会自动返回充电座进行充电，确保清扫任务不会中断。

五、噪声控制

在噪声控制方面，这款扫地机器人同样表现出色。它采用了低噪声设计，在工作时产生的噪声水平远低于同类产品。在实际测试中，我们发现机器在最大吸力模式下产生的噪声也仅为××分贝左右，不会对家庭环境造成干扰。这使得用户可以在机器工作时进行其他活动，如看电视、听音乐等。

六、用户体验

在用户体验方面，这款扫地机器人同样值得称赞。它支持通过手机App进行远程控制，用户可以随时随地查看机器状态、调整清扫模式、设置定时清扫等。同时，机器还支持语音控制功能，用户可以通过语音指令来操控机器进行清扫。此外，机器还具备自清洁功能，能够自动清理主刷和吸尘口处的垃圾，减少用户的维护成本。

经过一系列的测试和分析，我们认为××公司这款扫地机器人是一款性能出色、操作便捷、用户体验优秀的智能家居产品。它凭借先进的激光导航技术、强劲的清洁能力、出色的电池续航以及低噪声设计等优点，在同类产品中脱颖而出。如果你正在寻找一款能够帮你减轻家庭清洁负担的扫地机器人，那么这款产品无疑是一个值得考虑的选择。

**步骤02** 查看生成结果可以发现，由于未给出详细的产品信息，AI基于数据库中有限的数据生成了一份相对笼统、不够深入的产品评测文章。为了得到更加准确、全面且有针对性的评测文章，还需要向AI提供更为详尽的产品信息，并明确告知AI应从哪些具体方向或角度进行评测。演示对话如下。

以下是这款扫地机器人的详细信息：

1. 机身设计

机身尺寸：高度9.8厘米

重量：约15千克

2. 清洁能力

吸力：13 000 Pa

洗地模式：滚筒活水洗地，16孔活水系统，200转/分滚筒，4 000 Pa压强

拖地功能：110 mL水箱，50档水量调控，25分钟单次拖地，TrueEdge灵隙2.0双恒贴边技术

3. 智能功能

传感器与摄像头：dtof、双重3D结构光、AI摄像头等，100%物品识别率

智能交互：Yiko-GPT聪明交互，理解灵活指令

路径规划：AINA 2.0算法，TrueEdge 3D沿边双结构光，AIVI 3D深感视觉模组

避障能力：毫米毫秒级动态避障

个性化服务：自动添加清洁液，40～75℃热水洗抹布，63℃热风烘干，××机器人大模型算法

**4. 电池与续航**

电池类型：锂离子电池

充电时长：3～5 小时

工作时间：121～180 分钟

电池容量：5 001 毫安培以上

**5. 其他参数**

滚刷：45°V 形斜直毛排布、18 cm V 型螺旋胶条和 V 形梳齿

噪声：≤66 dB

适用面积：150 m² 以上

额定功率：35 瓦

额定电压：220 伏特

维护成本：清洁槽支持 150 天免维护

请从清洁力、轻巧灵活度、毛发缠绕情况、续航能力和噪声几个方面来评测这款扫地机器人。

××公司扫地机器人深度评测：从清洁力到噪声的全面剖析

在智能家居产品日益丰富的今天，扫地机器人已成为许多家庭的必备之选。××公司最新推出的扫地机器人，凭借其强大的清洁力、轻巧灵活的设计、出色的续航能力以及合理的噪声控制，吸引了众多消费者的目光。接下来，我们将从清洁力、轻巧灵活度、毛发缠绕情况、续航能力和噪声等几个方面，对这款扫地机器人进行深度评测。

一、清洁力

这款扫地机器人的清洁力堪称一流。其吸力高达 13 000 Pa，能够轻松应对各种顽固污渍和灰尘。更值得一提的是，它采用了滚筒活水洗地模式，16 孔活水系统配合 200 转/分的滚筒和 4 000 Pa 的压强，能够深入清洁地面，让地板焕然一新。此外，110 mL 的水箱和 50 档水量调控，使得拖地功能更加灵活，满足不同场景下的清洁需求。TrueEdge 灵隙 2.0 双恒贴边技术，则确保了机器在清扫边角时不会留下死角。

二、轻巧灵活度

尽管这款扫地机器人的重量在约 15 千克，但其高度仅为 9.8 厘米，这使得它能够轻松进入家具底部和狭窄空间进行清洁。同时，凭借其先进的传感器和摄像头系统（包括 dtof、双重 3D 结构光和 AI 摄像头等），机器能够实时感知周围环境，实现毫米毫秒级的动态避障，确保在复杂环境中也能灵活穿梭。

三、毛发缠绕情况

对于许多家庭来说，毛发缠绕是扫地机器人的一大痛点。但这款扫地机器人通

过其独特的主刷设计和强劲的吸力，有效减少了毛发缠绕的问题。在实际测试中，我们发现机器在清扫宠物毛发和长发时，均能保持良好的清洁效果，且主刷上几乎没有毛发残留。

四、续航能力

续航能力是衡量扫地机器人性能的重要指标之一。这款扫地机器人搭载了锂离子电池，电池容量高达 5 001 毫安培以上，单次充电可支持 121 180 分钟的工作时间。这意味着，在满电状态下，它能够轻松完成 150 m² 以上房屋的清扫任务。同时，35 小时的充电时间也相对合理，不会给用户带来过多的等待时间。

五、噪声

在噪声控制方面，这款扫地机器人同样表现出色。其工作时的噪声水平 ≤ 66 dB，相当于正常交谈的声音大小。这意味着，即使机器在工作时，用户也能进行其他活动，如看电视、听音乐等，而不会受到过多的干扰。

综上所述，××公司这款扫地机器人在清洁力、轻巧灵活度、毛发缠绕情况、续航能力和噪声等方面均表现出色。它凭借强大的清洁能力和灵活的操作性能，成为家庭清洁的得力助手。如果你正在寻找一款能够帮你减轻家庭清洁负担的扫地机器人，那么这款产品无疑是一个值得考虑的选择。

**步骤03** 如果生成的评测文案仍有不足之处，可以继续追加提问，让 AI 对部分内容进行优化。演示对话如下。

> 上述文章中对"毛发缠绕情况"的介绍相对简单，本款扫地机器人采用了 45°V 形斜直毛排布、18 cm V 型螺旋胶条和 V 形梳齿设计，这一设计就是为了解决毛发缠绕的问题。请根据这一信息，修改"三、毛发缠绕情况"这部分内容。

**AI** 三、毛发缠绕情况

毛发缠绕是许多家庭在使用扫地机器人时经常遇到的一大难题，但这款扫地机器人凭借其独特的设计，有效地解决了这一问题。它采用了 45°V 形斜直毛排布，不仅显著提高了清扫效率，还大幅减少了毛发与主刷的接触面积，从而有效降低了毛发缠绕的风险。同时，18 cm 的 V 型螺旋胶条和 V 形梳齿设计更是进一步强化了机器的防缠绕能力。这无疑为许多家庭，尤其是养宠的家庭用户带来了极大的便利，使他们能够摆脱频繁手动清理缠绕毛发的烦恼，享受更加轻松和高效的清洁体验。

## 4.6 小红书笔记：提升内容输出影响力

作为年轻人聚集的生活方式分享平台，小红书为品牌提供了独特的内容营销机会。在这个注重真实体验分享的社区中，优质的笔记能够通过真实的使用体验和生动的场景展示，有效提升品牌影响力和用户黏性。品牌和营销人员可以通过在小红书平台上发布笔记的形式，对其品牌或产品进行积极的评价、推荐或展示。这些精心策划和编写笔记内容，能够有效传达产品的特点和优势，从而吸引潜在消费者的注意力，增强他们的购买意愿，并促进最终的购买行为。下面将介绍如何借助 AI 工具快速撰写小红书笔记。

**步骤01** 在引导 AI 生成小红书笔记时，应首先为 AI 设定一个小红书平台创作者的身份，使其能够更精准地掌握该平台内容的特点。演示对话如下。

🧑 你是一位拥有 100 万粉丝的博主，你能告诉我小红书爆款笔记有哪些特点吗？

🅰️ 作为一位拥有 100 万粉丝的博主，我对如何打造小红书爆款笔记有着深刻的理解和丰富的实践经验。根据我的观察和分析，小红书上的爆款笔记通常具备以下几个关键特点：

1. 内容质量高：爆款笔记往往围绕一个明确的主题或痛点展开，内容具有深度和垂直度，能够迅速抓住目标用户的注意力。这些内容不仅提供有价值的信息，还给出实用的解决方案，帮助用户解决实际问题。同时，原创内容更容易脱颖而出，具有独特的视角和创新的表达方式，能够给用户带来新鲜感，激发分享欲望。

2. 标题吸引人：标题是笔记的第一张名片，需要简洁明了，同时准确传达主题或亮点。爆款笔记的标题通常控制在 20 个字以内，便于用户一目了然，快速抓住重点。适当利用数字、表情、符号等元素，可以增加标题的吸引力和可读性，激发用户的好奇心。

3. 配图精美：在小红书上，配图也是吸引用户的关键。爆款笔记通常搭配精美的图片或视频，以增强视觉效果。这些视觉元素不仅质量高，而且与笔记内容高度契合，直观展示主题或亮点。合理利用滤镜、修图等工具，可以提升配图的美感和质感，让图片更加生动、有趣。

4. 排版布局合理：一篇好的笔记需要简洁明了、易读性强。爆款笔记通常合理运用段落、字体、颜色等元素，使文章层次分明、重点突出，引导用户快速抓住要点，提升阅读效率。

5. 真实有共鸣：爆款笔记往往源自作者的真实生活，通过具体故事和细腻描绘，展现真诚与用心。这些内容能够触动和调动用户情绪，引起用户共鸣，让用户产生强烈认同感，进而产生更好的良性互动反馈。

6. 互动性强：在笔记中添加互动环节，如问答、投票、抽奖等，可以激发用户的参与热情。这些环节不仅提升参与度，还增加笔记的曝光量和转发率。

7. 数据指标优秀：从数据指标来看，爆款笔记通常具备较高的点赞量、阅读量和评论量。例如，发布后 12 小时内点赞量≥1 000，累计点赞量≥5 000；发布后 12 小时内阅读量≥10 000，累计阅读量≥100 000 等。这些数据指标是判断笔记是否有望成为爆款的重要依据。

综上所述，小红书爆款笔记的打造需要综合考虑内容质量、标题设计、配图选择、排版布局、真实性、互动性以及数据指标等多个方面。同时，结合时事热点或平台活动，可以迅速提升曝光度，使笔记在众多内容中脱颖而出。

**步骤02** AI总结出了小红书爆款笔记的一些特点，接下来就可以让AI根据上述特点生成一篇指定主题的笔记。演示对话如下。

> 请根据上述小红书爆款笔记的特点，撰写一篇小红书探店笔记，具体信息如下：
> 
> 餐厅名称：××海鲜餐厅；
> 
> 特色菜品：清蒸海斑鱼和蒜蓉粉丝；
> 
> 顾客体验：高空观景平台和贴心的服务。

**AI** ✨🍽【高空中的味蕾盛宴！揭秘××海鲜餐厅的绝美秘密】🍽✨

👀【第一眼惊艳】👀

走在繁华的都市中，偶遇这家藏在云端之上的××海鲜餐厅，瞬间被它的高空观景平台征服！🛍 站在这里，整个城市的灯火阑珊尽收眼底，仿佛整个世界都在你脚下～👣

🐟【清蒸海斑鱼，鲜到眉毛掉！】🐟

重点来了！这次来××海鲜餐厅，我可是冲着它们的招牌菜——清蒸海斑鱼来的！🐟 一上桌，那股子鲜劲儿就直冲鼻尖，鱼肉嫩滑如丝，每一口都是对大海的深情告白～😊 配上秘制酱汁，简直是味蕾的极致享受！

🧄【蒜蓉粉丝，简单却直击灵魂】🧄

别小看这道蒜蓉粉丝，它可是我的另一个心头好！😋 蒜蓉的香气与粉丝的柔滑完美融合，每一口都是满满的幸福感～而且，这道菜的分量超级足，简直是性价比之王！👍

📣【服务，贴心到让你感动】📣

在××海鲜餐厅，服务真的是没的说！从进门的那一刻起，就被服务员的热情所包围。💁🔍 他们不仅耐心介绍菜品，还会根据你的口味推荐最适合的菜肴。最让我感动的是，当我拍照时，服务员还主动帮我调整灯光，让照片更加完美！📷

📢【总结】📢

如果你也像我一样，喜欢在高空中享受美食，同时追求食材的新鲜与服务的品质，那么××海鲜餐厅绝对是你的不二之选！🎉 快来这里，和我一起开启一场味蕾与视觉的双重盛宴吧！🔍

🏷#××海鲜餐厅 #高空美食 #清蒸海斑鱼大爱

**步骤03** 查看AI生成的笔记后，若对生成结果不满意，还可以详细描述内容、风格等方面的需求，让AI重新写作。演示对话如下。

> 文案标题参照小红书爆款标题，要吸引人眼球，内容使用更生动活泼的语言，类似与好友热情分享自己的美食探店心得。

**AI** 🔥🍽️【绝了！这家××海鲜餐厅，让我一秒穿越到美食天堂！】🍽️🔥
Hey 小伙伴们～ 👯 今天我要大揭秘一家让我惊艳到不行的海鲜大餐圣地——××海鲜餐厅！😍👏

👀 一走进××海鲜餐厅，哇，那个高空观景平台，简直是让我惊艳到下巴都要掉了！🏙️ 想象一下，你一边吃着美味海鲜，一边俯瞰整个城市的夜景，那种感觉，就像是飘在了云端之上，仙气飘飘～ ✨

😋 来说说菜品吧！那个清蒸海斑鱼，哎哟喂，简直是鲜到眉毛都要掉下来了！😊 鱼肉嫩滑得就像婴儿的皮肤，每一口都像是吃到了大海最深处的秘密。🌊 再配上那个秘制酱汁，哎呀，那个味道，简直让人欲罢不能！

🍝 还有那个蒜蓉粉丝，我的天哪，简单却直击灵魂的美味！😊 每一根粉丝都吸饱了蒜蓉的香气，吃起来既有嚼劲又满足，简直是海鲜大餐里的小清新担当！

👌 服务也是超级贴心！服务员小姐姐小哥哥们一个个都像是你的私人美食顾问，不仅热情周到，还会根据你的口味给你推荐最适合的菜品。👩 🔍 特别是当我拿出手机拍照时，他们还主动帮我调整灯光和角度，让我拍出了朋友圈里最赞的美食大片！📷

👯 所以啦，如果你也想和我一样，享受一场味蕾与视觉的双重盛宴，那就赶紧来××海鲜餐厅吧！🎉 保证让你一秒穿越到美食天堂＋云端仙境，享受一场前所未有的美食之旅！🚀

🏷️ #云端美食探店 #清蒸海斑鱼太鲜美 #××海鲜餐厅必打卡

## 4.7 公众号文章：激发读者内容认同感

一篇优秀的公众号文章不仅要提供有价值的信息，更要通过精准的受众洞察和富有共鸣的表达方式，与读者建立情感连接。公众号运营者可以通过发布高质量的文章内容吸引粉丝，进而提升品牌知名度并增强粉丝黏性，同时，还可以利用微信公众号丰富的营销功能，如优惠券、会员卡等促进产品或服务的销售。下面将介绍如何借助 AI 快速撰写公众号文章。

**步骤01** 撰写公众号文章时，如果已经确定好了文章主题，可以让 AI 根据主题提供一些写作上的建议，以激发创作灵感。演示对话如下。

> 你是一名专业的文案创作者，如果我想围绕"如何培养一个内心强大的孩子"这个主题撰写一篇微信公众号文章，内容方面有什么好的建议？

撰写一篇关于"如何培养一个内心强大的孩子"的微信公众号文章是一个既实用又富有启发性的主题。以下是一些内容方面的建议,旨在帮助你构思文章结构和内容要点:

标题设计

1. 吸引眼球型:"塑造钢铁之心:家长必读,如何培养孩子的内心力量"。
2. 温馨励志型:"从脆弱到坚韧:一步步教会孩子成为内心强大的小勇士"。

引言部分

1. 引入话题的重要性:简述在当今社会,孩子们面临的压力和挑战日益增多,培养内心强大的品质对他们未来的成长至关重要。
2. 个人故事或案例:分享一个简短而感人的故事,比如一个孩子克服困难的经历,作为引子,激发读者兴趣。

主体内容

1. 建立自信的基础
- 鼓励与认可:强调正面反馈对孩子自信心建立的重要性。
- 设定小目标:教导孩子设定并达成小目标,体验成功的乐趣。

2. 情绪管理的艺术
- 认识情绪:教育孩子识别自己的情绪,理解情绪是正常的生理反应。
- 情绪调节技巧:提供实用的情绪调节方法,如深呼吸、冥想、写日记等。

3. 培养逆境韧性
- 面对失败的态度:通过故事或实例,展示如何从失败中学习,培养不屈不挠的精神。
- 设置障碍练习:鼓励在安全的环境下尝试新事物,面对小挫折,逐渐增强适应能力。

4. 社交技能的培养
- 有效沟通:教导孩子如何表达自己的想法和感受,以及倾听他人。
- 团队合作:通过团队活动或游戏,学习协作与分享,增强社交支持网络。

5. 树立正面价值观
- 感恩与同情:培养孩子的感恩之心,以及对他人困境的同情心。
- 责任感与自律:通过日常小事,如家务分配,培养孩子的责任感和自律性。

6. 实践指南
- 亲子活动建议:列出几项家长可以与孩子共同参与的活动,如户外探险、角色扮演游戏等,以实践上述原则。
- 资源推荐:提供书籍、电影、应用程序或在线课程等资源链接,供家长进一步学习和参考。

结语
1. 总结要点：回顾文章中提到的关键策略，强调持续努力和实践的重要性。
2. 鼓励与展望：以积极向上的语调结束，鼓励家长相信孩子内在的潜力，共同期待他们成长为内心强大、自信满满的个体。

互动环节

留言互动：邀请读者分享自己培养孩子内心力量的经验或心得，增加文章的参与度和互动性。

通过这样的结构安排，你的文章不仅能提供实用的建议，还能激发读者的共鸣，促进家长之间的交流与学习。

**步骤02** 上述建议中设计了两个文章标题，我们可以让 AI 基于其中一个标题继续完成文章内容的写作。演示对话如下。

> 请以"塑造钢铁之心：家长必读，如何培养孩子的内心力量"为题，完成这篇文章内容的写作，文章中需表达出自己的独特见解。

> **AI** 塑造钢铁之心：家长必读，如何培养孩子的内心力量
>
> 在这个快速变化、充满挑战的时代，孩子们的成长之路不再是一帆风顺的坦途，而是布满了未知与变数。作为家长，我们不仅要为孩子提供物质上的支持，更要帮助他们构建一个强大的内心世界，让他们在面对风雨时，能够坚忍不拔，勇往直前。本文将深入探讨如何培养孩子的内心力量，助他们塑造一颗"钢铁之心"。
>
> 一、自信：内心力量的基石
>
> 自信，是内心力量的源泉。它让孩子在面对困难时，能够勇敢地迈出第一步。家长可以通过以下方式，帮助孩子建立自信：
>
> • 正面反馈：每当孩子取得进步，无论大小，都给予真诚的赞美和鼓励。比如，当孩子独立完成作业时，可以说："你真棒，独立完成作业的能力越来越强了！"
>
> • 设定小目标：与孩子一起设定短期、可实现的目标，每达成一个，都是对孩子能力的一次肯定。例如，设定每周阅读一本书的目标，让孩子在达成中感受成功的喜悦。
>
> 二、情绪管理：内心的稳定器
>
> 情绪管理能力，是孩子内心强大的重要标志。家长应教会孩子识别、理解并调节自己的情绪：
>
> • 情绪识别：通过日常对话，引导孩子认识自己的情绪，如："你现在是开心还是难过？"
>
> • 调节技巧：教授孩子深呼吸、冥想等简单的情绪调节方法，帮助他们在情绪激动时迅速冷静下来。

### 三、逆境韧性：从失败中汲取力量

逆境韧性，即面对挫折时的恢复力和成长力。家长可以通过以下方式，培养孩子的逆境韧性：

- 面对失败的态度：当孩子遭遇失败时，鼓励他们从中寻找学习的机会，而不是沉溺于失败的情绪中。例如，当孩子考试不理想时，可以说："这次没考好没关系，我们一起来找找原因，下次努力改进。"
- 设置障碍练习：在安全的环境下，为孩子设置一些小的挑战和障碍，让他们在实践中学会面对和克服。

### 四、社交技能：构建强大的支持网络

良好的社交技能，是孩子内心力量的重要支撑。家长应鼓励孩子积极参与社交活动，学会有效沟通和团队合作：

- 有效沟通：通过角色扮演或家庭会议等形式，教导孩子如何清晰、礼貌地表达自己的想法和感受，同时也要学会倾听他人的观点。比如，可以模拟一次与朋友发生争执的场景，引导孩子用平和的语气表达不满，并寻求解决方案。
- 团队合作：鼓励孩子参与团队活动，如学校的社团活动、社区的志愿服务等，让他们在实践中体验团队协作的乐趣和力量。在团队中，孩子将学会如何与他人协作，共同完成任务，从而增强社交支持网络。

### 五、正面价值观：塑造高尚品格

正面价值观是孩子内心力量的精神支柱。家长应以身作则，通过日常生活中的点滴小事，向孩子传递感恩、同情、责任感和自律等美德：

- 感恩教育：鼓励孩子对生活中的点滴美好表达感激之情，如感谢家人的付出、朋友的陪伴等。这不仅能培养孩子的感恩之心，还能让他们更加珍惜眼前的一切。
- 同情教育：通过讲述故事、观看影片等方式，激发孩子的同情心，让他们学会关心他人，理解他人的困境。这有助于培养孩子的同理心，让他们在未来的道路上更加宽容和善良。
- 责任感与自律：让孩子承担适当的家务，如整理房间、洗碗等，让他们在实践中体验责任的重要性。同时，也要鼓励孩子对自己的学习负责，学会制定计划、管理时间，帮助孩子培养自律的习惯。这不仅能提高孩子的学习效率，还能让他们在未来的生活中更加自律和有序。

### 实践指南：家长与孩子共同成长

为了将上述理念转化为实际行动，以下是一些建议的亲子活动，旨在帮助家长与孩子共同成长，共同塑造强大的内心世界：

- 家庭阅读时光：每周设定固定的家庭阅读时间，选择适合孩子年龄的优秀书籍，共同分享阅读的乐趣和收获。特别推荐××出版社的"××××"系列书籍，

它们不仅内容丰富，还能激发孩子的阅读兴趣。您可以通过我们的官方网站或合作书店购买，享受专属优惠。

- 户外探险：利用周末或假期，带孩子进行户外探险活动，如徒步、露营等。这些活动不仅能增强孩子的体质，还能培养他们的勇气和探索精神。
- 志愿服务：家长可以与孩子一起参与社区的志愿服务项目，如为社区老人提供帮助、参与环保活动等。这样的活动不仅能培养孩子的社会责任感和同情心，还能增进亲子之间的默契和合作。
- 定期家庭会议：设定固定的家庭会议时间，让孩子也参与家庭事务的讨论和决策。这不仅能培养孩子的责任感和决策能力，还能增进家庭成员之间的沟通和理解。

结语：携手前行，共创未来

培养孩子的内心力量，是一个漫长而艰巨的过程。在这个过程中，家长不仅是指导者，更是同行者。让我们以爱为舟，以智慧为帆，携手孩子，一起驶向那片充满挑战与机遇的广阔海洋，共同见证他们内心的成长与蜕变。记住，每一个孩子都是独一无二的，他们的内心力量，需要我们用心去挖掘，用爱去滋养。如果您希望获取更多关于培养孩子内心力量的资源和建议，请访问我们的官方网站或关注我们的社交媒体账号。

**步骤03** 在步骤01的对话中，AI给出的建议里明确提到了要在文章中引入故事或案例以增强说服力，但实际写作出来的文章中却没有这部分内容。因此，这里要求AI对这部分内容进行补充和完善。演示对话如下。

> 目前这篇文章内容有些空洞。建议中提到引言部分需要引入故事或案例，但目前的文章引言部分没有做到这一点。请在引言部分添加一个具体的故事或案例，故事或案例中出现的人名、地名等均用××替代。

> 塑造钢铁之心：家长必读，如何培养孩子的内心力量（引言部分）
> 
> ××是××中学一名普通的初中生。从小，××就对篮球充满了无比的热爱，每天放学后，他都会迫不及待地跑到球场，独自一人练习投篮。然而，××的个子并不高，这在篮球场上无疑是一个巨大的劣势。每当他试图在比赛中投篮时，总容易被对手高大的身影遮住，这让他倍感挫败。每当这时，××都会低头默默离开球场，脸上写满了失落。
> 
> 但××的父母并没有因此否定他，他们看到了孩子内心的那份坚持与热情。他们知道，××需要的不仅仅是安慰，更是引导与鼓励。于是，××的父母开始与他一起制定训练计划，帮助他提高篮球技巧，更重要的是，教他如何面对失败，如何在挫折中找到前进的动力。
> 
> 在一次次的失败与尝试中，××逐渐学会了如何在逆境中调整自己的心态，如

何在失败中汲取经验。他开始更加专注于自己的进步，而不是与他人的比较。他的投篮技术逐渐提高，更重要的是，他的内心也变得更加坚韧。他开始明白，身高并不是决定胜负的唯一因素，内心的力量才是他最强大的武器。

××的故事，是许多孩子在成长道路上都会遇到的缩影。在这个快速变化、充满挑战的时代，孩子们的成长之路不再是一帆风顺的坦途，而是布满了未知与变数。作为家长，我们不仅要为孩子提供物质上的支持，更要帮助他们构建一个强大的内心世界，让他们在面对风雨时，能够坚韧不拔，勇往直前。本文将深入探讨如何培养孩子的内心力量，助他们塑造一颗"钢铁之心"。

## 4.8 微博文案：爆款内容吸引百万粉丝

新浪微博是一个用户分享信息、传播观点的社交媒体平台，它不仅是一个人表达意见和分享生活的工具，同时也是企业和商家开展营销和宣传活动的重要渠道。通过创建和运营官方微博账号，企业和商家可以发布产品信息、活动预告、品牌故事等内容，以此吸引目标受众的关注，增强品牌知名度和影响力。此外，企业和商家还可以通过回复评论、私信互动等方式，及时获取消费者的反馈和建议，与消费者建立更直接、更紧密的联系。本节将介绍如何借助AI撰写更具吸引力的微博营销文案。

**步骤01** 首先，明确告知AI要撰写微博文案的主题和具体的内容要求，让AI根据要求撰写一篇微博文案。演示对话如下：

> 你是一名品牌公关经理，请撰写一篇微博文案，宣布公司面霜新品的上市，具体要求如下：
> 内容：详细介绍新产品的功能（深度滋养、抗皱紧致）、特色（轻盈质地、温和配方、多效合一），配发高清产品图片。
> 结尾：告知上市日期、价格、优惠信息，并加入购买链接。

> **AI** 【新品首发】🌸✨深度滋养，逆转时光——您的抗老新宠来啦！💖💕
> 亲爱的粉丝们，在这个充满活力的春日里，我们带着满满的诚意与创新，正式宣布我们的旗舰新品——【青春密钥·多效抗皱紧致面霜】荣耀上市！🐝✨
> 🌿深度滋养，唤醒肌肤活力——这款面霜蕴含珍稀植物精华与高效保湿因子，能够深层渗透肌肤，为肌肤带来持久的水分锁护，解决干燥引起的细纹与松弛，让您的肌肤由内而外散发水润光泽。💧✨
> 🌸抗皱紧致，逆转岁月痕迹——采用前沿科技抗老成分，有效提升肌肤弹性，淡化已形成的皱纹，同时预防新纹路的产生。坚持使用，肌肤紧致度显著提升，重现年轻轮廓。💄🌸
> 🌈特色亮点，专为您设计：

- 轻盈质地：一抹即化，不油腻，适合各种肤质，即使是炎炎夏日也能轻松吸收，无负担。
- 温和配方：经过严格皮肤安全测试，无刺激，敏感肌也能安心享用，温柔呵护每一寸肌肤。
- 多效合一：不仅仅是面霜，更是您的日常护肤简化神器，一瓶解决干燥、细纹、松弛等多重肌肤困扰。

📷 产品美图大放送👉（请见附图，高清展示产品的优雅外观与细腻质地）

📅 上市日期：即日起，您就可以拥抱这份美丽奇迹！

💰 价格惊喜：原价￥899，上市特惠仅需￥699，限时优惠，不容错过！

🎁 优惠信息：前100名下单的朋友还将获赠价值￥199的同款小样一份，旅行携带，美丽不间断！

👉 立即抢购：[点击这里直达购买页面] 🔗

让我们一起，以【青春密钥·多效抗皱紧致面霜】为钥，开启肌肤逆龄之旅，绽放属于自己的光彩！🌹💗

#新品上市 ##抗皱紧致 ##深度滋养

**步骤02** 假设这款面霜的目标群体是追求年轻与美丽的年轻女性消费者，要激发这类消费者的好奇心和购买欲望，营造一个积极的购物氛围，采用惊喜、活泼的语言风格，无疑是一个较为合适的选择，因此，这里追加提问，让AI更改写作风格。演示对话如下。

🙋 请采用惊喜与活泼相结合的语言风格改写以上文章内容。

**AI** 🎉✨新品大爆炸！🌟✨您的抗老秘密武器终于来啦！💥💗

嗨，亲爱的小伙伴们！在这个万物复苏的春日，我们带着一颗激动不已的心和满满的黑科技，要给你们一个大大的惊喜！🎁✨我们的超级明星产品——【青春魔法·全能抗皱紧致面霜】闪亮登场啦！🌸

🌿 深度滋养，唤醒肌肤的小宇宙——这款面霜里，藏着珍稀植物精华和超级保湿魔法，它们能像小精灵一样深入你的肌肤，锁住水分，赶走干燥细纹和松弛，让你的肌肤喝饱水，由内而外散发水嫩光泽！💧✨

🌸 抗皱紧致，和岁月说拜拜——用了前沿科技的抗老成分，这款面霜简直就是皱纹的克星！它能提升肌肤弹性，淡化老皱纹，还能预防新纹路来捣乱。坚持用，紧致度up up，年轻轮廓轻松get！👍✨

🎯 亮点多多，专为独一无二的你：
- 轻盈如羽：一抹就化开，清爽不油腻，各种肤质都爱它，夏天用也毫无压力！
- 温和呵护：经过层层皮肤安全考验，敏感肌也能放心用，温柔得就像春日微风。
- 多效合一：不只是面霜哦，它还是你的护肤简化大师，一瓶搞定干燥、细纹、松弛，省时又省心！

产品美图大揭秘 （快来围观，高清美图展示它的优雅外表和细腻质感）

开售啦！从今天起，你就可以拥有这份美丽奇迹！

价格大放送：原价￥899，现在上市特惠只要￥699，限时优惠，手慢无哦！

惊喜加码：前100名下单的小伙伴，还将收到价值￥199的同款小样一份，旅行也能美美哒！

快来抢鲜：[点击这里，直达购买乐园]

一起用【青春密钥·多效抗皱紧致面霜】，打开肌肤逆龄的大门，绽放你的独特光彩吧！

# 新品上市 ## 抗皱紧致 ## 深度滋养 #

**步骤03** 此时，AI 根据要求修改语言风格后的文案内容已经大致符合要求，但是文案的标题字数太多，不够凝练。因此，我们可以进一步要求 AI 对标题进行优化和调整，重新提供几个标题方案。演示对话如下。

请根据以上文章内容重新撰写几个标题，标题要让人有点击欲望，参考公式：情绪话题＋数字＋结果，字数控制在15字以内。

根据您提供的文章内容和标题创作公式（情绪话题＋数字＋结果），我为您重新撰写了几个吸引人的标题：

1. 惊喜！新品 699，紧致肌肤立现
2. 抗老新宠上市，前100名享豪礼
3. 逆龄奇迹！限时9折，青春再现
4. 抢购！新品特惠，皱纹拜拜 只需一步
5. 独家首发！青春密钥，699尽享年轻肌

请注意，这些标题都是基于您提供的文章内容和标题创作公式进行创作的，旨在吸引读者的点击和阅读。但标题的吸引力因人而异，您可以根据实际情况选择最合适的标题进行使用。

> **提示**
>
> 新浪微博正文部分有一定的字数限制，普通微博的字数限制是140个汉字，而长微博则可以达到最多2 000个字符，包括标点符号和空格。

# 4.9 优质书评：快速领略书籍独特魅力

书评是对一本书的评价、分析和讨论，它不仅是简单的读后感，更包含对书籍内容、价值等多个方面的深入探讨。优质的书评可以作为一本书的宣传文案，吸引读者的兴趣，提高书籍的销量。但要撰写出优秀的书评，不仅需要具备独到的见解和出色的文字表达

能力，更需要全面而深入地理解图书内容。如今，新媒体创作者可以借助 AI 工具快速完成高质量的书评撰写，深入挖掘并展现图书的独特价值。本节将介绍如何借助 AI 工具撰写优质书评。

**步骤01** 在写作前，要根据具体的文章类型赋予 AI 相应的人设。演示对话如下。

> 你是一名书评家，擅长从多角度解读和评论各类书籍。我将提供给你一本书的信息，请你基于这些信息，从多角度对其进行专业的评价。

> AI 当然可以，我很乐意为您从多个角度对提供的书籍进行评价。请您提供书籍的具体信息，包括但不限于书名、作者、出版年份、主要内容或主题、风格特点等，这样我可以更准确地进行分析和评论。

**步骤02** 确定人设后，就可以将图书信息提供给 AI，如书名、特点及内容简介等，让 AI 基于这些信息生成书评。演示对话如下。

> 书名：《非常容易：Python+Office 会计与财务办公自动化》
> 特点：用 Python 让财务工作飞起来，零基础学会会计财务编程应用，31 个典型案例覆盖会计与财务工作全流程；近 1 000 行通俗易懂的代码，让学习更轻松。
> 内容简介：专为编程零基础的财务人员编写的办公自动化案例型图书，从基础的软件安装到行业中的实战应用，涵盖财务数据爬取与挖掘、财务表格与文档自动生成、财务数据自动化处理与分析、财务票据批量识别与验真等，由浅入深，一学就懂。
> 本书的内容编排由浅入深、循序渐进，所有代码都配有详尽、易懂的注释，让读者能够更加轻松地入门和进阶。配套学习资源包含案例的素材文件和代码文件，便于读者边学边练，在实际动手操作中加深印象。

> AI 《非常容易：Python+Office 会计与财务办公自动化》书评
> 一、定位与目标读者
> 本书定位为一本面向编程零基础财务人员的办公自动化案例型图书，旨在通过 Python 语言与 Office 软件的结合，提升财务工作的效率与准确性。目标读者群明确，即那些希望在会计与财务领域实现办公自动化，但又缺乏编程基础的财务人员。
> 二、内容特点与结构
> 内容全面，案例丰富：本书内容涵盖了财务数据爬取与挖掘、财务表格与文档自动生成、财务数据自动化处理与分析、财务票据批量识别与验真等多个方面，几乎囊括了会计与财务工作的全流程。通过 31 个典型案例，读者可以直观地了解 Python 在财务工作中的应用，这对于初学者来说极具吸引力。
> 循序渐进，易于上手：内容编排由浅入深、循序渐进，符合初学者的学习规律。从基础的软件安装到行业中的实战应用，逐步引导读者进入 Python 与 Office 结

合的世界。这种设计有助于读者建立信心，避免因难度过高而产生挫败感。

代码注释详尽：所有代码都配有详尽、易懂的注释，这对于编程零基础的读者来说尤为重要。注释不仅解释了代码的功能，还提供了学习过程中的思考路径，有助于读者更好地理解和掌握Python编程技巧。

三、实用价值与学习体验

提升工作效率：本书通过Python与Office的结合，实现了财务工作的自动化处理，极大地提升了工作效率。对于财务人员来说，这意味着他们可以将更多时间和精力投入更有价值的工作中，而不是被烦琐的数据处理和文档生成困扰。

学习体验良好：配套学习资源包含案例的素材文件和代码文件，便于读者边学边练。这种实践导向的学习方式有助于加深印象，提高学习效果。同时，书中通俗易懂的语言和详尽的注释也大大提升了学习体验。

四、建议与改进

尽管本书已经做得相当不错，但仍有一些改进空间。例如，可以增加一些高级应用案例，以满足那些已经掌握基础技能并希望进一步提升的读者需求。此外，也可以考虑增加一些在线学习资源或社区支持，以便读者在学习过程中能够获得更多的帮助和指导。

五、总结

综上所述，《非常容易：Python+Office会计与财务办公自动化》是一本专为编程零基础财务人员编写的优秀图书。它内容全面、案例丰富、循序渐进、易于上手，并且具有极高的实用价值和学习体验。对于希望在会计与财务领域实现办公自动化的读者来说，这本书无疑是一个值得推荐的选择。

**步骤03** 从上述回答中可以发现，虽然AI撰写的书评内容全面且细致，但这些内容仅仅是对书籍内容的客观描述和分析，缺乏个人的阅读感受和体验，使得这篇书评看上去有些空洞。下面让AI以第一人称来写作，并在其中添加一些个人体验和情感，让书评内容更加亲切和真实。演示对话如下。

> 请你以第一人称撰写书评，要求详细叙述你的阅读感受与收获，内容需深入浅出，易于理解。

**AI** 《非常容易：Python+Office会计与财务办公自动化》书评

作为一名在会计行业摸爬滚打多年的老员工，我一直对如何利用新技术提高工作效率抱有浓厚的兴趣。特别是在这个数据爆炸的时代，手工处理财务数据不仅耗时耗力，还容易出错。正当我为此苦恼时，一本名为《非常容易：Python+Office会计与财务办公自动化》的书进入了我的视野，它仿佛为我打开了一扇新世界的大门。

刚开始翻阅这本书时，我还有些担心，毕竟我对编程一窍不通。但这本书从标题到内容，都散发着一种"友好"的气息，让我这个编程小白也敢于尝试。它从 Python 和 Office 的基础安装开始讲起，一点点地引导我进入这个全新的世界。那些原本在我看来晦涩难懂的编程术语，在作者的笔下变得生动有趣，仿佛它们都有了生命。

在阅读的过程中，我最大的感受就是"实用"。这本书没有空谈理论，而是直接给出了 31 个典型的案例，这些案例几乎覆盖了我日常工作的所有环节。从财务数据的爬取与挖掘，到财务表格与文档的自动生成，再到财务数据的自动化处理与分析，每一个案例都让我眼前一亮。我仿佛找到了一把钥匙，能够轻松打开自动化办公的大门。

让我印象深刻的是，书中每一个代码示例都配有详尽的注释。这些注释就像是一个个贴心的小助手，在我遇到困惑时及时给予解答。通过注释，我不仅理解了代码的功能，还学会了编程的思考方式。这对我来说是一种全新的体验，也让我对编程产生了浓厚的兴趣。

除了内容实用、注释详尽外，这本书还给了我很大的信心。它循序渐进的教学方式让我从未感到过挫败。每学完一个案例，我都能感受到自己的进步。这种成就感让我更加坚定了学习下去的决心。

通过这本书的学习，我不仅掌握了 Python 与 Office 结合办公的技能，还提升了自己的工作效率。现在，我可以轻松地处理大量的数据和报表，不再为繁重的工作所困扰。更重要的是，我学会了用编程的思维去解决问题，这让我在面对新的挑战时更加从容不迫。

总的来说，《非常容易：Python+Office 会计与财务办公自动化》这本书对我来说意义非凡。它不仅让我掌握了实用的技能，还让我对编程产生了浓厚的兴趣。我相信，在未来的工作中，我会继续运用所学，不断提升自己。同时，我也会把这本书推荐给更多像我一样需要提升工作效率的财务人员。

# 第5章
# 教育领域

　　高质量的教学大纲、教学计划和教案等教学资源是顺利开展教学工作的基础。以往，教育工作者主要是利用个人经验和专业知识积累来编写这些教学资源，往往需要投入大量时间和精力。如今，教育工作者现在可以借助先进的 AI 工具来优化这一过程：从课程目标设定到教学内容组织，从教学活动设计到评估方案制定，AI 技术正在为教学资源开发提供智能化支持。这一转变提高了教学资源编写的效率和质量，使教育工作者能够将更多精力投入教学创新和学生个性化指导等核心工作中。本章将详细介绍如何运用 AI 技术高效创作优质的教学资源。

## 5.1 教学大纲：规划教学蓝图

教学大纲是课程的总体框架，它定义了课程的目标、内容范围、学习成果、评估方式等。教学大纲是指导整个课程的基础文件，为学生提供了一个清晰的预期，也为教师规划了整个学期的教学活动。本节将介绍如何借助 AI 工具撰写教学大纲。

**步骤01** 首先让 AI 根据提供的课程信息生成一份课程大纲。演示对话如下。

🧑 你将扮演一名课程规划师，负责设计和制定课程大纲。请帮我生成一篇《市场营销原理》课程的教学大纲。

🤖 《市场营销原理》课程教学大纲

课程概述：

《市场营销原理》是市场营销专业及商科相关专业的基础核心课程，旨在为学生提供市场营销的基本概念、理论框架、实用工具和分析方法，培养学生理解市场动态、分析消费者行为、制定营销策略及评估营销效果的能力。本课程强调理论与实践相结合，通过案例分析、小组讨论、模拟演练等多种形式，增强学生的实际操作能力和问题解决能力。

课程目标：

1. 知识目标：掌握市场营销的基本概念、发展历程、核心理论及模型。

2. 技能目标：能够运用市场调研、市场细分、目标市场选择、定位、4Ps/7Ps 营销策略等工具进行市场分析与策略规划。

3. 能力目标：培养批判性思维、团队协作、沟通表达及创新解决市场营销问题的能力。

4. 态度目标：树立以客户为中心的营销理念，培养对市场变化的敏感度和社会责任感。

课程内容安排：

第一模块：市场营销基础

- 市场营销的定义与职能
- 市场营销观念的发展（生产导向、产品导向、销售导向、市场导向、社会营销导向）
- 市场营销组合（4Ps/7Ps）
- 市场营销环境分析（宏观环境、微观环境）

第二模块：市场研究与分析

- 市场调研的方法与技术
- 消费者行为分析（动机、决策过程、影响因素）
- 市场细分与目标市场选择

- 市场定位策略

第三模块：营销策略

- 产品策略（产品生命周期、品牌管理、新产品开发）
- 价格策略（定价方法、价格调整策略）
- 渠道策略（分销渠道设计、物流与供应链管理）
- 促销策略（广告、公关、销售促进、直复营销、数字营销）

第四模块：市场营销的新趋势与工具

- 数字营销与社交媒体营销
- 大数据与人工智能在营销中的应用
- 绿色营销与社会责任营销
- 内容营销与影响力营销

第五模块：市场营销实施与控制

- 营销计划的制定与执行
- 营销预算与资源配置
- 营销效果评估与反馈机制
- 风险管理与危机应对

教学方法与评估方式：

- 教学方法：讲授、案例分析、小组讨论、角色扮演、模拟演练、实地考察等。
- 评估方式：平时成绩（包括课堂参与、小组讨论、作业等，占40%）、期中考试（占30%）、期末考试（占30%）。部分课程可增设项目报告或营销策划案作为额外评估项目。

参考资料：

- 推荐教材：《市场营销原理》（菲利普·科特勒等著，最新版本）
- 辅助资料：国内外市场营销经典案例集、行业研究报告、专业期刊文章、在线课程视频等。

注意事项：

- 鼓励学生积极参与课堂讨论，培养主动学习的习惯。
- 强调团队合作，鼓励学生跨班级、跨专业组建学习小组。
- 鼓励学生关注行业动态，利用课余时间参加相关讲座、研讨会，拓宽视野。

通过以上教学大纲的实施，旨在为学生打下坚实的市场营销理论基础，同时培养其解决实际问题的能力，为未来的职业生涯奠定良好的基础。

**步骤02** 查看AI生成的教学大纲，虽然这份大纲的模块设置较为全面，但内容还是较为浅显，不够深入。因此，还需要在提示词中明确给出具体的课时安排、适用的专业等，以获取更为详尽和深入的教学大纲。演示对话如下。

> 你将扮演课程规划师,负责设计和制定课程大纲。请帮我生成一篇《市场营销原理》的教学大纲,此课程设置为48课时,适用对象为工商管理、市场营销、国际商务等专业的本科学生。

《市场营销原理》教学大纲

一、课程基本信息:

1. 课程名称:《市场营销原理》
2. 课程代码:(根据实际情况填写)
3. 适用对象:工商管理、市场营销、国际商务等专业的本科学生
4. 总课时:48课时
5. 学分:3学分(根据实际情况调整)

二、课程目标:

1. 理解市场营销的基本概念、理论框架和核心原则。
2. 掌握市场调研、市场细分、目标市场选择、市场定位及营销策略规划的基本方法。
3. 培养学生批判性思考、团队合作、有效沟通和解决市场营销实际问题的能力。
4. 激发学生对市场动态的敏感度,培养以客户为中心的创新营销思维。

三、课程内容安排与课时分配:

1. 第一模块:市场营销基础(8课时)
1.1 市场营销的定义与重要性(2课时)
1.2 市场营销观念的发展(2课时)
1.3 市场营销环境分析(2课时)
1.4 市场营销组合(2课时)
2. 第二模块:市场调研与消费者行为(8课时)
2.1 市场调研的基本概念与方法(2课时)
2.2 消费者行为分析(3课时)
2.3 竞争对手分析(2课时)
2.4 SWOT分析与市场机会识别(1课时)
3. 第三模块:市场细分与目标市场(8课时)
3.1 市场细分的原则与方法(2课时)
3.2 目标市场的选择策略(2课时)
3.3 市场定位策略(2课时)
3.4 案例分析:成功与失败的市场定位(2课时)
4. 第四模块:营销策略规划(16课时)
4.1 产品策略(3课时)

4.2 价格策略（3课时）

4.3 渠道策略（3课时）

4.4 促销策略（4课时）

4.5 整合营销传播（IMC）策略（3课时）

5. 第五模块：市场营销的新趋势与挑战（4课时）

5.1 数字营销与社交媒体营销（2课时）

5.2 大数据与人工智能在市场营销中的应用（1课时）

5.3 绿色营销与社会责任营销（1课时）

6. 第六模块：市场营销实施与控制（4课时）

6.1 营销计划的制定与执行（2课时）

6.2 营销效果评估与调整（2课时）

四、教学方法与评估方式：

1. 教学方法：讲授、案例分析、小组讨论、角色扮演、模拟演练、实地考察等多元化教学方式。

2. 评估方式：

课堂参与度与小组讨论（占总评20%）

期中作业（如市场分析报告或营销策略设计，占总评30%）

期末考试（占总评50%，闭卷考试，涵盖课程所有核心内容）

3. 参考资料：

教材：《市场营销原理》（如菲利普·科特勒等著，最新版本）

辅助资料：国内外市场营销经典案例集、行业研究报告、在线课程视频、专业期刊文章等。

五、注意事项：

1. 鼓励学生积极参与课堂讨论，培养主动学习的习惯。

2. 强调团队合作，鼓励学生跨班级、跨专业组建学习小组。

3. 鼓励学生关注行业动态，利用课余时间参加相关讲座、研讨会，拓宽视野。

4. 教学过程中注重理论与实践相结合，鼓励学生通过模拟演练、实地调研等方式深化理解。

通过本课程的教学，旨在为学生打下坚实的市场营销理论基础，同时培养其解决实际问题的能力，为未来的职业生涯奠定良好的基础。

**步骤03** 与初次生成的教学大纲相比，调整提示词后生成的大纲内容不仅添加了课程的基本信息，还给出了具体的课时安排。然而，新大纲中却遗漏了一些必要部分，如课程概述。因此，为了让AI生成一份尽可能全面、详尽的教学大纲，应根据实际需求在提示词中明确列出期望包含的所有模块，确保没有任何遗漏的关键部分。演示对话如下。

🧑 你将扮演课程规划师，负责设计和制定课程大纲。请帮我生成一篇《市场营销原理》的教学大纲，此课程设置为48课时，适用对象为工商管理、市场营销、国际商务等专业的本科学生。教学大纲应包含以下模块：
一、课程基本信息；二、课程简介；三、课程目标；四、课程性质及任务；五、教学内容与安排；六、教学方法；七、推荐教材及参考资料；八、评估方式。
请先生成"一、课程基本信息"这部分内容，其余部分暂不生成。

🤖 《市场营销原理》教学大纲
一、课程基本信息
课程名称：《市场营销原理》
课程代码：（根据学校或院系规定填写，如MKT101）
课程性质：专业必修/核心课程（根据课程在培养计划中的定位选择）
适用专业：工商管理、市场营销、国际商务等本科专业学生
学分：3学分（根据学校学分制度调整）
总课时：48课时（含理论授课、实践环节等）
开设学期：第二学期/第三学期（根据学校教学安排确定）
授课教师：（填写教师姓名及职称）
（注：以上仅为"课程基本信息"部分的内容，后续部分如"课程简介""课程目标""课程性质及任务""教学内容与安排""教学方法""推荐教材及参考资料"以及"评估方式"将根据实际教学需求进一步编写。）

**步骤04** 此时 AI 生成了"一、课程基本信息"内容，其中包括课程性质、适用专业、总课时等内容。接下来再让 AI 继续生成"课程简介"和"课程目标"。演示对话如下。

🧑 请生成"课程简介"和"课程目标"这两部分内容。

🤖 《市场营销原理》教学大纲
一、课程基本信息（已提供）
二、课程简介
《市场营销原理》是一门面向工商管理、市场营销、国际商务等本科专业学生开设的专业核心课程。本课程旨在通过系统讲解市场营销的基本概念、理论框架和核心策略，使学生全面理解和掌握市场营销的核心理念与实用技能。课程不仅涵盖传统市场营销理论，如市场调研、市场细分、目标市场选择、市场定位、4Ps 营销策略等，还涉及现代市场营销的新趋势，如数字营销、社交媒体营销、大数据营销等。通过本课程的学习，学生将能够运用市场营销的基本原理和方法，分析市场环境，识别市场机会，制定并执行有效的营销策略，为未来的商业实践奠定坚实的基础。

三、课程目标

1. 知识目标：
- 掌握市场营销的基本概念、发展历程和理论框架。
- 理解市场调研的方法和技巧，能够进行有效的市场数据分析。
- 掌握市场细分、目标市场选择和市场定位的基本策略。
- 熟悉4Ps（产品、价格、渠道、促销）营销策略及其在现代市场营销中的应用。
- 了解现代市场营销的新趋势，如数字营销、社交媒体营销等。

2. 技能目标：
- 能够运用市场营销原理和方法进行市场分析和策略规划。
- 能够独立完成市场调研报告，分析市场趋势和竞争态势。
- 能够制定和实施有效的营销策略，提升产品或服务的市场竞争力。
- 能够运用现代营销工具和技术，如社交媒体、大数据等，进行精准营销。

3. 态度与价值观目标：
- 培养学生的创新思维和批判性思考能力，鼓励学生在市场营销实践中不断探索和创新。
- 培养学生的团队合作精神和沟通能力，使学生能够在团队中有效协作，共同完成任务。
- 培养学生的职业道德和社会责任感，使学生在市场营销活动中注重诚信、尊重消费者权益，积极履行社会责任。

（注：后续部分如"课程性质及任务""教学内容与安排""教学方法""推荐教材及参考资料"以及"评估方式"将根据实际教学需求进一步编写。）

## 5.2 教学计划：保障教学工作有序进行

确定教学大纲后，下一步就是制定详细的教学计划。教学计划是根据教学大纲将教学内容分解到每周或每次课的具体安排中，确定每节课的主题、目标、教学方法以及所需的资源和材料。教学计划有助于教师组织和管理时间，确保所有必要的教学内容都能在规定的时间内完成。本节将介绍如何借助AI工具制定教学计划。

**步骤01** 首先将学期、学生年级以及学科名称提供给AI，让AI制定一份教学计划。演示对话如下。

> 你是一位经验丰富的中学教师，擅长课程设计和教学创新。请为2024—2025学年第二学期的初一生物课程制定一份详细的教学计划。

> 制定一份初一生物课程的教学计划需要考虑课程标准、学生年龄特征、教学内容的逻辑顺序、实践活动安排以及评估方式等多个方面。以下是一个基于一般

教育理念和初一生物课程大纲的示例教学计划，适用于2024—2025学年第二学期。请注意，具体细节可能需要根据实际教材版本和地区教育要求进行调整。

一、课程目标

1. 知识与技能：学生能够识别并描述生物体的基本结构、功能及生命过程；理解遗传、进化、生态等核心概念。

2. 过程与方法：通过观察、实验、讨论等方法，培养学生的科学探究能力和问题解决能力。

3. 情感态度价值观：激发学生对自然的好奇心和探索欲，培养尊重生命、关注环境的责任感。

二、教学内容安排

第1~2周：生命的奥秘与细胞

- 主题：生命的基本单位——细胞。
- 内容：细胞的发现、结构与功能（细胞膜、细胞核、线粒体、叶绿体等）；细胞分裂过程。
- 活动：显微镜观察动植物细胞切片；制作并观察洋葱表皮细胞临时装片。

评估：细胞结构绘图作业；小组讨论细胞分裂的意义。

……

第11~12周：复习与考试准备

- 主题：全学期知识点回顾。
- 内容：各章节重点难点复习；模拟试题练习。
- 活动：小组合作复习计划；模拟考试与答疑。
- 评估：期末考试；学习反思报告。

三、教学方法与策略

- 探究式学习：鼓励学生通过实验、观察、调查等方式主动探索生物世界。
- 合作学习：小组合作完成任务，促进交流与协作。
- 情境教学：创设贴近生活的情境，增强学习的趣味性和实用性。
- 信息技术融合：利用多媒体、网络资源辅助教学，拓宽学习视野。

四、评估与反馈

- 形成性评价：通过课堂参与、作业、小测验等方式持续监测学生学习进展。
- 总结性评价：期末考试检验学生对课程内容的掌握程度。
- 同伴评价与自我评价：鼓励学生相互评价学习成果，进行自我反思，促进自我提升。

五、注意事项

- 根据学生实际情况调整教学难度和进度。

- 注重理论与实践相结合，确保每位学生都能参与实践活动。
- 关注学生的个体差异，实施差异化教学，满足不同学生的学习需求。
- 强调安全教育，确保所有实验活动在安全指导下进行。

以上教学计划仅为一个基本框架，具体实施时还需结合实际情况灵活调整。

**步骤02** 查看AI生成的教学计划，发现内容较为宽泛，且可能与实际教学所使用的教材内容不匹配。因此，还需要在提示词中明确指出所使用教材的详细信息，并告知AI预计的教学时长，以确保教学计划的准确性和实用性。演示对话如下。

🧑 你是一位经验丰富的中学教师，擅长课程设计和教学创新。请为2024—2025学年第二学期的初一生物课程制定一份详细的教学计划。课程依据人民教育出版社出版的《生物学》七年级下册教材开展，本学期教学时长约为20周。

🅰️ 2024—2025学年第二学期初一生物教学计划

一、教学目标

1. 知识与技能：学生能够掌握植物生命周期、植物体内物质与能量变化、人体生理与健康的基础知识，包括种子的萌发、植株的生长、开花和结果、光合作用、呼吸作用、人的生殖和发育、营养、呼吸、物质运输及废物排出等。

2. 过程与方法：通过观察、实验、讨论等科学探究方法，培养学生的观察能力、实验能力和问题解决能力。

3. 情感态度与价值观：激发学生对生物学的兴趣，培养爱护生命、关注健康的科学态度，以及尊重科学、实事求是的价值观。

二、教学内容与时间安排

第三单元 植物的生活（约7周）

第1周：第一章 被子植物的一生 第一节 种子的萌发

- 教学目标：理解种子萌发的条件及过程。
- 教学方法：课堂讲解、实验观察（种子萌发实验）。

第2周：第一节 种子的萌发（续） 第二节 植株的生长

- 教学目标：掌握植株生长的过程及影响因素。
- 教学方法：案例分析、小组讨论。

（略）

第19周：综合实践项目：设计并制作人体结构模型

- 教学目标：通过实践活动，加深对人体结构的理解。
- 教学方法：分组合作、模型制作、展示评价。

第20周：期末复习与测试

- 教学目标：全面复习本学期所学内容，准备期末考试。
- 教学方法：综合复习、模拟测试、答疑解惑。

### 三、教学资源与评估

- 教学资源：教材、多媒体课件、实验器材、模型、视频资料等。
- 评估方式：平时成绩（包括课堂表现、作业完成情况、实验报告等）、单元测试、期末测试、综合实践项目评价等。

### 四、注意事项

- 合理安排教学进度，确保教学内容的连贯性和完整性。
- 注重培养学生的实验能力和科学探究精神。
- 关注学生的个体差异，因材施教，提高教学效果。
- 加强与学生的沟通交流，及时了解学生的学习情况和需求，调整教学策略。

**步骤03** 观察 AI 重新生成的教学计划，可以看到此计划在教学内容和时间安排上更加详细，但缺少对学生情况的分析、对教材的分析等模块，整个教学计划显得不够全面且针对性不强。此外，采用表格的形式来展示教学进度安排，可能会更加直观一些。因此，优化提示词，让 AI 重新生成符合要求的教学计划。演示对话如下。

> 你是一位经验丰富的中学教师，擅长课程设计和教学创新。请为 2024—2025 学年第二学期的初一生物课程制定一份详细的教学计划。课程依据人民教育出版社出版的《生物学》七年级下册教材开展，本学期教学时长约为 20 周。

> **AI** 2024—2025 学年第二学期初一生物教学计划

### 一、学生情况分析

1. 学生基础：初一学生刚接触生物学不久，对生物学的兴趣浓厚，但基础知识掌握程度不一，部分学生可能对实验操作和科学探究方法较为陌生。

2. 学习习惯：学生正处于学习习惯形成的关键时期，需加强自主学习、合作学习能力的培养。

3. 认知能力：初一学生认知能力逐渐增强，能够理解和分析较为复杂的现象，但需通过具体实例和实践活动加深理解。

### 二、指导思想

以人民教育出版社出版的《生物学》七年级下册教材为蓝本，遵循"以学生为中心，全面发展"的教育理念，注重培养学生的科学素养、实践能力和创新精神，通过多样化的教学方法和实践活动，激发学生对生物学的兴趣，促进学生全面发展。

### 三、教材分析

本册教材包括"植物的生活"和"人体生理与健康（一）"两个单元，内容涵盖了植物生命周期、植物体内物质与能量变化、人的生殖和发育、人体的营养、呼吸、物质运输及废物排出等基础知识。教材注重理论与实践相结合，通过丰富的实验和探究活动，帮助学生理解和掌握生物学知识。

四、学习目标

1. 知识与技能：掌握生物学基础知识，包括植物和人体的生理结构、功能及生命活动规律；学会使用显微镜等生物实验器材，进行简单的实验操作。

2. 过程与方法：通过观察、实验、讨论等科学探究方法，培养学生的观察能力、实验能力和问题解决能力。

3. 情感态度与价值观：激发学生对生物学的兴趣，培养爱护生命、关注健康的科学态度，以及尊重科学、实事求是的价值观。

五、教学措施

1. 教学方法：采用讲授法、讨论法、实验法、探究法等多样化的教学方法，激发学生的学习兴趣和主动性。

2. 教学手段：利用多媒体课件、实验器材、模型、视频等教学资源，丰富教学手段，提高教学效果。

3. 评价方式：采用平时成绩（包括课堂表现、作业完成情况、实验报告等）、单元测试、期末测试等多种评价方式，全面评价学生的学习情况。

六、教学进度安排

每周安排2节课，每节课45分钟。每节课常规流程如下：

• 前5分钟：回顾上一节课所学内容，通过提问、讨论等方式检验学生的掌握情况。

• 中间30分钟：讲授新课，结合教材内容和实际生活案例，讲解生物学基础知识和概念。通过实验、演示、讨论等方式，加深学生对知识点的理解和记忆。

• 最后10分钟：总结本课内容，梳理知识点。布置作业或预告下一节课内容，让学生提前做好准备。

具体教学进度安排如下：

| 周次 | 教学内容及安排 | 教学重点与难点 | 教学方法与手段 |
| --- | --- | --- | --- |
| 第1周 | 第一章 被子植物的一生 第一节 种子的萌发 | 理解种子萌发的条件及过程 | 讲授法、实验法、多媒体课件 |
| 第2周 | 第二节 植株的生长 | 掌握植物生长的过程及影响因素 | 讲授法、实验法、讨论法、多媒体课件 |
| 第3周 | 第三节 开花和结果 | 了解开花和结果的生物学过程 | 讲授法、实验法、视频资料、小组讨论 |
| （略） | | | |
| 第19周 | 第二节 排泄途径＋单元复习与测试 | 了解排泄途径，复习巩固第九章知识，进行单元测试 | 综合复习、答疑解惑、单元测试 |

续表

| 周次 | 教学内容及安排 | 教学重点与难点 | 教学方法与手段 |
| --- | --- | --- | --- |
| 第20周 | 期末复习、答疑与考试 | 巩固所学知识,解答学生疑问,进行期末考试 | 综合复习、个别辅导、期末考试、总结会议 |

注:以上教学进度安排为大致框架,具体日期可能根据学校实际情况进行调整。教师需根据实际情况灵活安排教学活动,确保教学目标的达成。

## 5.3 教案生成:提高备课效率

教案,也称课时计划,是针对每一堂课或每一次教学活动而设计的。教案应该包含具体的教学步骤、活动、问题、讨论点、作业布置等内容,并且要考虑如何达到该节课的学习目标。教案还应包含对不同学习风格学生的适应性调整,以确保每个学生都能获得最佳的学习体验。本节将介绍如何借助 AI 工具撰写教案。

**步骤01** 首先提供年级、科目、课时以及课程内容等信息,让 AI 生成一份教案。演示对话如下。

> 你是一名经验丰富的中学老师,擅长编写符合中学教学特点且实用性强的教案。请根据以下信息撰写一份教案:
> 年级:初二
> 科目:语文
> 课时:1课时
> 课程主题:《藤野先生》

> [AI] 教案设计
> 年级:初二
> 科目:语文
> 课时:1课时
> 课程主题:《藤野先生》
> 教学目标
> 1. 知识与技能:
> • 学生能够准确理解《藤野先生》一文的主要内容,包括作者鲁迅的求学经历及与藤野先生的师生情谊。
> • 掌握文中重要词语和句子的含义,提高文学鉴赏能力。
> 2. 过程与方法:
> • 通过朗读、讨论、角色扮演等教学活动,引导学生深入理解文章情感,体会

作者的情感变化。

• 运用思维导图梳理文章结构，培养学生的逻辑思维和归纳总结能力。

3. 情感态度与价值观：

• 激发学生对师长的尊敬之情，理解并珍视师生之间的深厚情谊。

• 培养学生的爱国情怀和国际视野，认识到文化交流的重要性。

教学重难点

• 重点：理解文章内容，把握鲁迅与藤野先生之间的师生情谊；分析文章中的关键语句，体会作者情感。

• 难点：深入理解文章背后的时代背景，以及鲁迅先生的爱国情怀与国际主义精神。

教学准备

• 多媒体课件（包含《藤野先生》原文、相关图片、视频资料）

• 学生预习材料（文章背景介绍、生字词预习表）

• 小组讨论任务卡

教学过程

1. 导入新课（5分钟）。

• 展示鲁迅先生的照片及简介，简短介绍鲁迅的生平及文学成就。

• 提问："你们知道鲁迅先生的哪些作品？他为什么被称为'民族魂'？"引出《藤野先生》的学习，激发学生兴趣。

2. 初读感知（10分钟）。

• 学生自由朗读课文，要求标注不理解的词语和句子。

• 教师讲解文中重点生字词，确保学生理解基本文意。

3. 深入研读（20分钟）。

• 分段落精读，每段后设置问题引导学生思考，如："鲁迅在仙台的学习生活是怎样的？""藤野先生给鲁迅留下了哪些深刻印象？"

• 小组讨论：鲁迅为何对藤野先生怀有深厚的感情？这种感情对他后来的生活有何影响？

• 角色扮演：选取文中对话片段，让学生分角色朗读，加深对人物性格和情感的理解。

4. 思维导图构建（10分钟）。

• 引导学生使用思维导图工具，梳理文章结构，包括时间线、人物关系、情感变化等。

• 小组展示并分享思维导图，教师点评，强调文章主旨。

5. 拓展延伸（5分钟）。

- 观看关于鲁迅与藤野先生故事的短片或图片，加深对文章背景的理解。
- 讨论：在当今社会，我们应如何传承和发扬师生之间的良好关系？

6. 总结与作业（5分钟）。
- 总结本课学习要点，强调鲁迅的爱国情怀与国际主义精神。
- 作业：写一篇短文，回忆并描述自己与老师之间的一段难忘经历，要求体现师生情谊。

板书设计
- 中心标题：《藤野先生》
- 关键词：鲁迅、藤野先生、求学经历、师生情谊、爱国情怀、国际主义
- 思维导图框架示意图

此教案设计旨在通过多样化的教学活动，帮助学生全面理解《藤野先生》一文，同时培养学生的文学素养、情感认知和社会责任感。

**步骤02** 查看 AI 生成的简易教案。但这样生成的教案可能并不完全符合实际教学需求。鉴于现在很多学校都有固定的教案模板，这里可以尝试将一份教案模板上传至 AI，让 AI 学习并理解该模板的结构和内容的写作方式并重新生成教案。演示对话如下。

🧑 （上传"《藤野先生》教案 .docx"）
你是一名经验丰富的中学老师，擅长编写符合中学教学特点且实用性强的教案。请根据上传文档的框架结构，重新撰写一份教案，具体信息如下：
年级：初二
科目：语文
课时：1课时
课程主题：《藤野先生》

AI 《藤野先生》教案
年级：初二
科目：语文
课时：1课时
教学目标
1. 整体把握课文内容，了解《藤野先生》的主要事件及人物形象。
2. 分析文章中的重点语句，理解作者的思想感情及文章的主旨。
3. 学习鲁迅先生通过具体事例展现人物性格的写作方法，提升学生的写作能力。
教学重难点
- 重点：理解文章内容，掌握文中重点词汇及描述藤野先生特点的语句。
- 难点：体会文章中的情感，理解鲁迅先生的爱国情怀及藤野先生的高尚品质。

教学过程

一、导入新课

通过回顾鲁迅先生的其他作品或是介绍鲁迅先生的生平，引出《藤野先生》这篇课文。提问："同学们，你们知道鲁迅先生吗？他有哪些著名的作品？今天我们要学习的就是《藤野先生》。在这篇文章中，鲁迅先生回忆了自己在日本留学期间的所见所闻，特别是与藤野先生的交往。那么，藤野先生是怎样一个人？鲁迅先生又从他身上学到了什么呢？让我们一起来走进这篇课文。"

二、教授新课

目标导学一：厘清文章思路

1. 朗读课文，概括每个自然段的主要内容。
- 第一自然段：写作者离开东京前往仙台的原因。
- 第二自然段：写初到仙台的情况，介绍了藤野先生的外貌和性格。
- 第三至五自然段：记述与藤野先生相识相处的过程，包括添改讲义、纠正解剖图、关心解剖实习等事。
- 第六至十自然段：写匿名信事件和看电影事件，揭示了作者弃医从文的原因。
- 第十一自然段：写与藤野先生的告别，以及藤野先生对作者的关心。
- 第十二自然段：写作者对藤野先生的怀念和感激之情。

2. 根据自然段内容，将文章分为几个部分，并总结每部分大意。
- 第一部分（1）：写作者离开东京去仙台的原因。
- 第二部分（2～5）：记述与藤野先生的相识、相处和离别。
- 第三部分（6～12）：写弃医从文的原因和对藤野先生的怀念。

目标导学二：分析人物形象及情感

1. 找出描写藤野先生的语句，分析藤野先生的性格特点。
- 藤野先生是一个生活俭朴、治学严谨、教学认真、没有狭隘的民族偏见的学者。

2. 分析文章中的重点语句，理解作者的思想感情。
- "在我所认为我师的之中，他是最使我感激，给我鼓励的一个。"表达了作者对藤野先生的感激之情。
- "每当夜间疲倦，正想偷懒时，仰面在灯光中瞥见他黑瘦的面貌，似乎正要说出抑扬顿挫的话来。"表现了藤野先生对作者的激励作用。

3. 讨论作者弃医从文的原因，理解作者的爱国情怀。
- 作者在目睹国民麻木不仁、国家危难之际，认识到医学只能治身体上的痛苦，而文字可以医治国民的心灵，因此决定弃医从文，以文字唤醒国人。

目标导学三：学习写作方法

1. 分析文章通过具体事例展现人物性格的写作方法，并讨论其在写作中的应用。

- 文章通过添改讲义、纠正解剖图、关心解剖实习等具体事例,生动地展现了藤野先生的高尚品质。在写作中,我们也可以运用这种方法,通过具体事例来刻画人物形象,使人物更加鲜活、立体。

2. 讨论文章的语言风格及修辞手法,并举例说明其表达效果。

- 文章语言朴实无华,但蕴含着深厚的情感。如"其时进来的是一个黑瘦的先生,八字须,戴着眼镜,挟着一叠大大小小的书"。寥寥数语,便勾勒出了藤野先生的形象。

三、板书设计

《藤野先生》
- 第一部分:离开东京去仙台
- 第二部分:与藤野先生的相识、相处和离别
- 藤野先生:生活俭朴、治学严谨、教学认真、无民族偏见
- 第三部分:弃医从文的原因和对藤野先生的怀念
- 爱国情怀:文字唤醒国人

四、教学反思

- 可取之处:通过引导学生分析文章内容和人物形象,使学生深入理解了文章的主旨和作者的思想感情。同时,通过讨论写作方法和语言风格,提升了学生的写作能力。
- 不足之处:在时间分配上略显紧张,部分学生的发言机会不够充分。在品读感悟方面,还需进一步加强对学生的引导和启发,使学生更好地体会文章中的情感和主旨。

## 5.4 课堂活动设计:促进教师专业成长

课堂活动是指在教学过程中,教师根据教学目标和教学内容设计的一系列组织学生参与的学习活动。通过精心设计的课堂活动,可以让学生在积极参与和互动中体验到学习的乐趣,从而激发他们的学习兴趣和主动性。下面将介绍如何借助 AI 工具设计一个学科课堂活动。

**步骤01** 首先提供备课科目以及要教授的具体课程内容,让 AI 设计一个课堂活动。演示对话如下。

> 你是一名经验丰富的中学物理教师,准备教授物理力学原理的相关知识。请设计一个生动有趣的物理课堂活动,以帮助学生深入理解力学的基本原理。

> 物理力学原理探究课堂活动设计
> 活动名称:探索力与运动——构建你的"物理小车赛道"

教学目标：

1. 通过动手实践，使学生深刻理解牛顿三定律（惯性定律、动量定律、作用—反作用定律）。
2. 培养学生观察、分析实验现象，以及运用物理原理解决问题的能力。
3. 增强学生的团队合作精神和创新能力。

活动材料：

- 小型木板或硬纸板（作为赛道基础）
- 小车模型（可使用简单的纸盒、木块自制，需确保能在赛道上滑行）
- 弹簧、橡皮筋（提供动力）
- 不同材质的表面材料（如布、塑料膜、砂纸等，用于改变摩擦力）
- 斜坡（可用书本或积木搭建）
- 尺子、计时器
- 记录本和笔

活动流程：

1. 引入阶段（10分钟）

- 教师讲解：简要回顾牛顿三定律的基本概念，并解释这些定律如何影响物体的运动状态。
- 视频展示：播放一段关于不同条件下物体运动的视频，引导学生观察并思考哪些因素影响了物体的运动。

2. 实验设计阶段（15分钟）

- 分组讨论：将学生分为4~6人的小组，每组讨论并设计一个小车实验，旨在验证或探索牛顿三定律中的一个或多个。
- 设计要点：

如何利用弹簧或橡皮筋给小车提供动力，观察力与加速度的关系（动量定律）。改变赛道表面的材质，观察摩擦力对小车运动距离的影响（作用—反作用定律）。设置不同坡度的斜坡，观察重力分量如何影响小车的加速和减速（惯性定律）。

3. 实验操作阶段（30分钟）

- 构建赛道：各小组根据设计方案，利用提供的材料构建自己的小车赛道。
- 实验记录：每组进行至少三次实验，记录每次实验中小车的起始速度、运动时间、最终停止位置等数据。
- 观察分析：在实验过程中，引导学生注意观察小车的运动轨迹、速度变化及停止位置，思考背后的物理原理。

4. 成果展示与讨论（20分钟）

- 小组汇报：每个小组派代表上台，展示他们的实验设计、数据记录及分析结果，解释实验中观察到的现象如何用牛顿三定律来解释。

· 班级讨论：鼓励其他小组提问或分享不同见解，教师适时引导，深化对物理概念的理解。

5. 总结反思（10 分钟）

· 教师总结：回顾本次活动的重点，强调牛顿三定律在日常生活和物理现象中的广泛应用。

· 学生反思：让学生写下本次活动中最感兴趣的发现或最困惑的问题，鼓励课后继续探索。

评估方式：

· 小组实验设计的创意性和可行性。

· 实验数据的准确性和分析的深度。

· 学生在小组讨论和班级汇报中的参与度与表达能力。

后续活动建议：

· 鼓励学生利用课余时间，尝试更多创新的小车设计或实验，如加入电机驱动、设计复杂的赛道障碍等，进一步探索物理学的奥秘。

通过这样的课堂活动，学生不仅能在实践中深入理解物理力学原理，还能激发他们对物理学的兴趣和探索欲，培养解决实际问题的能力。

**步骤02** 上述回答中，AI 设计的课堂活动还是相对比较完整的，但其设计的整个活动流程远远超过了 **45 分钟**的单节课课堂时间，这显然是不太合理的。因此，可以在提示词中明确课堂活动的总时间要求，让 AI 重新设计。演示对话如下。

> 你是一名经验丰富的中学物理教师，擅长通过实践操作和直观演示来讲解复杂的物理概念。请设计一次关于物理力学原理探究的课堂活动，活动时长大约 35 分钟，涵盖活动目标、实施流程、所需材料和期望达成的效果。

**AI** 物理力学原理探究课堂活动设计：探索力与运动的关系

活动名称：快速构建与测试——小车滑行实验

活动目标：

· 通过动手实践，使学生直观理解力与运动的关系，特别是摩擦力、推力对物体运动的影响。

· 培养学生观察、记录和分析实验数据的能力。

· 激发学生对物理学的兴趣和好奇心。

所需材料：

· 小车模型（可使用简单的纸盒、木块自制，确保能在平滑表面上滑行）

· 平滑木板或桌面（作为赛道）

· 不同材质的表面材料（如布、塑料膜、砂纸等，用于改变摩擦力）

- 弹簧或橡皮筋（提供推力）
- 尺子或卷尺
- 计时器或秒表
- 记录本和笔

实施流程：

1. 引入与讲解（5分钟）：
- 教师简要介绍力与运动的基本概念，特别是摩擦力、推力如何影响物体的运动。
- 展示小车模型，说明实验目的和步骤。

2. 实验准备（5分钟）：
- 学生分组，每组分配一辆小车、木板、不同材质的表面材料、弹簧或橡皮筋、尺子和计时器。
- 学生讨论并决定实验变量（如推力大小、表面材质），准备记录本记录数据。

3. 实验实施（20分钟）：
- 步骤一：在平滑木板上放置小车，使用弹簧或橡皮筋给予一定推力，记录小车滑行距离和时间。
- 步骤二：更换不同材质的表面材料，重复步骤一，观察并记录数据变化。
- 步骤三：调整推力大小，再次实验，记录数据。
- 学生需确保每次实验条件尽可能一致，以便准确比较数据。

4. 数据分析与讨论（5分钟）：
- 学生分析数据，讨论不同表面材质和推力大小对小车滑行距离和时间的影响。
- 教师引导学生总结摩擦力、推力与物体运动的关系。

期望达成的效果：
- 通过动手实验，让学生能够更深入理解摩擦力、推力对物体运动的影响，加深对力与运动关系的理解。
- 学生能够掌握观察、记录和分析实验数据的基本方法，培养科学探究能力。
- 激发学生的兴趣和好奇心，鼓励他们主动探索物理现象，培养问题解决能力和创新思维。

注意事项：
- 确保实验材料安全，避免使用尖锐或易碎物品。
- 强调实验过程中的安全操作，如正确使用弹簧和橡皮筋，避免突然释放造成意外伤害。
- 鼓励学生积极参与讨论，分享实验发现和见解，促进课堂互动。

通过这次课堂活动，学生将在短时间内获得丰富的实践经验和深刻的物理概念理解，为后续的物理学习打下坚实的基础。

**步骤03** 查看 AI 重新生成的活动方案，这版方案的活动时长基本符合要求，接下来再追加提问，让 AI 对该方案的具体实施流程提供更详细的描述。演示对话如下。

> 实验实施步骤描述较为简略，请提供更为详尽的操作流程与具体细节描述。

**AI** 物理力学原理探究课堂活动设计：探索力与运动的关系（详尽版）

（活动目标、所需材料等内容保持不变）

实施流程：

1. 引入与讲解（保持不变）
2. 实验准备（保持不变）
3. 实验实施（详尽版）：

步骤一：基础滑行测试

- 在平滑木板上不放置任何表面材料，确保木板干净、无障碍物。
- 使用弹簧或橡皮筋给予小车一个稳定的初始推力，推力大小适中，如"中弹"。
- 释放小车，让其自由滑行，并使用尺子测量滑行距离。如果使用计时器，同时记录滑行时间。
- 重复实验 3 次，取平均值作为基础数据。

步骤二：摩擦力影响测试

- 在木板上依次放置棉布、塑料膜、砂纸等不同材质的表面材料。
- 对于每种材料，重复步骤一的实验过程，确保推力大小保持不变。
- 记录每次实验的滑行距离和时间（如果使用计时器），并观察小车在不同材质上的滑行轨迹和停止方式。
- 每种材料测试完毕后，更换新的材料，确保实验条件的一致性。

步骤三：推力影响测试

- 选择一种表面材料（如棉布），固定不变。
- 调整弹簧或橡皮筋的弹力，给予小车不同的初始推力，如"轻弹""中弹""重弹"。
- 对于每种推力大小，重复步骤一的实验过程。
- 记录每次实验的滑行距离和时间（如果使用计时器），并观察小车在不同推力下的启动速度和滑行状态。

4. 数据分析与讨论（保持不变）

（期望达成的效果等内容保持不变）

通过以上修改后的实验实施步骤，学生将能够更清晰地了解实验过程，更准确地记录和分析数据，从而更深入地理解力与运动的关系。希望这次修改能够满足您的要求。

## 5.5 同步习题：帮助学生巩固所学知识

同步习题是帮助学生回顾和巩固课堂所学知识点的有效途径。通过练习，学生能够加深对课堂内容的理解和记忆，确保所学知识得以牢固掌握并能灵活应用。教师在设计这些练习题时，应紧密围绕所讲解的知识点，注重题目的多样性和层次性，以充分满足不同学习水平和需求的学生。下面就将借助 AI 工具设计一节课后同步习题。

**步骤01** 首先为 AI 指定初中数学教师的角色及其教授的知识内容，让它生成一份课后同步习题。演示对话如下。

> 作为一名初中数学教师，你正在教授"有理数"单元"正数和负数"这一节的内容。请设计一份课后同步练习题，帮助学生巩固和应用本节知识点。

**AI** "正数和负数"课后同步练习题

一、选择题

1. 下列各数中，属于正数的是（　　）

A．$-3$

B．0

C．$+5$

D．$-2.5$

2. 下列说法正确的是（　　）

A．正数和负数统称为有理数

B．零是最小的正数

C．任何一个负数都小于正数

D．正数前面可以加"$-$"号变成负数，负数前面不可以加"$+$"号变成正数

3. 下列温度中，表示零下温度的是（　　）

A．$+5℃$

B．$0℃$

C．$-3℃$

D．$25℃$

二、填空题

4. 海拔 $-100$ 米表示比海平面_____ 100 米。

5. 如果向东为正方向，那么向西走 50 米可以表示为向_____走_____米。

6. 已知 A 地气温为 $20℃$，B 地气温比 A 地低 $15℃$，则 B 地的气温为____$℃$。

三、判断题

7. 正数都比 0 大，负数都比 0 小。（　　）

8. –a 一定是负数。（  ）

9. 温度计上显示 –8℃，表示比 0℃ 低 8 度。（  ）

四、计算题

10. 计算：(–3)+5=_____

11. 计算：7–(–4)=_____

12. 某仓库原有货物 70 吨，上午运出 30 吨，下午又运进 25 吨，现在仓库里有多少吨货物？

五、应用题

13. 某城市一月份的平均气温为 –2℃，三月份的平均气温比一月份上升了 12℃，求三月份的平均气温。

14. 一辆汽车从 A 地出发，先向东行驶 30 千米到达 B 地，然后向西行驶 40 千米到达 C 地，最后又向东行驶 10 千米到达 D 地。

（1）说出 C 地在 A 地的什么方向，相距多少千米？

（2）若每千米耗油 0.1 升，问：从 A 地出发到达 D 地共耗油多少升？

六、开放题

15. 你能举出生活中正数和负数应用的三个例子吗？请简要描述。

**步骤02** AI 生成的习题题型多样且难度各异。接下来修改提示词，明确生成的题目数量、题目类型以及不同难度级别题目的比例。演示对话如下。

> 作为一名初中数学教师，你正在教授"有理数"单元"正数和负数"这一节的内容。请设计一份课后同步练习题，帮助学生巩固和应用本节知识点，具体要求如下：
> （1）题目总数量为 20 道；
> （2）涵盖选择题、填空题和解答题三种题型，其中解答题需包含 2 道计算题；
> （3）难度等级方面，基础题、中等难度题和高难度题的比例设定为 4：4：2，难度系数不需要单独列出。

**AI** 课后同步练习题：正数和负数

一、选择题（共 8 道，每题 2.5 分）

1. 下列各数中，是正数的是：

A. –3

B. 0

C. 2.5

D. –1/2

2. 下列说法正确的是：

A. 所有的整数都是正数

B. 正数前面必须带有正号"+"

C. 负数不一定小于正数

D. 0是正数和负数的分界

3. 下列数轴上表示的数，是负数的是：

A. 点A在原点上

B. 点B在原点右边2个单位

C. 点C在原点左边1个单位

D. 点D在原点右边3个单位

4. 下列哪个数不是负数？

A. $-(-5)$

B. $-|-3|$

C. $-3^2$

D. $(-2)^3$

5. 下列运算正确的是：

A. $-(-5)=-5$

B. $+(-7)=7$

C. $-(+4)=-4$

D. $+(+6)=-6$

6. 下列哪一项表示的是正数差？

A. $5-(-3)$

B. $-7-5$

C. $0-4$

D. $-2-(-2)$

7. 如果a是正数，那么 $-a$ 一定是：

A. 正数

B. 负数

C. 零

D. 无法确定

8. 下列各数中，互为相反数的是：

A. 3和 $-3$

B. 5和5

C. $-7$ 和 7/1

D. $-\pi$ 和 $\pi^2$

二、填空题（共6道，每题3分）

9. 绝对值小于3的所有正整数是_____。

10. -(-6) 的相反数是_____。

11. 若 a 是负数，则 -a 是_____数（填"正"或"负"）。

12. 已知 |x|=5，则 x=_____或_____。

13. 已知 a＞0，b＜0，则 a-b_____0（填"＞""＜"或"="）。

14. 在数轴上，点 A 表示的数是 -2，点 B 表示的数是 a，且 AB=4，则 a=_____或_____。

三、解答题（共 6 道，每题 5 分）

15. 计算：(-7)+5-(-3)-(+4)。

16. 计算：(-81)÷9+(-3)^2×2。

17. 某仓库存入货物若干吨，记为 +30 吨，第二天又存入货物 -20 吨，问两天后仓库共存入货物多少吨？

18. 小明从海拔 500 米的某地出发，先向上攀登 200 米，再向下走 150 米，此时小明离出发点的海拔是多少？

19. 有四个数 a、b、c、d，满足 a＞b＞0＞c＞d，请判断 a-c 与 b-d 的大小关系，并说明理由。

20. 在数轴上，点 A 表示的数是 a，点 B 表示的数是 b，且 AB 的距离是 5，若点 A 在原点左边 2 个单位，求点 B 表示的数，并判断 B 是正数还是负数。

以上练习题涵盖了"正数和负数"这一节的基础概念、运算规则及应用，旨在帮助学生巩固和加深对知识点的理解。

**步骤03** 最后还可以让 AI 生成上述习题的答案和解析。演示对话如下。

请在每个题目下方给出答案和解析。

课后同步练习题：正数和负数（附答案及解析）

一、选择题

1. 下列各数中，是正数的是：

A. -3

B. 0

C. 2.5

D. -1/2

答案：C

解析：正数是大于 0 的数，只有 2.5 是正数。

2. 下列说法正确的是：

A. 所有的整数都是正数

B. 正数前面必须带有正号"+"

C. 负数不一定小于正数

D．0是正数和负数的分界

答案：D

解析：整数包括正整数、0和负整数，A错误；正数前面可以不写正号，B错误；负数一定小于正数，C错误；D全面地描述了0的位置，D正确。

3．下列数轴上表示的数，是负数的是：

A．点A在原点上

B．点B在原点右边2个单位

C．点C在原点左边1个单位

D．点D在原点右边3个单位

答案：C

解析：数轴上原点左边的数表示负数。

4．下列哪个数不是负数？

A．$-(-5)$

B．$-|-3|$

C．$-3^2$

D．$(-2)^3$

答案：A

解析：A项为5，是正数；B项为$-3$，是负数；C项为$-9$，是负数；D项为$-8$，是负数。

5．下列运算正确的是：

A．$+(-5)=-5$

B．$+(-7)=7$

C．$-(+4)=-4$

D．$+(+6)=-6$

答案：C

解析：根据正负数的运算规则，只有C项正确。

6．下列哪一项表示的是正数差？

A．$5-(-3)$

B．$-7-5$

C．$0-4$

D．$-2-(-2)$

答案：A

解析：A项为8，是正数；B项为$-12$，是负数；C项为$-4$，是负数；D项为0，不是正数也不是负数。

7. 如果 a 是正数，那么 –a 一定是：

A．正数

B．负数

C．零

D．无法确定

答案：B

解析：正数的相反数是负数。

8. 下列各数中，互为相反数的是：

A．3 和 –3

B．5 和 5

C．–7 和 7/1

D．–π 和 π^2

答案：A

解析：互为相反数的两数和为 0，只有 A 项满足。

二、填空题

9. 绝对值小于 3 的所有正整数是_____。

答案：1，2

解析：绝对值小于 3 的正整数有 1 和 2。

10. –(-6) 的相反数是_____。

答案：–6

解析：–(-6)=6，6 的相反数是 –6。

11. 若 a 是负数，则 –a 是_____数（填"正"或"负"）。

答案：正

解析：负数的相反数是正数。

12. 已知 |x|=5，则 x=_____或_____。

答案：5，–5

解析：绝对值为 5 的数有两个，分别是 5 和 –5。

13. 已知 a＞0，b＜0，则 a–b_____0（填"＞""＜"或"="）。

答案：＞

解析：正数减去负数结果为正数。

14. 在数轴上，点 A 表示的数是 –2，点 B 表示的数是 a，且 AB=4，则 a=_____或_____。

答案：2，–6

解析：点 A 在 –2，AB=4，则点 B 可能在 –2 的左边 4 个单位或右边 4 个单位。

三、解答题

15. 计算：(−7)+5−(−3)−(+4)。

答案：−3

解析：根据加减法运算规则，(−7)+5−(−3)−(+4)=−7+5+3−4=−3。

16. 计算：(−81)÷9+(−3)^2×2。

答案：9

解析：根据乘除法和加减法运算顺序，(−81)÷9+(−3)^2×2=−9+9×2=−9+18=9。

17. 某仓库存入货物若干吨，记为+30吨，第二天又存入货物−20吨，问：两天后仓库共存入货物多少吨？

答案：10吨

解析：+30吨−20吨=10吨。

18. 小明从海拔500米的某地出发，先向上攀登200米，再向下走150米，此时小明离出发点的海拔是多少？

答案：550米

解析：500米+200米−150米=550米。

19. 有四个数a、b、c、d，满足a＞b＞0＞c＞d，请判断a−c与b−d的大小关系，并说明理由。

答案：a−c＞b−d

解析：因为a＞b＞0，所以−a＜−b＜0；又因为c＞d，所以−c＜−d；综合得−a−c＜−b−d，即a−c＞b−d。

20. 在数轴上，点A表示的数是a，点B表示的数是b，且AB的距离是5，若点A在原点左边2个单位，求点B表示的数，并判断B是正数还是负数。

答案：b=−7或3；B可以是负数或正数

解析：点A在−2，AB=5，则点B可能在−2的左边5个单位或右边5个单位，即b=−2−5=−7或b=−2+5=3。所以B可以是负数（−7）或正数（3）

# 5.6 真题试卷：基于知识点的试题设计

真题试卷指的是过去某段时间内实际用于考试的试卷，通常包含了当时考试的所有题目。真题试卷是检验学生学习效果、知识掌握程度以及应试能力的重要手段。对教师来说，设计的真题试卷需要全面覆盖课程要点，同时准确反映学生的学习情况，更要注意平衡题目难度，保证试卷的公平性和客观性，确保评分标准明确。下面将介绍如何借助AI工具设计一套语文试卷。

**步骤01** 上传一套真题试卷作为参考,让 AI 学习这套试卷的内容和格式。考虑到 AI 的输出字数限制,我们首先要求 AI 生成之与相似的 A 卷部分。演示对话如下。

🧑 (上传"××××年××省××市中考语文真题.docx")

上传的文档是××××年××省××市中考语文真题试卷,请根据这份真题试卷的内容和格式,重新设计一套具有相似难度和题型结构的语文试卷,首先完成 A 卷的设计。

🤖 中考语文模拟试题

A 卷(共 100 分)

第 I 卷(选择题,共 24 分)

一、基础知识(每小题 3 分,共 12 分)

1. 下列加点字的注音完全正确的一项是(　　　)
   A. 惩戒(jié)　　挑逗(tiǎo)　　鲜为人知(xiǎn)
   B. 卑劣(liè)　　隐匿(nì)　　豁然开朗(huò)
   C. 陨石(yǔn)　　追溯(shuò)　　杳无消息(yǎo)
   D. 摒弃(bìng)　　哽咽(yè)　　屡见不鲜(xiān)

2. 下列词语中没有错别字的一项是(　　　)
   A. 褪色　渊博　迫不急待　截然不同
   B. 诘责　轮廓　诚惶诚恐　锲而不舍
   C. 荧光　竹篾　任劳任怨　锋芒毕路
   D. 干燥　亵渎　振耳欲聋　杳无音信

3. 下列句子中加点成语使用不正确的一项是(　　　)
   A. 他善于读书,常常能从书中获得深刻的启示,真是开卷有益。
   B. 在这次比赛中,他们齐心协力,终于赢得了胜利,真是众志成城。
   C. 春天的花园里,百花齐放,五彩斑斓,让人美不胜收。
   D. 这篇文章语言华而不实,内容空洞无物,读起来索然无味。

4. 下列句子中没有语病的一项是(　　　)
   A. 为了防止这类事故不再发生,我们必须采取有效措施。
   B. 通过这次社会实践活动,使我们增长了见识,开拓了视野。
   C. 能否坚持体育锻炼,是身体健康的重要保证。
   D. 生活中,我们应该学会欣赏别人身上的优点和长处,并努力向他们学习。

二、文言文阅读(每小题 3 分,共 12 分)

阅读下面的文言文选段,完成 5~8 小题。

【甲】

山不在高,有仙则名。水不在深,有龙则灵。斯是陋室,惟吾德馨。苔痕上阶绿,草色入帘青。谈笑有鸿儒，往来无白丁。可以调素琴，阅金经。无丝竹之乱耳，无案牍之劳形。南阳诸葛庐，西蜀子云亭。孔子云：何陋之有？
（选自刘禹锡《陋室铭》）

【乙】

水陆草木之花，可爱者甚蕃。晋陶渊明独爱菊；自李唐来，世人盛爱牡丹；予独爱莲之出淤泥而不染，濯清涟而不妖，中通外直，不蔓不枝，香远益清，亭亭净植，可远观而不可亵玩焉。

予谓菊，花之隐逸者也；牡丹，花之富贵者也；莲，花之君子者也。噫！菊之爱，陶后鲜有闻。莲之爱，同予者何人？牡丹之爱，宜乎众矣！
（选自周敦颐《爱莲说》）

5. 下列加点词语解释有误的一项是（　　　）

A．斯是陋室　　　　　斯：这
B．谈笑有鸿儒　　　　鸿儒：博学的人
C．可爱者甚蕃　　　　蕃：多
D．牡丹之爱，宜乎众矣　宜：应该

6. 下列加点词语的意义和用法相同的一项是（　　　）

A．有仙则名 / 名之者谁
B．无案牍之劳形 / 劳心者治人
C．出淤泥而不染 / 而吾蛇尚存
D．可远观而不可亵玩焉 / 且焉置土石

7. 下列对【甲】【乙】两文的理解和分析，不正确的一项是（　　　）

A．【甲】文通过描写陋室的环境、交往人物和生活情趣，表达了作者高洁傲岸的节操和安贫乐道的情怀。
B．【乙】文以花喻人，将菊、牡丹和莲一一拟人，通过写菊、牡丹、莲三种花的特性来慨叹世上真隐者少，有德者寡，而贪慕富贵者多的世风。
C．【甲】文以"诸葛庐""子云亭"作类比，突出了陋室不陋，表达了作者的高洁情操和远大抱负。
D．【乙】文"牡丹之爱，宜乎众矣"一句表达了作者对世人喜爱牡丹的肯定与赞赏。

8. 下列句子中加点词语的用法与其他三项不同的一项是（　　　）

A．苔痕上阶绿　　　　上：名词作动词，长到
B．无丝竹之乱耳　　　乱：使动用法，使……扰乱
C．香远益清　　　　　远：形容词作动词，远播
D．不蔓不枝　　　　　蔓：名词用作动词，生藤蔓

第Ⅱ卷（非选择题，共76分）

三、默写（共6分）

9. 默写古诗文中的名篇名句。

（1）补写出下列名句的上句或下句。（任选其中两句作答；如三句皆答，按前两句判分）

①山重水复疑无路，＿＿＿＿＿＿。（陆游《游山西村》）

②采菊东篱下，＿＿＿＿＿＿。（陶渊明《饮酒·其五》）

③海日生残夜，＿＿＿＿＿＿。（王湾《次北固山下》）

（2）请在李白的《闻王昌龄左迁龙标遥有此寄》和王安石的《登飞来峰》中任选一首，在答题卡上写出题目再默写全诗。

四、现代文阅读（共10分）

阅读下面的文章，完成10～12小题。

童年的馒头

聂作平

①如今的幸福时光使我欣慰，不过有时心底也会泛起一缕儿时的苦涩。那时候，娘拉扯着我和妹妹，家里穷得叮当响。我在五里外的村小上学，六岁的妹妹在家烧锅做饭，背着那个比她还高半截的竹篓打猪草，娘趁早摸黑挣工分，日子清贫得像一串串干枯的灯笼花。

②有年"六一"，学校说是庆祝儿童节，每个学生发三个馒头，另外带些自家做的咸菜，娘答应给我炒一碗肉末菜。我兴奋不已，因为那年月，肉末菜是多么难得的美味啊！

③开完典礼，手里多了片荷叶，荷叶里是三个热腾腾的大馒头。回家的路上，肚子开始咕咕地叫，口水也不住地往下咽。那时我想，哪怕吃一个半，留一个半给娘和妹妹，也比都让她们吃了强。于是，我偷偷地解开荷叶包，拿起一个馒头，轻轻咬了一口，一股香甜的味道立刻在嘴里弥漫开来。我越嚼越香，越吃越有味道，不知不觉间，一个馒头就这样被我消灭了。

④肚子还是咕咕地叫，我安慰自己：娘平时不是把麦粑让给我和妹妹吃吗？娘说她不喜欢吃麦粑呀！……又走了一段路，口水和肚子故伎重演，而且比刚才更厉害。咋办？干脆，把娘的那一份也吃了，给妹妹留一个就是了。娘平时最疼我，哪怕我闯了天大的祸，她也不会骂我，更不会打我。于是，我便心安理得地又吞掉了一个馒头。

⑤手里的馒头只剩下一个了，自己没法再找出什么理由吃掉它。我手里攥着馒头，小心翼翼地走着，生怕弄脏了它。

⑥回到家，娘已经收拾好了屋子，妹妹挎着竹篓，正蹲在门口抠土坷垃。见了我，

妹妹很高兴地冲我跑了过来，娘却从厨房里走出来，看着我说："又偷嘴了？怎么只拿回一个馒头？"我的脸"腾"的一下红了，我不知道该怎么跟娘说。其实，娘不用问我也知道，因为锅里蒸着的，分明是五个馒头！

⑦我不知道那天娘是怎么打发我攥着馒头回家的，我更记不清娘后来是否骂过我。但我知道，从那天起，我再也没有偷过嘴，不，是再也没有偷吃过家里的任何东西。

⑧如今，我已经远离了童年，但是关于馒头的记忆，却像刚刚发生的一样，清晰而深刻。因为，那里面藏着一个母亲最朴实无华的爱！

10．文章讲述了一个怎样的故事？请用简洁的语言概括。

11．文中哪些地方表明了"我"特别想吃馒头？请举例说明。

12．结合全文，谈谈你对文章最后一段的理解。

五、作文（60分）

13．阅读下面的材料，按要求作文。

在人生的旅途中，我们总会遇到各种各样的困难与挫折。然而，正是这些困难与挫折，让我们学会了坚持与拼搏，让我们变得更加坚强与勇敢。每一次跌倒后的重新站起，都是一次心灵的成长与蜕变。

请以"在挫折中成长"为题，写一篇文章。

要求：①要有真情实感；②自定立意，自选文体（诗歌除外）；③不少于600字；④不得抄袭、套作；⑤不得出现真实的人名、校名和地名。

以上是重新设计的一套具有相似难度和题型结构的语文试卷A卷部分，希望能够满足您的需求。

**步骤02** 查看生成的A卷部分，可以看到生成试卷在整体结构和内容上都与原卷非常相似。接下来，可以继续让AI基于同样的原则生成试卷的B卷部分。演示对话如下。

请根据上传的文档继续完成B卷部分的设计。

AI 中考语文模拟试题

A卷（共100分）（已完成）

第Ⅰ卷（选择题，共24分）

……

B卷（共50分）

一、诗歌鉴赏（共4分）

阅读下面的唐诗，完成下面小题。

山居秋暝

［唐］王维

空山新雨后，天气晚来秋。

明月松间照，清泉石上流。

竹喧归浣女，莲动下渔舟。

随意春芳歇，王孙自可留。

14. 请简要分析"明月松间照，清泉石上流"这句诗的意境。

15. 这首诗表达了诗人怎样的思想感情？

二、文言文阅读（共12分）

阅读下面的文言文，完成下面小题。

邹忌讽齐王纳谏

《战国策》

邹忌修八尺有余，而形貌昳丽①。朝②服衣冠，窥镜，谓其妻曰："我孰与城北徐公美？"其妻曰："君美甚，徐公何能及君也？"城北徐公，齐国之美丽者也。忌不自信，而复问其妾曰："吾孰与徐公美？"妾曰："徐公何能及君也？"旦日③，客从外来，与坐谈，问之客曰："吾与徐公孰美？"客曰："徐公不若君之美也。"明日徐公来，孰视之，自以为不如；窥镜而自视，又弗如远甚。暮寝而思之，曰："吾妻之美我者，私我也；妾之美我者，畏我也；客之美我者，欲有求于我也。"于是入朝见威王，曰："臣诚知不如徐公美。臣之妻私臣，臣之妾畏臣，臣之客欲有求于臣，皆以美于徐公。今齐地方④千里，百二十城，宫妇左右莫不私王，朝廷之臣莫不畏王，四境之内莫不有求于王：由此观之，王之蔽⑤甚矣。"

王曰："善。"乃下令："群臣吏民能面刺寡人之过者，受上赏；上书谏寡人者，受中赏；能谤讥于市朝，闻寡人之耳者，受下赏。"

【注】①昳丽：光艳美丽。②朝：早晨。③旦日：第二天。④方：方圆，指面积。⑤蔽：蒙蔽，这里指受蒙蔽。

16. 下列加点词语解释有误的一项是（　　）

A. 邹忌<u>修</u>八尺有余　　　　修：身高

B. 朝<u>服</u>衣冠　　　　　　　服：穿戴

C. 吾妻之美我者，<u>私</u>我也　私：偏爱

D. 群臣吏民能面<u>刺</u>寡人之过者　刺：讽刺

17. 将文中画线句子翻译成现代汉语。

（1）臣诚知不如徐公美。

（2）群臣吏民能面刺寡人之过者，受上赏。

18. 邹忌成功说服齐王纳谏的方式，对我们今天的人际交往有什么启示？

三、名著及现代文阅读（共22分）

（一）名著阅读（4分）

19. 下列有关名著内容的表述，不正确的一项是（　　）

A.《西游记》中,孙悟空在观音菩萨的帮助下,降伏了红孩儿,救出了唐僧。
B.《水浒传》中,武松为兄报仇,怒杀西门庆,被发配孟州途中,在十字坡酒店结识了张青、孙二娘夫妇。
C.《骆驼祥子》中,祥子第一次买车的钱被孙侦探敲诈去了,第二次买车的钱因安葬虎妞而花光。
D.《钢铁是怎样炼成的》中,保尔在朱赫来的影响下走上革命道路,后来又从冬妮娅身上看到了生活的希望。

20. 阅读下面的名著选段,完成后面的题目。

他拉上了个买卖,把车拽出去,这才晓得天气的厉害已经到了不允许任何人工作的程度。一放下车,他留心观察那高耸的过街楼,被霜打过的路滑得像镜子似的,车夫们倒了霉,因为脚下时常一滑,车把失手,就把身子扎在冰上,摔得那么利落,那么轻飘,那么痛快。

上面的选段出自老舍的《_____》,选段中的"他"指的是_____。

(二)现代文阅读(18分)

阅读下面的文章,完成下面小题。

母亲的书

琦君

①从小到大,我上过那么多年学,念过那么多本书,打开过那么多个作业本,也做过那么多张考卷。然而母亲在书架上只占有小小一个角落。她的书,总是摆在那里,不曾挪动,也不去更换,好似被遗忘的角落。

②她的书,就像她用来纳鞋底的麻线,一卷一卷又硬又粗。其中有《修身课本》《四字女经》《女儿经》《幼学琼林》《古文观止》等,我从来没有想到,她还会认得里头的字。她常常抽空,坐在梳妆台前,打开一本书,用手指点着字,一字一句念下去。那时,我还没有上小学,只在旁边安静地看。她念完,合上书,抬头看看我,眼神里流露出温柔与满足。

③除了《红楼梦》,母亲的书架上还有两本她最爱读的书,就是石印本的《聊斋志异》上下卷。我不明白她为什么如此爱读聊斋故事。我那时虽看了不少白话文的小说,但总认为《聊斋志异》情节太过荒诞,而且那些短小的故事既无人物性格,也无情节发展。母亲却说:"书里的故事很好,很坏的人做了恶事,报了应;好人有好报,天理昭昭,自得其乐。"她笑得眯起眼睛,沉醉在书里。

④母亲每回翻开《聊斋志异》,就跟我说书头的情节。在她的口头上,复杂曲折的情节,变得浅显了,像面对着一盆栩栩如生的水仙,美得不带一点惊险。书里的人物,因她的讲述,全都变得有血有肉。是她自己的想象,加上自己的评判,每一个故事都化作了她自己的故事。她是用自己的思想、自己的感情,

再给这些故事添上翅膀。

⑤母亲的生活艰辛而又平凡。年轻时,为了生计,她什么都做。难得的是,虽然历尽沧桑,但她永远不失乐观与坚强的心。她认为天命不可违,对生死有她自己的看法。一个人既然生下来,有他必须尽的责任。她总说自己"命好",而我们认为她所以命好,乃是因为她那颗永远不肯接受命运安排、永远奋斗不息的心。

⑥母亲的书虽然不多,却都是她精挑细选而来。每本书都跟她有过许多过往,有她心灵的温度。我想,母亲在翻读那些书的时候,心中一定波澜起伏,那些尘封的旧事,也一定会一幕幕在她眼前重新上演着。她并不是为读书而读书,她是要从别人的故事里,汲取能安慰自己的东西,从别人的境遇里,看到自己的影子。

⑦母亲在忙碌的生活中,常常能偷出半刻的闲暇,去翻开书页,让心灵进入一种宁静专注的状态。她爱书,也爱那些活在书里的人物,她能从书中得到许多安慰与启示,得到一种沉静、平和的力量。

⑧母亲的书架上,总摆着一本《聊斋志异》。这是她最喜爱的一本书,也是她所读过的书中唯一一部长篇小说。我好奇地问她为什么只爱读聊斋故事,她笑着回答:"因为里面有很多狐仙,可以帮助人。"

⑨<u>也许,在母亲心目中,书里的狐仙,就是她自己,就是每一个在困境中努力挣扎的人,就是每一个在苦海中奋力自救的人。</u>

21. 简要概括文中"母亲"的形象。

22. 文中第②段画线句子运用了什么描写方法?有什么作用?

23. 联系上下文,说说你对第⑨段画线句子的理解。

24. 文章以"母亲的书"为题,有哪些作用?

四、语言运用(共12分)

25. 仿照例句,再续写两个句子,要求句式一致,内容相关。

例句:母爱是一缕阳光,让你的心灵即使在寒冷的冬天也能感到温暖如春;母爱是一泓清泉,让你的情感即使蒙上岁月的风尘依然纯洁明净。

母爱是_____,_____;母爱是_____,_____。

26. 某班要举办一次"走近鲁迅"的综合性学习活动,要求你在活动中介绍鲁迅先生的作品,请你从《朝花夕拾》《呐喊》《彷徨》中任选一部,写一段推荐语。

我选择的作品:_____

推荐语:_____

(以上题目答案需结合所选作品的内容和特点进行阐述,100字左右。)

**步骤03** 生成试卷后,可以将内容复制并单独保存为 Word 文档。然后将此文档重新提供给 AI,让 AI 生成试题的答案和解析。演示对话如下。

（上传"模拟试题·A卷.docx"）
上传的文档是模拟试卷的 A 卷部分,请根据试卷内容提供答案和详细解析。在解析中,需要明确指出每道题目考查的知识点,非选择题则需要给出评分标准、关键得分要素以及每个要素的分数。

A卷答案及详细解析

第Ⅰ卷（选择题,共24分）

一、基础知识（每小题3分,共12分）

1. 下列加点字的注音完全正确的一项是（　　）（3分）

答案：B

解析：本题考查字音的识记。

A项中"惩戒（jié）"错误,应为"惩戒（jiè）";

B项正确;

C项中"追溯（shuò）"错误,应为"追溯（sù）";

D项中"摒弃（bìng）"错误,应为"摒弃（bǐng）"。

2. 下列词语中没有错别字的一项是（　　）（3分）

答案：B

解析：本题考查字形的识记。

A项中"迫不急待"应为"迫不及待";

B项正确;

C项中"锋芒毕路"应为"锋芒毕露";

D项中"振耳欲聋"应为"震耳欲聋"。

3. 下列句子中加点成语使用不正确的一项是（　　）（3分）

答案：D

解析：本题考查成语的理解和运用。

A项"开卷有益"指打开书本,总有益处,常用以勉励人们勤奋好学,多读书就会有得益,可用于形容"他善于读书,常常能从书中获得深刻的启示",使用正确。

B项"众志成城"比喻众人团结一致,就能克服困难,可用于形容"他们齐心协力,终于赢得了胜利",使用正确。

C项"美不胜收"指美好的东西很多,一时看不过来,此处形容"春天的花园里,百花齐放,五彩斑斓"的景色,使用正确。

D项"华而不实"原义是花开得好看,但不结果实;比喻中看不中用,此处用来形容"文章的语言"不恰当,且"索然无味"与"华而不实"语意重复,使用错误。

4. 下列句子中没有语病的一项是（　　）（3分）

答案：D

解析：本题考查病句的辨析。

A项"防止……不再发生"否定不当,应去掉"不";

B项"通过……使……"成分残缺,导致句子缺少主语,应去掉"通过"或"使";

C项"能否……是"两面对一面,应去掉"能否";

D项正确。

二、文言文阅读（每小题3分,共12分）

5. 下列加点词语解释有误的一项是（　　）（3分）

答案：D

解析：本题考查文言实词的理解。

A项"斯是陋室"的"斯"解释为"这",正确;

B项"谈笑有鸿儒"的"鸿儒"解释为"博学的人",正确;

C项"可爱者甚蕃"的"蕃"解释为"多",正确;

D项"牡丹之爱,宜乎众矣"的"宜"应解释为"当然",句意为"对于牡丹的爱,当然有很多人了",原解释"应该"错误。

6. 下列加点词语的意义和用法相同的一项是（　　）（3分）

答案：C

解析：本题考查文言虚词的理解。

A项"有仙则名"的"名"是名词用作动词,意为"出名";"名之者谁"的"名"是名词,意为"名字",意义和用法不同。

B项"无案牍之劳形"的"劳"是使动用法,意为"使……劳累";"劳心者治人"的"劳"是形容词,意为"劳苦",意义和用法不同。

C项两句中的"而"均为连词,表转折,意义和用法相同。

D项"可远观而不可亵玩焉"的"焉"是语气助词,无实义;"且焉置土石"的"焉"是疑问代词,意为"哪里",意义和用法不同。

7. 下列对【甲】【乙】两文的理解和分析,不正确的一项是（　　）（3分）

答案：D

解析：本题考查对文言文内容和主旨的理解。

A项对《陋室铭》内容和主旨的理解正确;

B项对《爱莲说》写作手法和主旨的理解正确;

C项对《陋室铭》写作手法和主旨的理解正确;

D项"表达了作者对世人喜爱牡丹的肯定与赞赏"错误,《爱莲说》中"牡丹之爱,宜乎众矣"一句,表达了作者对世人追求名利的世俗风气的慨叹和讽刺。

8. 下列句子中加点词语的用法与其他三项不同的一项是(　　　)(3分)

答案:B

解析:本题考查文言词语的活用现象。

A项"苔痕上阶绿"的"上"是名词作动词,意为"长到";

B项"无丝竹之乱耳"的"乱"是使动用法,意为"使……扰乱",与其他三项不同;

C项"香远益清"的"远"是形容词作动词,意为"远播";

D项"不蔓不枝"的"蔓"是名词用作动词,意为"生藤蔓"。

第Ⅱ卷(非选择题,共76分)

## 三、默写(共6分)

9. 默写古诗文中的名篇名句。

(1)补写出下列名句的上句或下句。(任选其中两句作答;如三句皆答,按前两句判分)

答案:①柳暗花明又一村;②悠然见南山;③海日生残夜

评分标准:每句1分,共2分。任选两句即可,如三句皆答,则按前两句判分。写错字、漏字、添字均不得分。

(2)请在李白的《闻王昌龄左迁龙标遥有此寄》和王安石的《登飞来峰》中任选一首,在答题卡上写出题目再默写全诗。

答案:

《闻王昌龄左迁龙标遥有此寄》

杨花落尽子规啼,闻道龙标过五溪。

我寄愁心与明月,随君直到夜郎西。

《登飞来峰》

飞来山上千寻塔,闻说鸡鸣见日升。

不畏浮云遮望眼,自缘身在最高层。

评分标准:任选其一作答。全诗4分,每句1分。写错字、漏字、添字均不得分。

## 四、现代文阅读(共10分)

10. 文章讲述了一个怎样的故事?请用简洁的语言概括。

答案:文章讲述了"我"在童年时,学校在"六一"儿童节给每个学生发了三个馒头,而"我"在回家的路上因为饥饿忍不住把其中的两个吃了,最后只剩下一个带回家,但娘并没有因此责怪"我"的故事。

解析:本题考查文章内容的概括。

评分标准:共3分。主要事件(学校发馒头、路上吃馒头、只剩一个带回家)2分,结果（娘没有责怪）1分。

11. 文中哪些地方表明了"我"特别想吃馒头？请举例说明。

答案：示例：①"回家的路上，肚子开始咕咕地叫，口水也不住地往下咽。"这里通过"肚子咕咕叫"和"口水不住地往下咽"两个细节描写，表现了"我"特别想吃馒头。②"那时我想，哪怕吃一个半，留一个半给娘和妹妹，也比都让她们吃了强。"这里通过"我"的心理活动，表现了"我"对馒头的渴望。③"又走了一段路，口水和肚子故伎重演，而且比刚才更厉害。"这里再次通过"口水和肚子"的反应，强调了"我"对馒头的强烈渴望。

解析：本题考查对文章内容的理解和信息提取。

评分标准：共4分。答出两处即可得满分，每处2分。

12. 结合全文，谈谈你对文章最后一段的理解。

答案：最后一段点明了母亲对"我"的教育和影响，深化了文章的主题，同时照应了文章的标题和开头，使文章结构严谨。文章中的"馒头"是母爱的具体体现，它让"我"感受到了母爱的伟大与无私，也让"我"学会了诚实和体谅他人，这段经历让"我"至今难以忘怀。

解析：本题考查对文章主题的理解和感悟。

评分标准：共3分。注意结合全文内容，从母亲的爱、"我"的感悟和成长等方面进行分析。深化文章主题1分；照应文章标题和开头1分，深入分析1分。

五、作文（60分）

题目：在挫折中成长。

要求：①要有真情实感；②自定立意，自选文体（诗歌除外）；③不少于600字；④不得抄袭、套作；⑤不得出现真实的人名、校名和地名。

评分标准：

- 内容（30分）：主题明确，内容充实，符合题意，富有真情实感。
- 结构（20分）：条理清晰，层次分明，过渡自然，段落安排合理。
- 语言（10分）：语言流畅，用词准确，表达生动，有文采。
- 书写（10分）：字迹工整，卷面整洁，无错别字和涂改。

## 5.7 教学课件：构建视觉化教学内容

教学课件能够以简洁明了的方式呈现教学内容，大幅减少教师的板书时间，为课堂讲解赢得更多的宝贵时间，有效提高教学效率。此外，教学课件还能融入视频、音频、动画等多媒体元素，使教学内容变得更加生动有趣，这不仅有助于吸引学生的注意力，还能极大地激发学生的学习兴趣。而现在，借助AI工具，教师可以更加高效地完成教学课件的制作。本节将以通义千问中的"PPT创作"功能来介绍如何利用AI工具制作教学课件。

**步骤01** 首先向AI工具提供教学课件的主题及所需涵盖的内容,让它生成具体的内容框架。演示对话如下。

> 请为唐代诗人白居易的名篇《琵琶行》设计一份教学课件,课件需涵盖作者介绍、写作背景、主题思想、诗句解析、艺术特色等内容。

> 为唐代诗人白居易的《琵琶行》设计教学课件,可以按照以下结构进行组织:
>
> 幻灯片1:封面
> - 标题:《琵琶行》赏析
> - 副标题:走进白居易的诗意世界
> - 图片/背景:古代琵琶或相关艺术作品
>
> 幻灯片2:作者介绍
> - 白居易(772—846),字乐天,号香山居士,是唐朝著名诗人之一。
> - 简要生平:出生于官宦家庭,历经战乱和政治变迁。
> - 诗歌特点:倡导"新乐府运动",诗风通俗易懂,注重社会现实。
> - 主要作品:除《琵琶行》外,《长恨歌》《卖炭翁》等。
>
> 幻灯片3:写作背景
> - 时代背景:唐代中期,社会矛盾激化,文化繁荣。
> - 个人境遇:白居易因言获罪被贬江州司马期间创作此诗。
> - 社会状况:描述了当时下层人民的生活状态,特别是女性艺人的生活。
>
> 幻灯片4:主题思想
> - 主题概述:通过琵琶女的遭遇,反映社会底层人民的悲惨命运。
> - 思想内涵:同情弱者,表达对不公平社会现象的批判。
> - 人文关怀:强调人性美,呼吁社会关注边缘群体。
>
> 幻灯片5:诗句解析(第一部分)
> - 解析开篇至"忽闻水上琵琶声"之间的诗句。
> - 分析诗人如何用环境描写来烘托氛围,引出故事主角。
> - 播放一段古筝或琵琶音乐,帮助学生感受诗歌中的情感。
>
> 幻灯片6:诗句解析(第二部分)
> - 继续解析"移船相近邀相见"至"此时无声胜有声"的诗句。
> - 探讨诗人如何细腻地描绘琵琶女的技艺以及她的内心世界。
> - 插入图片或视频,展示传统乐器演奏场景。
>
> 幻灯片7:诗句解析(第三部分)
> - 最后解析从"沉吟放拨插弦中"到结尾的诗句。

- 讨论诗歌中流露出的深刻社会意义和个人情感。
- 提问互动，鼓励学生分享自己对于这首诗的理解。

确保每张幻灯片都简洁明了，并适当运用图表、图像、音频等多媒体元素增强课堂效果。此外，在实际教学过程中，可以根据学生的反应灵活调整讲解的速度和深度。

**步骤02** 单击生成结果下方的"PPT 创作"按钮，进入 PPT 创作页面，AI 根据内容结构框架生成了大纲。根据实际需求对大纲做进一步调整，如添加或删除多余的内容，调整后再单击"下一步"按钮，如图 5-1 所示。

图5-1

**步骤03** 在打开的页面右侧会显示一些预设的模板，❶单击模板缩略图，即可预览该模板的整体布局效果，❷选择模板后单击右上角的"生成 PPT"按钮，如图 5-2 所示。

图5-2

**步骤04** 即可根据大纲结构及所选模板快速生成一份教学课件。将鼠标光标定位于幻灯片页面中的文本框中，可编辑生成的文字信息，如图5-3所示。

图5-3

**步骤05** 如果对页面中生成的文字内容不满意，也可以使用智能优化功能重新生成。如图5-4所示，❶单击选择一张幻灯片，将鼠标指针移到文本框位置，❷单击"智能优化"按钮。

图5-4

**步骤06** 弹出"文本优化"窗格，AI会对文本框中的这段文字进行优化处理，如图5-5所示。

图5-5

**步骤07** 如果对优化结果不满意，还可以单击下方的提示词，继续对文本进行调整，如图 5-6 所示。当然，也可以在提示词输入框中输入其他要求，单击 ■ 按钮提交，让 AI 按要求进行调整。

图5-6

**步骤08** 得到满意的内容后，❶单击页面中的文本框，❷然后单击优化后的文本下方的"插入"按钮，如图 5-7 所示。

**步骤09** 即可使用优化后的文本替换掉文本框中原来的内容，如图 5-8 所示。

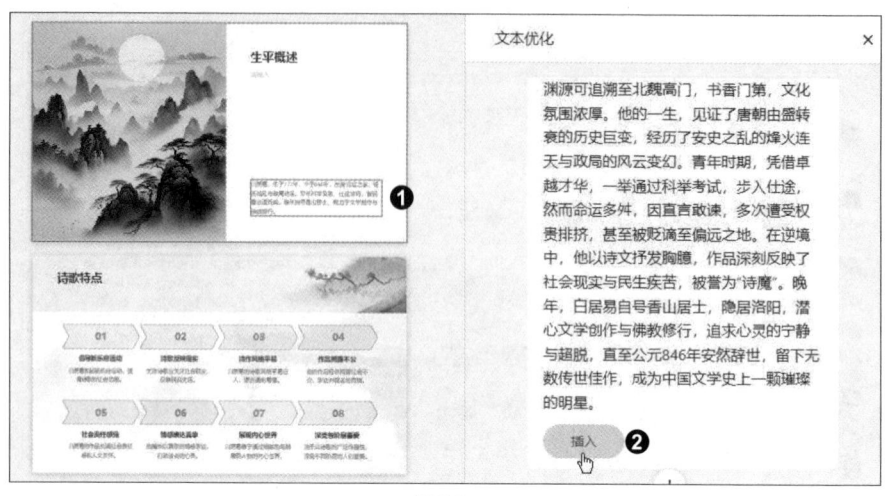

图5-7

图5-8

**步骤10** 此外还可以根据需求优化图片、调整页面布局等，❶最后单击右上角的"导出"按钮，❷在展开的列表中选择导出方式，如图5-9所示，即可将生成的教学课件下载并保存到本地计算机中。用户还可以在PowerPoint等演示文稿制作软件中对AI生成的教学课件做进一步编辑和调整。

图5-9

# 第 6 章

# 学术领域

在学术领域,论文是知识创新和学术交流的重要载体。无论是学位论文、职称论文还是学术期刊论文,高质量的论文撰写都是展示研究成果、推动学科发展的重要途径。然而,传统的论文写作过程往往面临文献梳理耗时、数据分析复杂、格式规范烦琐等难题。AI 技术可以从海量文献的智能检索到研究数据的深度分析,从论文结构的优化建议到格式规范的自动校正,重塑学术写作的方式。这一变革不仅提高了论文写作的效率,还为研究者提供了更深入的洞察和分析工具。本章将详细介绍如何运用 AI 技术高效撰写学术论文。

# 6.1 论文选题：确定研究方向与题目

论文选题是研究者根据自己的研究方向选择一个合适的研究指向或主题。传统的选题过程往往依赖于研究者个人的学术背景、兴趣点、对现有文献的深入理解以及当前学术领域的需求与趋势分析，这是一个严谨且非常耗时的过程。现在，当研究者面对海量文献、复杂数据和难以捉摸的研究趋势时，可以借助 AI 工具来辅助论文选题。

**步骤01** 当需要进行论文写作但又不知道从何入手时，可以向 AI 寻求帮助，以获得灵感或启发。演示对话如下。

> 我是一名心理学专业的学生，主要研究方向是发展与教育心理学。现在要准备毕业论文，但目前毫无头绪，不知道从哪些方面入手，可以给我提供一些建议吗？

> AI 当然可以，发展与教育心理学是一个广泛而深入的领域。以下是一些具体的建议，这些建议涵盖了该领域的多个重要方面：
>
> 一、选题方向建议
>
> 1. 儿童与青少年心理发展
> - 研究不同年龄段儿童与青少年的认知、情感、社会性等方面的发展特点。
> - 探讨影响儿童与青少年心理发展的家庭、学校和社会因素。
>
> 2. 学习规律与学习策略
> - 分析不同知识类型的学习方式和学习效果。
> - 研究有效的学习策略，如记忆策略、问题解决策略等，并探讨其在不同学习情境中的应用。
>
> 3. 教育心理学理论与实践
> - 结合实际教学案例，探讨教育心理学理论在教育教学中的应用。
> - 研究如何运用教育心理学原理提高学生的学习兴趣和动机，以及优化教学效果。
>
> 4. 教师心理与师生互动
> - 分析教师的心理特征、工作压力与职业倦怠等问题，并探讨其对教学质量的影响。
> - 研究师生互动的模式和效果，以及如何建立积极的师生关系。
>
> 5. 跨文化教育心理学
> - 比较不同文化背景下学生的学习特点和教育需求。
> - 探讨跨文化教育策略在多元文化背景学生群体中的应用效果。
>
> 二、研究方法建议
>
> 1. 实证研究
> - 进行实验设计、数据收集和分析，以验证假设和理论。

- 运用统计软件对数据进行处理，提高研究的科学性和准确性。

2. 案例研究
- 选择典型的教育案例进行深入分析，探讨其中的教育心理学问题。
- 通过案例研究，提炼出具有普遍意义的结论和建议。

3. 文献综述
- 查阅相关文献，了解领域内的研究现状和发展趋势。
- 通过文献综述，明确自己的研究定位和贡献。

三、注意事项

1. 选题应具有创新性
- 尝试在已有研究的基础上提出新的观点或方法，以增加论文的学术价值。
- 关注领域内的前沿问题和热点问题，确保选题具有时效性和现实意义。

2. 研究方法应恰当
- 根据选题的特点和研究目的选择合适的研究方法。
- 确保研究方法科学、可行，并能够有效地支持研究结论。

3. 注重实践应用
- 尝试将研究成果应用于实际教育教学中，以检验其有效性和实用性。
- 通过实践应用，不断完善和优化研究成果，为教育教学提供科学依据和有效策略。

综上所述，发展与教育心理学是一个涉及多个层面的学科领域，选题方向广泛且多样。在选择具体选题时，应结合自己的兴趣、专长和研究资源等因素进行综合考虑，以确保研究的顺利进行和取得预期成果。

**步骤02** 上述回答中，AI给出了一些具有创新性和实用价值的选题方向，下面从中选择一个比较明确的选题方向，让AI生成更加具体的论文选题。演示对话如下。

🙍 "儿童与青少年心理发展"这个选题方向不错，请就这个选题方向，帮我生成几个更具体、更明确的论文选题。

🅰️ 当然，关于"儿童与青少年心理发展"这一广泛选题，可以从多个具体角度和细分领域进行深入研究。以下是几个更具体、更明确的论文选题建议：

1. 家庭环境对儿童心理健康发展的影响
探讨不同家庭结构（如单亲家庭、双亲家庭、再婚家庭等）对儿童自尊心、情绪调节能力和社交技能的影响。

2. 社交媒体使用对青少年自我认同的影响分析
研究社交媒体平台（如微博、抖音等）的频繁使用如何影响青少年的自我形象、社交比较和社会焦虑水平。

3. 学业压力与青少年抑郁倾向的关系探究

分析学业负担、考试焦虑等因素与青少年抑郁症状之间的相关性，并提出缓解策略。

4. 性别角色认同在青少年时期的形成与变化

考察性别角色社会化过程，包括家庭、同伴和学校环境对青少年性别认同、性别角色态度和行为的影响。

5. 亲子沟通模式对儿童社交技能发展的影响

研究父母与儿童之间的沟通质量（如开放性、支持性、冲突解决方式）如何影响儿童的同理心、合作能力和友谊建立。

6. 创造力发展与青少年创新思维培养策略

探讨青少年创造力发展的关键因素，如家庭教育支持、学校教育方法、课外活动等，并提出促进创新思维的有效策略。

7. 同伴关系对青少年自我效能感的影响研究

分析同伴接纳、友谊质量、群体归属感等因素如何影响青少年的自我效能感，以及这种影响对学业成就和心理健康的长期效应。

8. 青春期生理变化与心理调适的关系

研究青春期激素变化、身体形象满意度等生理因素如何与情绪波动、自尊心变化等心理发展相互作用，以及如何通过教育干预促进健康调适。

9. 多元文化背景下儿童文化认同与心理适应

探讨在多文化或移民家庭中成长的儿童如何构建自己的文化认同，以及这一过程对其心理适应（如归属感、自尊心）的影响。

10. 游戏与数字娱乐对儿童与青少年认知发展的影响

分析电子游戏、视频流媒体等数字娱乐形式对儿童注意力、记忆力、问题解决能力等认知功能的正面与负面影响，并提出平衡使用的建议。

这些选题旨在深入探讨儿童与青少年心理发展的特定方面，为理解、促进和保护这一关键时期的心理健康提供科学依据。

## 6.2 论文大纲：构建论文的逻辑结构

　　确定论文选题后，接下来就需要构建论文大纲。论文大纲是论文的骨架，它帮助研究者系统地组织思路、规划内容。如今，我们可以利用 AI 工具来辅助论文大纲的写作。只需输入论文的题目，AI 就能对选题进行深入分析，帮助构建出清晰、合理的论文结构，并为每个章节提供相应的内容建议。

**步骤01** 在撰写论文大纲之前，可以先让 AI 分析论文大纲应具备的要素。演示对话如下。

🧑 论文大纲应具备哪些要素？

🤖 撰写论文大纲是论文写作过程中的一个重要步骤，它有助于组织思路、明确结构，并确保论文内容条理清晰、逻辑连贯。一个完整的论文大纲通常应包含以下几个核心要素：

1. 标题：

论文的主要标题，简洁明了地反映研究主题。

2. 摘要（部分大纲中可能不直接列出，但写作时应考虑）：

摘要的简要构思，包括研究目的、方法、主要发现和结论的简短概述。

3. 引言：

研究背景：介绍研究领域的现状、存在的问题或研究空白。

研究意义：阐述为什么这个研究是重要的，对学术界或实际应用有何贡献。

研究目的与问题：明确研究旨在解决的具体问题或达成的目标。

文献综述：简要概述前人研究成果，指出你的研究与现有文献的联系与区别。

4. 理论基础/文献回顾（有时与引言合并或作为独立部分）：

深入分析和总结相关理论、模型、前人研究成果等。

5. 研究方法：

研究设计：说明采用的研究方法、实验设计、样本选择等。

数据收集与分析：描述数据来源、收集工具、分析方法（如统计软件、模型应用等）。

6. 研究结果：

呈现研究发现，可以使用图表、图形等辅助说明。

对结果进行初步解释和分析。

7. 讨论：

解释研究结果的意义，将其与现有文献对比，讨论可能的原因、影响及局限性。

提出新的见解、理论贡献或实际应用价值。

8. 结论：

总结研究发现，重申研究目的与问题是否得到解决。

研究的理论与实践意义。

提出未来研究方向或建议。

9. 参考文献：

虽然在具体大纲中不列出每项参考文献，但需规划好将引用的文献范围，确保格式统一。

10. 附录（如有必要）：

包括额外的数据、图表、计算过程、调查问卷等，供读者深入了解研究细节。

每个部分下还可以进一步细分小标题，以便更细致地规划内容。制定大纲时，应根据具体的研究内容、要求和指导老师的建议灵活调整结构和深度。

**步骤02** 从上述结果中可以发现，AI 列出的论文大纲要素基本正确。因此，可以让 AI 根据确定好的论文选题生成一份详细的论文大纲。演示对话如下。

> 请根据"家庭环境对儿童心理健康发展的影响"这个选题，拟定一份格式正确、具体详细的论文大纲。

> 当然，以下是一个针对"家庭环境对儿童心理健康发展的影响"这一选题的详细论文大纲示例：
>
> 论文标题：家庭环境对儿童心理健康发展的影响
>
> 摘要：
> - 简要介绍研究背景、目的与意义，概述家庭环境对儿童心理健康的关键影响因素。
> - 阐明研究方法、主要发现及结论，强调研究对理论与实践的贡献。
> - 提出对未来研究的建议。
>
> 关键词：家庭环境、儿童、心理健康、发展影响、亲子关系
>
> 第一章　引言
>
> 1.1　研究背景
> - 家庭作为儿童成长的首要环境，其重要性概述。
> - 当前社会中儿童心理健康问题的普遍性及关注度的提升。
>
> 1.2　研究意义
> - 理论意义：深化家庭环境与儿童心理健康关系的理解。
> - 实践意义：为家庭教育、学校干预及政策制定提供科学依据。
>
> 1.3　研究目的与问题
> - 明确研究旨在探讨哪些具体家庭环境因素对儿童心理健康有显著影响。
> - 提出待解决的关键问题。
>
> 1.4　文献综述
> - 回顾国内外关于家庭环境与儿童心理健康关系的研究成果。
> - 归纳现有研究的不足与研究空白。
>
> 第二章　家庭环境的构成要素及特征
>
> 2.1　家庭结构
> - 核心家庭、单亲家庭、再组合家庭等类型分析。
>
> 2.2 家庭氛围
> - 情感支持、沟通模式、冲突解决方式等。

2.3 经济状况
- 收入水平、物质资源对生活质量的影响。

2.4 父母教养方式
- 权威性、溺爱型、放任型、忽视型等教养风格的描述与比较。

第三章 儿童心理健康的定义与评估

3.1 心理健康的概念框架
- 心理健康的多维度定义（情绪、社交、认知等）。

3.2 儿童心理健康的评估工具
- 介绍常用的心理健康量表、问卷及访谈方法。

3.3 儿童心理健康发展的阶段特点
- 不同年龄段儿童心理健康的普遍特征与需求。

第四章 家庭环境对儿童心理健康影响的实证研究

4.1 家庭结构的影响
- 分析不同类型家庭结构下儿童心理健康的差异。

4.2 家庭氛围的作用
- 探讨积极与消极家庭氛围对儿童情绪调节、社交技能的影响。

4.3 经济状况的影响
- 研究家庭经济压力对儿童自尊心、学业成就的影响机制。

4.4 父母教养方式的效应
- 分析不同教养方式对儿童行为问题、自我效能感的影响。

第五章 家庭环境优化策略与建议

5.1 营造积极家庭氛围
- 促进家庭成员间的有效沟通，增强情感支持。

5.2 经济压力管理与资源优化
- 提供家庭经济管理的建议，强调社会资源的有效利用。

5.3 优化父母教养方式
- 根据儿童发展阶段调整教养策略，鼓励正面管教。

5.4 学校与社区的协同作用
- 强调家校合作、社区资源在促进儿童心理健康中的作用。

第六章 结论与讨论

6.1 研究总结
- 回顾研究发现，总结家庭环境各要素对儿童心理健康的具体影响。

6.2 研究限制
- 讨论样本选择、研究方法等方面的局限性。

6.3 未来研究方向

· 提出针对未充分探讨领域的研究建议，如跨文化比较、长期追踪研究等。

参考文献：

列出所有引用的文献，确保格式规范，包括书籍、期刊文章、会议论文等。

附录：

如有必要，可包含研究工具（如问卷、量表）、数据表格、访谈记录等辅助材料。

通过上述大纲，您的论文将系统地探讨家庭环境对儿童心理健康发展的影响，从理论到实践，从现状分析到策略建议，全面而深入地展开论述。

**步骤03** 接下来让 AI 从论文指导老师的角度对生成的论文大纲进行点评，并提供具体的修改建议。演示对话如下。

> 请您作为我的指导老师，对以上这篇论文大纲进行评价，并给出五条具体的修改和优化建议。

> 作为您的指导老师，我对您提交的"家庭环境对儿童心理健康发展的影响"论文大纲进行了仔细审阅。这个大纲已经很好地构建了一个全面的研究框架，涵盖了从理论背景到实证研究再到策略建议的各个方面。不过，为了进一步提升论文的质量和深度，以下是我给出的五条具体的修改和优化建议：

1. 深化文献综述

在第一章的文献综述部分，建议更加深入地分析现有研究的不足和空白点。这不仅可以展示您对当前研究领域的深入理解，还能为您的研究找到独特的切入点。例如，您可以探讨哪些家庭环境因素尚未得到充分研究，或者哪些研究之间存在不一致性，并解释为什么这些问题值得进一步探索。

2. 明确研究方法

在大纲中，虽然您提到了实证研究，但并未具体说明将采用哪些具体的研究方法（如问卷调查、访谈、实验设计等）。为了使研究更具可操作性和可信度，建议在第四章的开头部分详细阐述您的研究方法，包括样本选择、数据收集和分析工具等。这将有助于读者更好地理解您的研究设计和数据解读。

3. 细化家庭环境要素

您在第二章中列举了家庭环境的几个构成要素，但描述还可以更加详细和具体。例如，在家庭氛围部分，您可以进一步探讨情感支持的具体表现（如父母的关爱、鼓励、理解等），以及这些支持如何影响儿童的心理健康。同样，在父母教养方式部分，您可以详细解释不同教养方式的特点及其对儿童行为的潜在影响。

4. 强化数据分析与解释

在第四章的实证研究部分，建议更加明确地指出您将如何分析数据并解释结果。这包括使用的统计方法、预期的数据分析结果以及如何根据这些结果得出结论。

此外，您还可以考虑加入一些案例研究或具体的数据分析示例，以增强研究的实证性和说服力。

5. 增加实践应用的讨论

在第五章的策略建议部分，除了提出家庭环境优化的具体策略外，还可以进一步探讨这些策略在实际应用中的可行性和挑战。例如，您可以讨论如何在学校、社区或政策层面推广这些策略，以及可能遇到的障碍和解决方案。这将使您的研究更具实践指导意义，并有助于读者将研究成果转化为实际行动。

通过以上修改和优化建议，您的论文将更加完整、深入且具有实践价值。希望这些建议能够对您有所帮助，祝您论文写作顺利！

**步骤04** 下面让 AI 参考上述建议对步骤 02 中生成的大纲进行调整和优化，完善大纲内容。演示对话如下。

> 请根据以上修改和优化建议，对论文大纲进行修改。

> 论文标题：家庭环境对儿童心理健康发展的影响。
>
> 摘要：
> - 简要介绍研究背景、目的与意义，概述家庭环境对儿童心理健康的关键影响因素。
> - 阐明研究方法、主要发现及结论，强调研究对理论与实践的贡献。
> - 提出对未来研究的建议。
>
> 关键词：家庭环境、儿童、心理健康、发展影响、亲子关系
>
> 第一章　引言
>
> 1.1　研究背景
> - 家庭作为儿童成长的首要环境，其重要性概述。
> - 当前社会中儿童心理健康问题的普遍性及关注度的提升。
>
> 1.2　研究意义
> - 理论意义：深化家庭环境与儿童心理健康关系的理解。
> - 实践意义：为家庭教育、学校干预及政策制定提供科学依据。
>
> 1.3　研究目的与问题
> - 明确研究旨在探讨哪些具体家庭环境因素对儿童心理健康有显著影响。
> - 提出待解决的关键问题。
>
> 1.4　文献综述
> - 回顾国内外关于家庭环境与儿童心理健康关系的研究成果。
> - 归纳现有研究的不足与研究空白，如特定家庭环境因素（如父母情绪调节能力）对儿童心理健康的长期影响尚未得到充分研究。
> - 指出本研究将如何填补这些空白。

## 第二章 家庭环境的构成要素及特征

### 2.1 家庭结构
- 核心家庭、单亲家庭、再组合家庭等类型分析。

### 2.2 家庭氛围
- 情感支持（父母的关爱、鼓励、理解等）与沟通模式。
- 冲突解决方式及其对儿童心理健康的影响。

### 2.3 经济状况
- 收入水平、物质资源对生活质量的影响。
- 经济压力对儿童心理健康的潜在影响。

### 2.4 父母教养方式
- 权威性、溺爱型、放任型、忽视型等教养风格的描述与比较。
- 不同教养方式对儿童行为、情绪及社交能力的影响。

## 第三章 儿童心理健康的定义与评估

### 3.1 心理健康的概念框架
- 心理健康的多维度定义（情绪、社交、认知等）。

### 3.2 儿童心理健康的评估工具
- 介绍常用的心理健康量表、问卷及访谈方法。

### 3.3 儿童心理健康发展的阶段特点
- 不同年龄段儿童心理健康的普遍特征与需求。

## 第四章 家庭环境对儿童心理健康影响的实证研究

### 4.1 研究方法
- 样本选择：明确研究对象的年龄范围、地域分布及样本量。
- 数据收集：采用问卷调查、访谈、观察等多种方法收集数据。
- 数据分析：使用统计软件对数据进行处理和分析，如回归分析、方差分析等。

### 4.2 家庭结构的影响
- 分析不同类型家庭结构下儿童心理健康的差异。

### 4.3 家庭氛围的作用
- 探讨积极与消极家庭氛围对儿童情绪调节、社交技能的影响。

### 4.4 经济状况的影响
- 研究家庭经济压力对儿童自尊心、学业成就的影响机制。

### 4.5 父母教养方式的效应
- 分析不同教养方式对儿童行为问题、自我效能感的影响。
- 引入案例研究，具体说明教养方式对儿童心理健康的实际影响。

## 第五章 家庭环境优化策略与建议

5.1 营造积极家庭氛围
- 促进家庭成员间的有效沟通,增强情感支持。
- 提供冲突解决技巧,减少家庭冲突对儿童心理健康的负面影响。

5.2 经济压力管理与资源优化
- 提供家庭经济管理的建议,强调社会资源的有效利用。
- 探讨政府和社会组织在减轻家庭经济压力方面的作用。

5.3 优化父母教养方式
- 根据儿童发展阶段调整教养策略,鼓励正面管教。
- 提供具体的教养技巧和方法,如情绪管理、行为引导等。

5.4 学校与社区的协同作用
- 强调家校合作、社区资源在促进儿童心理健康中的作用。
- 提出学校与社区如何共同优化家庭环境的建议。

5.5 实践应用的挑战与解决方案
- 讨论策略在实际应用中可能遇到的障碍。
- 提出解决方案,如政策支持、专业培训等。

第六章 结论与讨论

6.1 研究总结
- 回顾研究发现,总结家庭环境各要素对儿童心理健康的具体影响。

6.2 研究限制
- 讨论样本选择、研究方法等方面的局限性。

6.3 未来研究方向
- 提出针对未充分探讨领域的研究建议,如跨文化比较、长期追踪研究等。

参考文献:
列出所有引用的文献,确保格式规范,包括书籍、期刊文章、会议论文等。

附录:
如有必要,可包含研究工具(如问卷、量表)、数据表格、访谈记录等辅助材料。

通过以上修改,论文大纲更加详细、深入,并增加了实践应用的讨论,使研究更具可操作性和实践价值。

## 6.3 文献综述:梳理前人研究与理论框架

参考文献是学术研究的重要基础,为研究者提供了前人的研究成果、理论框架和数据支持,是构建新知识体系的关键。然而,随着学术文献数量的激增,如何高效地阅读、分类和整理文献信息，成为研究者面临的主要挑战。借助 AI 技术，尤其是其强大的联网功能和智能算法，研究者能够快速定位与研究主题高度相关的文献资源，并通过自动化工具对海量文献进行智能分析，提取关键信息，显著提升文献检索与整理效率。AI 不仅能够帮助研究者节省大量时间，还能通过数据挖掘和语义分析，揭示文献之间的潜在联系，为学术研究提供更深层次的洞察。

**步骤01** 正式写作论文之前，可以先从学术资源库中搜索并下载一些相关的文献资料，将其上传给 AI，让 AI 阅读这些文献资料的内容，并指出可供参考的内容。演示对话如下。

🧑 （上传"文献资料"文件夹下所有文件）

我的论文选题为"家庭环境对儿童心理健康发展的影响"，请阅读并分析上传的这些文献资料，指出这些文献资料中有哪些关键内容可供参考。

🅰️ 根据您提供的文献，以下是各文献中的一些关键内容，这些内容可以为您的论文提供丰富的参考资料和支持：

1.《青少年心理障碍与家庭环境、教养方式和人格特征的关联性研究》

• 研究背景：探讨了青少年心理障碍与家庭环境、教养方式和人格特征之间的关系。

• 关键发现：

心理障碍青少年的家庭环境表现为"六低一高"特征：低亲密度、低情感表达、低成功性、低娱乐性、低道德观、低组织性和高矛盾性。

心理障碍青少年感受到更多的负性教养方式，如拒绝、控制、苛求或放纵、粗暴。

大五人格特征上，心理障碍青少年表现为低宜人性、低严谨性、低外向性和高神经质。

内化障碍青少年更多表现出抑郁、焦虑、强迫、躯体化和神经敏感等症状。

家庭环境、教养方式和人格特征对心理障碍有不同程度的影响，且这些变量间存在复杂的交互和叠加作用。

人格特征是影响心理健康的最重要变量，家庭环境和教养方式通过人格间接影响心理健康。

2.《浅析家庭环境对儿童心理健康的影响》

• 研究背景：强调了家庭环境对儿童心理健康的重要性。

• 关键发现：

紧张的家庭环境会导致儿童情绪紧张，容易产生焦虑、憎恨等负面情绪。

和谐的家庭生活有利于形成最佳的亲子关系，使儿童感到温暖、快乐，有安全感，情绪稳定，性格活泼开朗。

家庭气氛对儿童的心理健康具有特别重要的影响。

溺爱可能导致儿童形成任性、神经质等不良心理特质。

3.《家庭环境对我国儿童心理发展的影响》
- 研究背景：探讨了家庭环境对我国儿童心理发展的影响。
- 关键发现：

家庭经济状况、父母职业、文化程度、父母教养方式及态度、父母期望、家庭人际关系等众多因素都会影响儿童心理发展。

家庭经济状况较好的儿童心理健康水平较高。

父母职业和文化程度会影响儿童的社会环境和心理发展。

权威型的教养方式对儿童的成长与发展最为有利。

父母的教养方式受其受教育程度的影响，受教育程度高的父母更倾向于选择民主型的教养方式。

4.《家庭环境对青少年心理健康的影响及对策研究》
- 研究背景：分析了家庭环境对青少年心理健康的影响，并提出了相应的对策。
- 关键发现：

家庭结构、家庭成员关系、家庭成员的行为模式和家庭的物质条件都会影响青少年的心理健康。

核心家庭、单亲家庭、重组家庭等不同类型的家庭结构对青少年的心理健康有不同的影响。

父母之间的关系、亲子关系和其他家庭成员关系对青少年的心理健康至关重要。

父母的教养方式（专制型、溺爱型、放任型和民主型）和父母的期望对青少年的心理健康有显著影响。

家庭的经济水平和社会地位对青少年的心理健康有重要影响。

提出的对策包括创设良好的家庭环境、优化家庭成员的行为模式和合理配置家庭资源。

5.《家庭环境对儿童情绪管理的影响研究》
- 研究背景：探讨了家庭环境对儿童情绪管理的影响。
- 关键发现：

家庭环境的"亲密性""沟通性""文化性""修养性"和"民主性"与儿童情绪管理呈显著正相关。

"亲密性""沟通性"和"民主性"对儿童情绪管理具有预测作用。

家庭成员越亲密，越能进行情感表达，家庭越民主，儿童的情绪管理能力越强。

儿童情绪管理的发展决定着其未来的情绪管理能力，对社会适应能力有深远影响。

6.《儿童心理健康发展的家庭生态系统研究》
- 研究背景：基于生态系统理论，探讨了家庭生态系统对儿童心理健康发展的促进作用。

- 关键发现：

家庭是儿童发展最为核心的生态系统。

家庭生态系统的动态性、整体性和动力结构对儿童心理健康发展有重要影响。

研究尝试建立了儿童心理健康发展的家庭生态系统评估指标体系，并提出了促进儿童心理健康发展的家庭生态系统方案。

综合建议

理论框架：可以借鉴生态系统理论和系统发展观，构建家庭环境对儿童心理健康影响的理论框架。

- 关键变量：重点关注家庭环境中的"亲密性""沟通性""文化性""修养性"和"民主性"等变量。
- 实证研究：可以采用问卷调查法和访谈法，收集实际数据，验证家庭环境对儿童心理健康的影响。
- 对策建议：在研究基础上，提出具体的对策建议，如创设良好的家庭环境、优化家庭成员的行为模式、合理配置家庭资源等。

希望这些内容能为您的论文提供有力的支持！如果有更多具体问题或需要进一步的资料，请随时告知。

**步骤02** 获得文献参考建议后，接着让AI根据选题写作论文的"文献综述"部分。演示对话如下。

> 请根据我的论文选题，撰写"文献综述"部分。按照国内外研究的成果、现有研究的不足与空白、新的研究角度这个框架进行写作；引用上述回答提供的参考文献，以"著者—出版年"的形式标注出来，并将参考文献列于文末；字数在800字左右。

**AI** 文献综述

1. 国内外研究的成果

国内外关于家庭环境对儿童心理健康发展影响的研究已取得显著成果。在国内，近年来，随着社会对儿童心理健康重视程度的提高，相关研究数量呈上升趋势。例如，有研究发现，家庭经济状况、父母职业、文化程度、父母教养方式及态度、父母期望、家庭人际关系等众多因素都会影响儿童心理发展（王韵，2010）。此外，家庭环境的"亲密性""沟通性""文化性""修养性""民主性"与儿童情绪管理呈显著正相关。具体而言，家庭在这些方面表现得越出色，儿童的情绪管理能力就相应地越强（路丹，2016）。在国外，家庭环境对儿童心理健康影响的研究同样备受关注。众多研究表明，家庭氛围的和谐与否、父母的教育方式以及亲子互动的质量等因素，都对儿童的心理发展产生深远影响（Belsky, 1984; Baumrind, 1967）。特别是亲子关系，被视为影响儿童心理健康的关键因素之一。

良好的亲子关系可以促进儿童的社会交往能力、人际关系的发展，有助于培养儿童的同情心、同理心（Bowlby, 1980）。

2. 现有研究的不足与空白

尽管国内外关于家庭环境对儿童心理健康影响的研究已取得一定成果，但仍存在不足与空白。首先，现有研究大多聚焦于家庭环境的某一具体方面，如亲子关系、家庭氛围等，缺乏对家庭环境整体系统的综合性探讨。其次，针对不同年龄段儿童心理发展的差异性研究较少，特别是针对6～12岁这一关键时期的深入研究尚显不足。此外，现有研究在揭示家庭环境影响机制方面仍显薄弱，缺乏深入的实证研究和理论构建。

3. 新的研究角度

基于现有研究的不足与空白，本研究将从新的角度进行探索。首先，本研究将综合考察家庭环境的多个维度，包括家庭氛围、教育方式、亲子关系等，以揭示它们对儿童心理健康发展的综合影响。其次，本研究将重点关注6～12岁儿童这一关键时期，通过深入分析和比较，揭示家庭环境对不同年龄段儿童心理发展的差异性影响。最后，本研究将结合实证研究和理论构建，深入探讨家庭环境影响儿童心理健康的机制，为优化家庭环境、提升儿童心理健康水平提供科学依据和实践指导。

参考文献

Belsky, J. (1984). The determinants of parenting: A process model. Child Development, 55(1), 83-96.

Baumrind, D. (1967). Child care and personality: A reinterpretation of findings in a Russian sample. Journal of Personality and Social Psychology, 5(4), 483-490.

Bowlby, J. (1980). Attachment and Loss: Vol. 3.Loss, Sadness, and Depression. Basic Books. 王韵 .(2010). 家庭环境对我国儿童心理发展的影响 . 山西煤炭管理干部学院学报 ,23(1),58-59.

路丹 .(2016). 家庭环境对儿童情绪管理的影响研究［硕士论文］. 重庆师范大学 .

> **提示**
> AI生成的文献综述中，所引用的参考文献旨在提供研究背景和支撑材料。在实际写作过程中，研究者应根据具体的研究问题、目标以及最新的学术进展，灵活地更新或补充参考文献，以确保综述内容的准确性和时效性。

**步骤03** AI生成的"文献综述"时采用了"首先""其次"等较为口语化的表达方式，这使得内容显得不够正式和规范。因此，继续要求AI对这部分内容进行相应修改。演示对话如下。

> 请对"现有研究的不足与空白"和"新的研究角度"这两部分内容进行修改，不要使用"首先""其次"这样的表述方式。

**文献综述**

1. 国内外研究成果（略）

2. 现有研究的不足与空白

尽管国内外关于家庭环境对儿童心理健康影响的研究已积累了一定的成果，但仍有若干领域有待深入探索。许多研究倾向于关注家庭环境的单一方面，如亲子关系或家庭氛围，而缺乏对家庭环境整体系统的综合性分析。此外，针对不同年龄段儿童心理发展的差异性研究较少，尤其是针对 6～12 岁这一关键时期的研究尚不充分。在揭示家庭环境影响机制方面，现有的实证研究和理论构建仍显不足，难以全面理解家庭环境对儿童心理健康发展的复杂作用。

3. 本研究的创新点

本研究旨在填补现有研究的空白，从更广阔的视角审视家庭环境对儿童心理健康发展的影响。我们将综合考察家庭环境的多个维度，包括家庭氛围、教育方式、亲子关系等，以全面揭示它们对儿童心理健康发展的综合影响。同时，我们将重点关注 6～12 岁儿童这一关键时期，深入分析家庭环境对不同年龄段儿童心理发展的差异性影响。通过结合实证研究和理论构建，我们将深入探讨家庭环境影响儿童心理健康的机制，为优化家庭环境、提升儿童心理健康水平提供科学依据和实践指导。

参考文献（略）

以上这些参考文献仅供参考，可以根据研究内容和需要进行适当的替换或补充。

> **提示**
>
> 使用 AI 辅助写作文献综述时，由于选题特定性可能难以找到合适的文献作为支撑论据，进而存在 AI 杜撰文献的风险。因此，研究者在使用 AI 辅助写作的过程中，不仅需要验证参考文献的真实性，还需深入阅读文献原文，以确保 AI 所引用的观点在原文中确实存在。

## 6.4 初稿撰写：全面展开研究内容

论文大纲为论文的写作提供了清晰的框架和指导方向。确定论文大纲后，研究者便可以清晰地看到每个部分需要涵盖的关键点和论述方向。此时便可以让 AI 工具根据论文大纲进行内容的写作。AI 工具通过分析大量的学术文献和数据库，能够理解并模拟出符合学术规范的表述方式，高效生成论文的初稿。

**步骤01** 写作初稿时，首先让 AI 根据论文选题整理相关的背景资料。演示对话如下。

🧑 我的论文选题为"家庭环境对儿童心理健康发展的影响研究"，请提供关于儿童心理健康发展的背景资料，包括政策文件、权威数据、媒体报道以及相关理论等。

🤖 儿童心理健康发展的背景资料

一、政策文件

1. 民政部、教育部、国家卫生健康委、共青团中央、全国妇联关于加强困境儿童心理健康关爱服务工作的指导意见（××〔××××〕××号）

发文时间：××××年××月××日

内容要点：

- 强调将困境儿童心理健康关爱服务工作摆在更加突出的位置，完善工作体制机制，强化关爱服务措施。
- 要求各地教育、民政等部门在开展学生心理健康教育时，重点关注困境儿童心理需求，提出有针对性的措施。
- 鼓励学校、儿童福利机构、未成年人救助保护机构等通过多种途径开展心理健康教育。
- 强调要畅通困境儿童心理咨询、就诊通道，确保有需求的困境儿童能够得到及时诊断、及时治疗。

2. 全面加强和改进新时代学生心理健康工作专项行动计划（××××—××××年）

内容要点：

- 提出全面加强和改进新时代学生心理健康工作的具体行动计划。
- 强调要开发更加适用于中国儿童的心理健康状况筛查工具，并建立使用标准。

二、权威数据

1. 联合国儿童基金会和世界卫生组织联合发布数据

- 全球12亿10至19岁青少年群体中，约20%存在心理健康问题。
- 10至19岁青少年群体遭受的疾病和伤害中，约16%由心理健康问题引发。
- 在中低收入国家，10至19岁青少年中约15%曾有过自杀念头。

2. 中国科学院心理研究所《中国国民心理健康发展报告（2021—2022）》

- 全国小学、初中、高中学生的抑郁障碍检出率分别为13.5%、12.3%、10.8%。
- 全国青年是抑郁症高风险群体，18～24岁年龄组的抑郁风险检出率达24.1%。

三、媒体报道

1. 热点社会新闻

- 胡××失踪事件：2023年2月2日，公安机关认定轰动全国的"15岁少年胡××失踪事件"中当事人为自缢死亡，生前曾受到严重的情绪困扰。
- 四川××18岁女生自杀：2023年2月7日，四川××18岁失踪女生遗体在江中被发现，公安机关认定为自杀，死者生前情绪反常，呈现自杀倾向。
- ××女生抗抑郁药被母亲换维生素片：2023年2月，××女孩初三时出现了自杀倾向，父母擅自停掉其定期服用的抗抑郁药物，换成了维生素片，事件引发热议。

2．"为福添彩"公益行动
- 报道指出，农村儿童心理问题普遍比较严重，家长对心理问题认知度普遍较低，农村小学缺乏专业的心理老师和心理健康教育。
- 山东省福利彩票发行中心联合共青团山东省委、山东广播电视台共同发起组织了"为福添彩"关爱儿童公益行动，为农村小学送去高水平的心理健康教育课程。

四、相关理论

1．艾瑞克森的心理社会发展理论
- 艾瑞克森认为，人的一生分为8个心理社会发展阶段，每个阶段都有一个特定的发展问题或危机，成功地解决这些问题，就可健康地步入下一阶段。
- 前5个阶段与儿童的心理社会发展有关，这些阶段包括婴儿期（信任与不信任的冲突）、儿童早期（自主与羞怯、怀疑的冲突）、学前期（主动与内疚的冲突）、学龄期（勤奋与自卑的冲突）和青春期（自我认同与角色混乱的冲突）。

2．弗洛伊德的精神分析理论
- 弗洛伊德强调儿童早期的经验和潜意识对心理发展的作用。
- 他认为，儿童在不同的发展阶段会经历口唇期、肛门期、性器期等，这些阶段的冲突和满足会影响其人格的形成。

3．皮亚杰的认知发展理论
- 皮亚杰认为儿童的认知发展是通过同化和顺应两个过程来实现的。
- 他将认知发展过程分为感知运动阶段、前运算阶段、具体运算阶段和形式运算阶段。

4．维果斯基的社会文化理论
- 维果斯基强调了语言和文化工具在儿童思维发展中的重要性。
- 他认为儿童的发展是在与更有能力的他人互动中实现的。

这些背景资料为论文提供了丰富的素材和理论基础，有助于深入分析家庭环境对儿童心理健康发展的影响。

**步骤02** 在 AI 整理出背景资料后，追加提问，让它结合背景资料撰写引言中的"研究背景"部分。演示对话如下。

🧑 请结合以上材料，为"家庭环境对儿童心理健康发展的影响研究"这个选题撰写引言中的"研究背景"部分，使用上文中的数据和材料，字数为 300 字左右。

🤖 研究背景

近年来，儿童心理健康问题日益成为全球关注的焦点。据联合国儿童基金会和世界卫生组织联合发布的数据，全球约有 20% 的青少年存在心理健康问题，而在我国，小学、初中、高中学生的抑郁障碍检出率更是分别高达 13.5%、12.3%、10.8%。这些惊人的数据凸显了儿童心理健康问题的严峻性。家庭作为儿童成长的首要环境，其氛围、教育方式及亲子关系等因素对儿童心理健康发展具有深远影响。然而，现实中不少家庭对儿童心理问题的认知不足，缺乏有效的干预措施。因此，本研究旨在深入探讨家庭环境对儿童心理健康发展的影响，以期为家庭、学校及社会提供科学的指导和干预策略，共同促进儿童心理健康的全面发展。

**步骤03** 下面让 AI 撰写论文的"研究意义"部分，明确研究的目的与价值。为确保内容的全面性和深度，可以要求 AI 从理论和实践两个维度进行深入剖析与阐述。演示对话如下。

🧑 接下来撰写引言中的"研究意义"部分，从理论和实践两个维度撰写，字数为 400 字左右。

🤖 研究意义

从理论维度来看，本研究有助于深化我们对家庭环境与儿童心理健康发展之间关系的理解。当前，尽管已有诸多学者就家庭环境与儿童心理健康的关系进行了广泛探讨，但针对具体家庭环境因素如何作用于儿童心理健康发展机制的研究仍显不足。本研究通过深入分析家庭环境的不同维度，如家庭氛围、教育方式、亲子关系等，旨在揭示它们对儿童心理健康的具体影响机制，为相关领域的理论构建提供新的视角和证据。

从实践维度来看，本研究具有重要的现实意义和应用价值。随着社会对儿童心理健康重视程度的不断提高，家庭作为儿童心理健康发展的首要环境，其优化和改善显得尤为重要。本研究通过探究家庭环境对儿童心理健康发展的影响，旨在为家长和教育工作者提供科学的指导和建议，帮助他们更好地理解和应对儿童的心理问题，促进儿童的健康成长。同时，本研究也可为相关政策制定者提供有力的数据支持，为构建更加完善的儿童心理健康服务体系提供参考。

**步骤04** 研究目的与问题是论文研究的核心组成部分,为整个论文研究提供方向和焦点。下面让 AI 根据指定的参考结构撰写论文的"研究目的与问题"部分。演示对话如下。

> 撰写引言中的"研究目的与问题"部分。参考结构:本文以××研究对象,通过××方法探索××问题(主轴问题),基于理论和实践的需要,尝试提出并回答以下几个问题:问题1?问题2?问题3?

**AI** 研究目的与问题

本文以 6～12 岁儿童为研究对象,通过文献综述、问卷调查、案例分析及深度访谈等多种方法,深入探索家庭环境对儿童心理健康发展的影响。基于理论和实践的双重需要,本文尝试提出并回答以下几个关键问题。

问题1:家庭环境的不同维度(如家庭氛围、教育方式、亲子关系等)如何具体影响儿童的心理健康发展?这些影响因素的作用机制和路径是怎样的?

问题2:在当前社会背景下,家庭环境对儿童心理健康发展产生的积极与消极影响分别有哪些具体表现?这些影响在不同年龄段、性别、家庭经济状况等条件下的差异性如何?

问题3:针对家庭环境对儿童心理健康发展的不良影响,有哪些有效的干预措施和策略?家长、学校和社会应如何协同合作,共同促进儿童心理健康的全面发展?

通过回答这些问题,本研究旨在揭示家庭环境与儿童心理健康发展之间的内在联系,为优化家庭环境、提升儿童心理健康水平提供科学依据和实践指导。

## 6.5 初稿润色:提升语言表达与逻辑清晰度

对论文初稿进行润色是提升文章质量的有效步骤。论文润色的主要目的是优化语言表达,增强论文的逻辑性和可读性,确保内容更加精准、流畅且符合学术规范。按照润色程序的深度和复杂性的不同,可分为检查校对、改变表达方式、直接修改和据意改写。

**步骤01** 首先让 AI 对已完成的论文内容进行阅读分析并提供相关的修改建议。演示对话如下。

> 请你作为一名资深论文润色专家,仔细阅读以下文本后,为我提供一些建议,以提高文章的严谨性和逻辑性。
> 文本:"""
> 2.1 家庭结构
> 家庭结构是家庭环境的基础,它反映了家庭成员之间的关系和角色分配。不同类型的家庭结构对儿童的心理健康发展具有不同的影响。

### 2.1.1 核心家庭

核心家庭通常由父母和未婚子女组成，是现代社会中最常见的家庭类型。在这种家庭结构中，父母能够给予子女较多的关注和照顾，有利于形成亲密的亲子关系。同时，核心家庭中的成员间沟通较为顺畅，有助于培养儿童的沟通能力和社交技巧。然而，随着现代生活节奏的加快，核心家庭中的父母可能面临更大的工作压力，从而在一定程度上影响亲子关系的建立和维护。

### 2.1.2 单亲家庭

单亲家庭是指由父亲或母亲一方与未婚子女组成的家庭。在这种家庭结构中，由于父母一方需要承担全部的家庭责任，这可能导致对子女的关注和照顾相对不足。此外，单亲家庭中的子女可能面临更多的生活压力和心理困扰，如自卑感、孤独感等。然而，如果单亲父母能够给予子女足够的关爱和支持，单亲家庭同样可以为儿童提供一个健康的成长环境。

### 2.1.3 再组合家庭

再组合家庭是指由离婚或丧偶后的父母与新的配偶及子女组成的家庭。这种家庭结构通常更为复杂，家庭成员间的关系也可能更为微妙。在再组合家庭中，儿童可能面临适应新环境和新关系的挑战，如与新父母、兄弟姐妹之间的相处问题等。这些问题可能在一定程度上影响儿童的心理健康发展。然而，如果家庭成员间能够建立良好的沟通和信任关系，再组合家庭同样可以为儿童提供一个温暖和支持的成长环境。

"""

您的文章已经相当清晰，逻辑结构也很合理。不过，为了进一步提高文章的严谨性和逻辑性，以下是一些建议：

1. 明确研究目的和背景

在开始讨论家庭结构之前，可以简要介绍研究家庭结构对儿童心理健康发展影响的重要性，以及当前研究的背景和现状。

2. 使用更具体的术语和定义

对于"心理健康发展"，可以给出更具体的定义或描述其涵盖的方面，如情绪调节、自尊心、社交能力等。

在讨论不同类型的家庭结构时，可以进一步明确每种家庭结构的定义，例如"核心家庭"是否包括只有父母和一个孩子的家庭，还是必须包括多个孩子等。

3. 加强因果关系的论述

在讨论家庭结构对儿童心理健康发展的影响时，可以更加深入地探讨其中的因果关系。例如，可以具体说明为什么核心家庭中的成员间沟通顺畅有助于培养儿童的沟通能力和社交技巧。

对于单亲家庭和再组合家庭，可以进一步分析哪些因素可能加剧或缓解对儿童心理健康的负面影响。

4. 增加数据支持

如果可能的话，可以引用相关的研究数据或统计结果来支持您的观点。例如，可以提到某项研究发现核心家庭中的儿童在社交能力方面表现更好，或者单亲家庭中的儿童在某些方面面临更大的挑战。

5. 注意语言的准确性和客观性

在描述不同家庭结构的优缺点时，尽量保持语言的准确性和客观性。避免使用过于主观或情感化的语言。

在讨论可能存在的问题时，可以提出解决方案或建议，但避免过于绝对化的表述。

6. 优化段落结构

每个段落可以更加聚焦于一个具体的点。例如，在讨论核心家庭时，可以分别讨论其对儿童心理发展的积极影响和可能存在的挑战。

在段落内部，可以使用更加清晰的逻辑结构，如先提出问题，再给出解释或证据，最后进行总结。

7. 增加过渡语句

在不同段落或不同家庭结构之间，可以使用过渡语句来增强文章的连贯性和逻辑性。例如，在讨论完核心家庭后，可以使用"除了核心家庭外，单亲家庭也是一种常见的家庭结构"这样的过渡语句来引出下一个话题。

8. 检查语法和拼写

虽然您的文章在语法和拼写方面已经做得很好，但仍然建议仔细检查以确保没有遗漏。

综上所述，通过明确研究目的、使用更具体的术语、加强因果关系的论述、增加数据支持、注意语言的准确性和客观性、优化段落结构、增加过渡语句以及检查语法和拼写等方面的改进，您的文章将更加严谨和逻辑清晰。希望这些建议对您有所帮助！

**步骤02** 虽然 AI 给出的上述修改建议具有一定的指导意义，但不够详尽和深入，因此追加提问，要求 AI 提供更具体、更细致的修改建议。演示对话如下。

🙂 你能不能再提供一些具体的建议呢？

🤖 当然，以下是一些更具体的建议，旨在进一步提升您文章的严谨性和逻辑性：

2.1 家庭结构

引入部分

- 增加背景信息：在开头部分，可以简要介绍家庭结构多样性在当代社会中的普遍性，以及研究家庭结构对儿童心理健康影响的紧迫性和重要性。
• 明确研究范围：明确指出本文探讨的家庭结构类型（核心家庭、单亲家庭、再组合家庭），并简要说明为何选择这些类型。

2.1.1 核心家庭

• 细化积极影响：在提到核心家庭对儿童心理健康的积极影响时，可以具体说明父母如何通过共同参与孩子的教育、生活决策等方式来培养亲子关系。
• 讨论潜在挑战：除了提到工作压力外，还可以探讨其他可能影响核心家庭亲子关系的因素，如家庭经济状况、父母的教育水平等。
• 引用研究数据：如果可能，引用具体的研究数据来支持您的观点，如核心家庭儿童在学业成绩、社交能力等方面的表现。

2.1.2 单亲家庭

• 分析影响机制：在讨论单亲家庭对儿童心理健康的潜在负面影响时，可以深入分析这些因素是如何影响儿童的自尊心、社交能力等方面的。
• 强调积极因素：除了提到单亲父母可能给予的关爱和支持外，还可以探讨其他积极因素，如单亲家庭的灵活性、单亲父母可能更加专注于孩子的教育等。
• 提供应对策略：为单亲家庭提供一些实际的应对策略或建议，如寻求社区支持、参加亲子教育课程等。

2.1.3 再组合家庭

• 探讨复杂关系：在描述再组合家庭时，可以更加深入地探讨家庭成员间可能存在的复杂关系，如新旧家庭成员之间的融合问题、孩子对新父母的接受程度等。
• 分析适应挑战：具体说明儿童在再组合家庭中可能面临的适应挑战，如如何与新父母建立信任关系、如何与新兄弟姐妹相处等。
• 提出改善建议：为再组合家庭提供一些改善家庭成员间关系的建议，如定期进行家庭会议、共同参与家庭活动等。

2.1.4 语言和格式

• 使用专业术语：在描述家庭结构和儿童心理健康时，尽量使用专业术语来增强文章的学术性。
• 保持一致性：在整篇文章中，保持术语和概念的一致性，避免使用模糊或容易引起歧义的表述。
• 优化段落结构：确保每个段落都有一个清晰的中心思想，并使用过渡语句来连接不同段落，增强文章的连贯性。
• 检查语法和拼写：再次仔细检查文章的语法和拼写错误，确保文章的准确性和可读性。

通过实施这些更具体的建议，您的文章将更加深入、全面且严谨地探讨家庭结构对儿童心理健康发展的影响。

**步骤03** 获得更加具体的修改建议后，就可以要求 AI 依据这些建议对论文内容进行修改和润色。演示对话如下。

> 请基于以上这些具体的建议，对文章内容进行修改、润色。

### 2.1 家庭结构对儿童心理健康发展的影响

家庭结构作为家庭环境的基础，深刻反映了家庭成员间的关系模式和角色分配，对儿童的心理健康发展具有深远影响。在当代社会，家庭结构的多样性日益显著，不同类型的家庭结构为儿童提供了不同的成长背景。

#### 2.1.1 核心家庭

核心家庭，通常由父母和未婚子女组成，是现代社会中最普遍的家庭类型。在这种结构中，父母往往能够投入较多的时间和精力来关注孩子的成长，通过共同参与教育决策、生活安排等方式，与孩子建立起紧密的亲子关系。这种亲密的亲子互动不仅有助于儿童形成健康的自尊心和自信心，还能有效培养他们的沟通能力和社交技巧。

然而，随着现代生活节奏的加快，核心家庭中的父母也面临着日益增大的工作压力。这种压力可能在一定程度上分散了父母的注意力，影响了亲子关系的建立和维护。此外，家庭经济状况、父母的教育水平等因素也可能对核心家庭的亲子关系产生间接影响。

#### 2.1.2 单亲家庭

单亲家庭，即由父亲或母亲一方与未婚子女组成的家庭，在现代社会中同样占据着不可忽视的地位。在这种家庭结构中，由于父母一方需要独自承担全部的家庭责任，这可能导致对子女的关注和照顾相对不足。这种不足可能引发儿童在自尊心、社交能力等方面的问题，如自卑感、孤独感等。

然而，单亲家庭并非全然不利。如果单亲父母能够给予子女足够的关爱和支持，单亲家庭同样可以为儿童提供一个健康的成长环境。此外，单亲家庭的灵活性也能为儿童提供更多的自主权和责任感，有助于培养他们的独立性和适应能力。为了缓解单亲家庭可能带来的负面影响，单亲父母可以积极寻求社区支持、参加亲子教育课程等，以更好地应对挑战。

#### 2.1.3 再组合家庭

再组合家庭，即由离婚或丧偶后的父母与新的配偶及子女组成的家庭，其结构通常更为复杂，家庭成员间的关系也可能更为微妙。在这种家庭中，儿童可能面临适应新环境和新关系的挑战，如与新父母、兄弟姐妹之间的相处问题等。这些问题可能在一定程度上影响儿童的心理健康发展，导致他们在自尊心、信任感等方面出现波动。

然而，如果家庭成员间能够建立良好的沟通和信任关系，再组合家庭同样可以为儿童提供一个温暖和支持的成长环境。为了促进家庭成员间的融合，再组合家庭可以定期进行家庭会议，共同参与家庭活动，以增进彼此的了解和信任。

## 6.6 数据收集与分析：研究的实证基础

为了进行深入分析和研究，常常需要搜集并整理一些相关数据作为支撑。学术研究中的数据收集主要分为两种途径：一种是二手数据的收集，另一种是一手数据的收集。二手数据指的是那些已经由其他研究者或机构收集或创建的数据，这类数据通常是从已发表的学术论文、官方机构的统计资料、调查报告及媒体报道中获取。而一手数据则是研究者自己直接从数据源获取的原始数据，主要通过问卷调查、实验研究等途径和方式进行收集。在这个过程中，我们可以借助 AI 技术来辅助完成抽样调查方案和问卷设计等，从而优化数据收集的流程。

**步骤01** 收集数据前，可以先让 AI 根据论文选题设计一个抽样调查方案。演示对话如下。

🧑 我需要研究不同家庭教养方式对儿童行为、情绪及社交能力的影响，请帮我设计一个抽样调查方案。

🤖 为了研究不同家庭教养方式对儿童行为、情绪及社交能力的影响，设计一个有效的抽样调查方案至关重要。以下是一个详细的抽样调查方案设计，旨在确保研究的科学性、有效性和可行性。

一、研究目的
明确研究的主要目标：探讨不同家庭教养方式（如权威型、溺爱型、放任型、忽视型等）对儿童行为（如自律性、攻击性）、情绪（如焦虑、抑郁）及社交能力（如合作性、沟通能力）的具体影响。

二、研究假设
基于研究目的，提出初步假设：
1. 权威型教养方式可能促进儿童形成良好的行为习惯、稳定的情绪和较高的社交能力。
2. 溺爱型教养方式可能导致儿童依赖性增强，情绪调节能力较差，社交技能受限。
3. 放任型教养方式可能使儿童缺乏规则意识，情绪波动大，社交技能发展滞后。
4. 忽视型教养方式可能引发儿童行为问题，情绪障碍，以及社交退缩。

三、样本选择
1. 样本范围：在全国范围内选择不同经济、文化背景的城市和乡村地区，确保样本的多样性和代表性。

2．样本数量：根据研究预算、时间和资源，初步设定样本量为1 000名儿童，每个家庭教养方式至少包含200名儿童，以提高研究的统计效力。

3．抽样方法：

分层抽样：首先根据地区（城市／乡村）、家庭经济状况、父母教育水平等因素进行分层。

随机抽样：在每个分层内，随机选择符合条件的家庭作为样本。

配额抽样：确保每种家庭教养方式在样本中的比例相对均衡。

四、数据收集

1．问卷设计：

儿童问卷：包括行为自评（如自律性、攻击性行为）、情绪自评（如焦虑、抑郁情绪）、社交能力自评（如合作性、沟通能力）。

家长问卷：评估家庭教养方式（如权威型、溺爱型等），以及家长对儿童行为、情绪和社交能力的观察评价。

教师问卷（可选）：从教师角度评价儿童的行为、情绪和社交能力，以提供多角度的数据支持。

2．访谈与观察：

对部分家庭进行深度访谈，了解家庭教养方式的细节及其对儿童的具体影响。

在学校或家庭环境中对儿童进行自然观察，记录其行为、情绪和社交互动情况。

五、数据分析

1．描述性统计：分析样本的基本特征，如年龄、性别、家庭背景等。

2．相关性分析：探讨家庭教养方式与儿童行为、情绪及社交能力之间的相关性。

3．回归分析：确定家庭教养方式对儿童行为、情绪及社交能力的具体影响程度。

4．方差分析：比较不同家庭教养方式下儿童行为、情绪及社交能力的差异。

六、伦理考量

1．知情同意：确保所有参与研究的家庭、儿童和教师都充分了解研究目的、方法和可能的风险，并签署知情同意书。

2．隐私保护：对收集的数据进行匿名处理，确保参与者的隐私安全。

3．公平对待：确保所有参与者都能从研究中获得有价值的信息或反馈，避免对任何群体造成负面影响。

七、研究计划与时间表

1．准备阶段（1～2个月）：设计问卷、确定抽样方法、招募研究团队、进行预调研。

2．数据收集阶段（3～6个月）：实施抽样调查、访谈与观察、收集数据。

3．数据分析阶段（2～3个月）：整理数据、进行统计分析、撰写研究报告初稿。

4．报告撰写与发表阶段（1～2个月）：完善研究报告、提交期刊或会议审稿、准备发表。

八、预期成果

通过本研究，期望能够明确不同家庭教养方式对儿童行为、情绪及社交能力的具体影响，为家庭教育和儿童心理健康发展提供科学依据和实践指导。

**步骤02** AI 给出的抽样调查方案中提供了多种收集数据的方式，接下来让 AI 设计一个与选题对应的家长问卷。演示对话如下。

> 请根据以上抽样调查方案，设计一份家长问卷。

> 基于您之前设计的抽样调查方案，以下是一份针对家长的问卷设计，旨在评估家庭教养方式及其对儿童行为、情绪和社交能力的影响。此问卷旨在收集家长对家庭教养方式的自我评估，以及对儿童行为、情绪和社交能力的观察评价。
>
> 家长问卷
>
> 一、基本信息
>
> 1. 您的孩子年龄：_____岁
> 2. 您的孩子性别：□男  □女
> 3. 您目前的居住地：□城市  □乡村
> 4. 您的最高教育水平：□小学及以下  □初中  □高中/中专  □本科及以上
> 5. 您的家庭月收入水平（人民币）：□低于 3 000 元  □ 3 000～6 000 元  □ 6 001～10 000 元  □ 10 001 元以上
>
> 二、家庭教养方式评估
>
> （请根据您的实际情况，在以下选项中勾选最符合您家庭教养方式的描述。如果某个描述不完全符合，但更接近您的实际情况，也请勾选。）
>
> 6. 您在教养孩子时，更倾向于哪种方式？
> □权威型：设定明确的规则和期望，同时给予孩子适当的自主权和解释。
> □溺爱型：过度满足孩子的需求，即使这些需求不合理，也尽量满足。
> □放任型：很少设定规则或期望，让孩子自由发展。
> □忽视型：对孩子的需求、情感和行为缺乏关注或反应。
>
> 7. 您通常如何回应孩子的行为？
> □正面鼓励和奖励
> □严厉惩罚或批评
> □很少给予反馈或回应
> □主要通过物质奖励来激励
>
> 8. 您认为在您的家庭中，以下哪项最符合您与孩子的互动模式？
> □积极参与孩子的日常生活和学习

□较少参与，主要由其他家庭成员照顾孩子
□几乎不参与孩子的日常生活和学习

三、儿童行为、情绪及社交能力观察评价

9. 您认为您的孩子在以下方面的表现如何？（请在每个项目后的括号内勾选）

自律性：（□非常好　□较好　□一般　□较差　□非常差）
攻击性行为：（□从不　□很少　□有时　□经常　□总是）
情绪稳定性：（□非常稳定　□较稳定　□一般　□较不稳定　□非常不稳定）
焦虑情绪：（□从不　□很少　□有时　□经常　□总是）
抑郁情绪：（□从不　□很少　□有时　□经常　□总是）
合作性：（□非常好　□较好　□一般　□较差　□非常差）
沟通能力：（□非常强　□较强　□一般　□较弱　□非常弱）

10. 您认为您的家庭教养方式对孩子在上述方面的表现有何影响？（请简要描述）

11. 您在教养孩子的过程中，遇到过哪些挑战或困难？您是如何应对的？（请简要描述）

12. 您希望获得哪些方面的育儿建议或支持？（请简要描述）

结束语

感谢您花时间完成这份问卷。您的回答将对我们了解家庭教养方式对儿童行为、情绪及社交能力的影响提供宝贵的信息。我们将严格保护您的隐私，并确保您的回答仅用于研究目的。

请根据实际情况调整问卷内容，确保问题的表述清晰、准确，且不会引导家长做出特定回答。同时，在收集数据前，请确保家长已充分了解研究目的和过程，并已签署知情同意书。

**步骤03** 从上述结果中可以发现，由于没有明确说明家长问卷的设计要求，AI 生成的问卷内容较为随机，因此可以追加提问，列出更加详细的问卷设计要求。演示对话如下。

> 请重新设计一份家长问卷，要求：至少包含20道题目；最后一道题为开放题；所有题目改为问句；不出现"基本信息""家庭教养方式评估"等小标题。

> 家庭教养方式与儿童发展研究家长问卷
>
> 尊敬的家长：
>
> 您好！我们正在进行一项关于家庭教养方式与儿童行为、情绪及社交能力之间关系的研究。您的参与将对我们深入了解这一领域提供宝贵信息。本问卷旨在收集您对孩子教养方式的看法以及您对孩子行为、情绪和社交能力的观察评价。

所有信息将严格保密，并仅用于科学研究。请您根据实际情况，真诚、客观地回答以下问题。感谢您的支持与配合！

1. 您的孩子目前多大？
□ 3 岁以下
□ 3～6 岁
□ 7～9 岁
□ 10～12 岁
□ 12 岁以上

2. 您的孩子性别是？
□ 男
□ 女

3. 您目前居住在哪个地区？
□ 城市
□ 乡村

4. 您的最高教育水平是什么？
□ 小学及以下
□ 初中
□ 高中 / 中专
□ 本科及以上

5. 您的家庭月收入大约是多少？
□ 3 000 元以下
□ 3 001～6 000 元
□ 6 001～10 000 元
□ 10 001 元以上

6. 当孩子犯错时，您通常如何处理？
□ 严厉批评并施加惩罚
□ 耐心讲解道理，引导改正
□ 很少批评，多给予鼓励和安慰
□ 很少关注，任由其发展
□ 其他（请说明）_____

7. 您是否经常参与孩子的学习和生活规划？
□ 总是
□ 经常
□ 偶尔
□ 从不

8. 您在满足孩子需求方面持什么态度？
☐尽量满足所有要求
☐根据实际情况合理满足
☐很少满足，强调自我满足
☐很少关注孩子的需求

9. 您是否鼓励孩子独立解决问题？
☐经常鼓励并提供指导
☐鼓励但很少提供具体帮助
☐孩子自己解决，很少过问
☐担心孩子做不好，总是代劳

10. 您与孩子沟通的频率是怎样的？
☐每天多次
☐每天一次
☐每周几次
☐很少沟通

11. 在家庭决策中，您是否会征求孩子的意见？
☐经常
☐有时
☐很少
☐从不

12. 您是否认为孩子应该遵守家庭规则？
☐完全同意
☐比较同意
☐中立
☐不太同意
☐完全不同意

13. 当孩子遇到困难时，您通常会怎么做？
☐提供详细指导和帮助
☐鼓励孩子自己思考解决
☐批评孩子不够努力
☐很少关注孩子的困难

14. 您是否经常表扬孩子的努力和成就？
☐经常
☐有时

□很少
□从不

15．您是否认为孩子应该承担一定的家务责任？
□完全同意
□比较同意
□中立
□不太同意
□完全不同意

16．您觉得孩子的自律性如何？
□非常好
□较好
□一般
□较差

17．孩子是否经常表现出攻击性行为，如打人或骂人？
□从不
□很少
□有时
□经常

18．孩子的情绪是否稳定，容易调节？
□非常稳定，易于调节
□较为稳定，偶尔需要引导
□情绪波动较大，需要较多关注
□情绪极不稳定，难以调节

19．孩子是否经常表现出焦虑或抑郁情绪？
□从不
□很少
□有时
□经常

20．孩子的社交能力如何？
□非常擅长与人交往，有很多朋友
□社交能力较好，有一些朋友
□社交能力一般，朋友不多
□社交能力较差，难以与人相处

21．请简要描述您认为自己的教养方式对孩子产生了哪些积极影响，以及还存在哪些需要改进的地方。同时，您对孩子未来的发展有哪些期望和计划？

再次感谢您的参与和支持！您的反馈将对我们深入了解家庭教养方式与儿童发展之间的关系提供重要帮助。如有任何疑问或建议，请随时与我们联系。

**步骤04** AI根据要求重新生成了一份家长问卷，可以直接利用此问卷收集数据，也可以适当修改后再使用。当收集到数据后，我们可以将结果传给AI，让它再进一步分析样本特征。演示对话如下。

🧑 （上传"问卷调查结果.docx"）
以上是我根据调查问卷，随机选取1 000个家庭作为研究样本所收集到的数据。请简要分析这些样本的基本特征。

🅰️ 根据所提供的问卷调查结果，这1 000个样本家庭的基本特征分析如下：
一、年龄分布
样本中孩子的年龄涵盖了从3岁以下到12岁以上的各个年龄段。其中，3～6岁的孩子数量最多，占比28%，其次是10～12岁的孩子，占比25%。7～9岁和12岁以上的孩子分别占比20%和15%，而3岁以下的孩子占比最少，为12%。
二、性别比例
在性别方面，男女比例相对均衡，男性孩子占比52%，女性孩子占比48%。
三、家庭收入
从家庭月收入来看，样本家庭的收入分布较广。6 001～10 000元的家庭最多，占比40%，其次是3 001～6 000元的家庭，占比22%。月收入在10 001元以上的家庭占比30%，而月收入3 000元以下的家庭最少，仅占8%。
四、居住地区
在居住地区方面，城市家庭占比高达80%，而乡村家庭仅占20%，显示出样本家庭主要集中在城市地区。
五、家长教育水平
家长最高教育水平方面，本科及以上的家长占比最高，为50%。其次是高中/中专学历的家长，占比30%。初中和小学及以下学历的家长分别占比15%和5%。
六、教育方式
1. 犯错处理：当孩子犯错时，多数家长（60%）选择耐心讲解道理，引导改正。严厉批评并施加惩罚的家长占比15%，而很少批评，多给予鼓励和安慰的家长占比20%。还有5%的家长很少关注孩子的行为，任由其发展。
2. 沟通频率：在沟通频率上，每天多次与孩子沟通的家长占比40%，每天一次的占比30%。每周几次沟通的占比20%，而很少沟通的家长占比10%。
3. 鼓励独立解决问题：在鼓励孩子独立解决问题方面，经常鼓励并提供指导的家长占比最高，为60%。鼓励但很少提供具体帮助的家长占比30%，而孩子自己解决，家长很少过问的占比8%。还有2%的家长总是代劳，担心孩子做不好。

4. 参与孩子生活规划：在参与孩子学习和生活规划方面，总是参与的家长占比50%，经常参与的占比30%。偶尔参与的占比15%，而从不参与的家长占比最少，为5%。

### 七、对孩子需求的态度

在满足孩子需求方面，多数家长（60%）能够根据实际情况合理满足孩子的需求。尽量满足所有要求的家长占比20%，而很少满足，强调自我满足的家长占比15%。还有5%的家长很少关注孩子的需求。

### 八、家庭规则与期望

1. 遵守家庭规则：在是否认为孩子应该遵守家庭规则的问题上，绝大多数家长（80%）表示完全同意。比较同意的家长占比15%，而中立、不太同意和完全不同意的家长占比均较少。

2. 家务责任：对于孩子是否应该承担一定的家务责任，70%的家长表示完全同意，20%的家长表示比较同意。持中立态度的家长占比8%，而不太同意和完全不同意的家长占比均较少。

### 九、孩子的行为表现

1. 自律性：在孩子的自律性方面，40%的孩子表现较好，20%的孩子表现非常好。表现一般的孩子占比30%，而自律性较差的孩子占比10%。

2. 攻击性行为：大多数孩子（80%）从未表现出攻击性行为。很少表现出攻击性行为的孩子占比15%，而有时和经常表现出攻击性行为的孩子占比均较少。

3. 情绪稳定性：在情绪稳定性方面，40%的孩子非常稳定，易于调节。45%的孩子较为稳定，偶尔需要引导。情绪波动较大，需要较多关注的孩子占比10%，而情绪极不稳定，难以调节的孩子占比最少，为5%。

4. 焦虑抑郁情绪：大多数孩子（75%）从未表现出焦虑或抑郁情绪。很少表现出这类情绪的孩子占比15%，而有时和经常表现出这类情绪的孩子占比均较少。

### 十、孩子社交能力

在社交能力方面，25%的孩子非常擅长与人交往，拥有很多朋友。45%的孩子社交能力较好，有一些朋友。社交能力一般，朋友不多的孩子占比20%，而社交能力较差，难以与人相处的孩子占比最少，为10%。

综上所述，这些样本家庭在多个方面呈现出多样化的特征，包括年龄、性别、收入、居住地区、家长教育水平以及教育方式等。同时，孩子们在行为表现、情绪稳定性和社交能力等方面也展现出不同的特点。这些特征为我们深入了解家庭教育和孩子成长提供了宝贵的数据支持。

**步骤05** 为了便于查看和了解数据信息，可进一步提问，让 AI 将这些数据整理为表格。演示对话如下。

> 你是否能够以表格的形式展示这些数据信息？

> 当然可以，以下是根据问卷调查结果整理的 1 000 个样本家庭的基本特征数据表格：

一、年龄分布

| 年龄段 | 数量 | 占比 |
| --- | --- | --- |
| 3 岁以下 | 120 | 12% |
| 3～6 岁 | 280 | 28% |
| 7～9 岁 | 200 | 20% |
| 10～12 岁 | 250 | 25% |
| 12 岁以上 | 150 | 15% |

二、家庭月收入

| 家庭月收入（元） | 数量 | 占比 |
| --- | --- | --- |
| 3 000 元以下 | 80 | 8% |
| 3 001～6 000 元 | 220 | 22% |
| 6 001～10 000 元 | 400 | 40% |
| 10 001 元以上 | 300 | 30% |

三、家长最高教育水平

| 教育水平 | 数量 | 占比 |
| --- | --- | --- |
| 小学及以下 | 50 | 5% |
| 初中 | 150 | 15% |
| 高中／中专 | 300 | 30% |
| 本科及以上 | 500 | 50% |

以上数据表直观地展示了 1 000 个样本家庭在年龄、家庭月收入及家长最高教育水平等方面的基本特征。如需更详细的分析或对其他问题进行探讨，请随时告知。

**步骤06** 使用数据可以更加有效地支持论点并增加研究的可信度。因此，我们可以提出假设，让 AI 通过分析调查结果，从中筛选有用的数据，以支持文章中的观点或结论。演示对话如下。

> 假设我想要说明"权威型教养方式可能促进儿童形成良好的行为习惯、稳定的情绪和较高的社交能力"这个观点，哪几项数据最能体现？

**AI** 若要说明"权威型教养方式可能促进儿童形成良好的行为习惯、稳定的情绪和较高的社交能力"这个观点,以下几项数据最能体现:

1. 当孩子犯错时的处理方式
- 耐心讲解道理,引导改正:600 名,占比 60%
- 严厉批评并施加惩罚:150 名,占比 15%
- 很少批评,多给予鼓励和安慰:200 名,占比 20%
- 很少关注,任由其发展:50 名,占比 5%

分析:大多数家长选择耐心讲解道理并引导改正,这种方式有助于儿童理解规则,形成良好的行为习惯。

2. 与孩子沟通的频率
- 每天多次:400 名,占比 40%
- 每天一次:300 名,占比 30%
- 每周几次:200 名,占比 20%
- 很少沟通:100 名,占比 10%

分析:高频次的沟通有助于家长及时了解孩子的需求和心理状态,从而进行引导和调节,有利于儿童形成稳定的情绪。

3. 是否鼓励孩子独立解决问题
- 经常鼓励并提供指导:600 名,占比 60%
- 鼓励但很少提供具体帮助:300 名,占比 30%
- 孩子自己解决,很少过问:80 名,占比 8%
- 担心孩子做不好,总是代劳:20 名,占比 2%

分析:鼓励孩子独立解决问题并提供指导,有助于培养孩子的自主性和解决问题的能力,这也是权威型教养方式的重要特点。

4. 孩子的社交能力
- 非常擅长与人交往,有很多朋友:250 名,占比 25%
- 社交能力较好,有一些朋友:450 名,占比 45%
- 社交能力一般,朋友不多:200 名,占比 20%
- 社交能力较差,难以与人相处:100 名,占比 10%

分析:在权威型教养方式下,孩子通常能够得到更多的社交支持和引导,从而表现出较高的社交能力。从数据中可以看出,大部分孩子的社交能力都较好或非常好。

综上所述,通过耐心讲解、高频次沟通、鼓励独立解决问题等权威型教养方式的特点,以及孩子所表现出的较高社交能力,可以推断权威型教养方式可能有助于儿童形成良好的行为习惯、稳定的情绪和较高的社交能力。

> **提示**
>
> AI可以对数据进行分析和描述，也可以将数据整理输出为表格形式，它还能根据用户输入的数据，自动选择并生成最适合的图表类型。例如，可以让AI编写Python代码来绘制图表，或者利用Tableau、Plotly等先进的图表自动化工具来直接创建图表内容。这种多模态的输出方式，能够帮助研究者更高效地展示和分析数据。

## 6.7 论文摘要：研究内容的精炼概述

摘要是对论文内容简短而全面的概括，旨在让读者能够快速总览全文的核心内容和主要观点。它通常紧随论文标题之后，包含研究目的、研究方法、主要研究发现以及结论等关键信息。摘要作为读者初步了解论文内容的第一手资料，对于评估论文的重要性和价值具有重要意义。完成论文的写作后，可以将全文上传给AI工具，让AI快速提炼出论文摘要。

**步骤01** 上传已完成的论文正文部分，让AI根据文章内容提炼论文摘要。演示对话如下。

🧑 （上传"家庭环境对儿童心理健康发展的影响.docx"）
请根据我上传的论文内容，提炼出一篇论文摘要，要求严格按照标准的摘要格式，字数在300字左右。

🤖 这份文件是一篇关于家庭环境对儿童心理健康发展影响的论文初稿，主要探讨了家庭结构、家庭氛围、经济状况及父母教养方式对儿童心理健康的影响，并提出了相应的优化策略与建议。以下是论文摘要：

论文首先介绍了研究背景，指出儿童心理健康问题的严峻性，并强调家庭环境对儿童心理健康发展的重要性。接着，详细分析了家庭环境的构成要素及特征，包括核心家庭、单亲家庭、再组合家庭等家庭结构，以及家庭氛围、经济状况和父母教养方式等方面。通过实证研究，论文揭示了不同家庭结构、氛围、经济状况及教养方式对儿童心理健康的具体影响，如消极家庭氛围易导致儿童情绪问题、行为问题和社交障碍等。基于此，论文提出了营造积极家庭氛围、管理经济压力与优化资源、优化父母教养方式等策略，以期促进儿童心理健康的全面发展。此外，还探讨了学校与社区的协同作用及实践应用的挑战与解决方案。

本研究为家庭、学校及社会提供了科学的指导和干预策略，对于共同促进儿童心理健康的全面发展具有重要意义。

**步骤02** 提炼出论文摘要后，发现该摘要并不能准确地反映论文的核心内容和要点，同时还采用了第一人称叙述，这与摘要的客观陈述要求不符。因此，继续优化提示词，让 AI 重新提炼论文摘要。演示对话如下。

> 请根据上传的论文，提炼出一篇论文摘要，具体要求如下：
> 1. 严格按照论文的标准摘要格式进行编写；
> 2. 准确反映论文的核心要素，确保摘要内容均来源于正文，不添加任何未在正文中出现的信息；
> 3. 摘要中应客观陈述，避免对研究内容进行额外的诠释、评论或自我评价；
> 4. 使用第三人称叙述，避免使用第一人称代词，如"笔者""本文""本研究"，而应采用"文章""该研究"等表述；
> 5. 字数控制在 300 字左右。

> 摘要
> 文章探讨了家庭环境对儿童心理健康发展的影响。研究指出，家庭环境包括家庭结构、家庭氛围、经济状况及父母教养方式等要素，对儿童心理健康具有显著影响。核心家庭通常被认为有利于儿童心理健康，但单亲家庭、再组合家庭等不同结构下的儿童可能面临更多挑战。家庭氛围的积极与否直接关系到儿童的自尊心、学业成就及社交能力。同时，家庭经济状况对儿童的心理安全感和未来展望有重要作用，而父母教养方式的不同则深刻影响着儿童的行为问题、自我效能感及整体心理健康状况。该研究通过实证分析，揭示了家庭环境各构成要素对儿童心理健康的具体影响机制，并提出了营造积极家庭氛围、管理经济压力、优化父母教养方式等策略，以期为促进儿童心理健康发展提供科学依据。
> （注：以上摘要严格遵循了论文标准格式要求，内容均来源于正文，未添加额外信息，字数控制在 300 字左右。）

**步骤03** 关键词能够帮助读者快速理解论文的主题和研究重点，把握论文的核心信息。在 AI 生成符合要求的论文摘要后，还可以要求 AI 从生成的论文摘要中提取关键词。演示对话如下。

> 请从以上论文摘要中提取 5 个关键词。

> 根据提供的论文摘要，以下是 5 个关键词：
> 1. 家庭环境
> 2. 儿童心理健康
> 3. 家庭结构
> 4. 经济状况
> 5. 父母教养方式
>
> 这些关键词概括了文章的主要研究方向和内容。

# 第7章

# 文学创作

　　文学作品涵盖了小说、诗歌、散文、剧本以及故事等多种文体。创作这类作品，要求作者具备精湛的语言组织能力、严密的逻辑思维能力和丰富的想象力。如今，AI通过大量的数据学习和分析，已经能够掌握不同文体的语言特点、结构规律和情感表达方式，其在文学创作方面的能力得到了显著提升。因此，我们可以借助AI的力量，更高效地进行文学创作。本章将详细介绍如何运用AI工具撰写小说、诗歌、散文等多个类型的文学作品。

## 7.1 小说：AI 赋能的奇幻之旅

小说是以塑造人物形象为中心，通过完整的故事情节和具体的环境描写来反映社会生活的一种文学体裁。小说写作是一项需要作者倾注大量精力并深入思考的艺术创作，它从最初构思的萌芽，到情节的精心铺陈，再到语言的细致雕琢，每一步都凝聚着创作者的心血与智慧。而今，创作者可以利用 AI 工具快速生成小说大纲，高效搭建基本故事框架并生成初稿，从而加速小说创作的流程。本节将介绍如何运用 AI 撰写小说。

**步骤01** 在撰写小说时，如果一时难以找到创作灵感，可以向 AI 提供一些关键词，让它基于这些关键词来构思小说的故事背景。演示对话如下。

> 你是一名推理小说作家，对推理小说的构造和人物塑造有深入了解和研究。请你根据我给你的几个关键词，构思一个故事背景：
> 关键词：博物馆、名画、赝品、监控、幕后黑手、交易

> 故事背景：
> 在繁华都市的一隅，矗立着一座历史悠久的博物馆，它不仅是城市的文化地标，更是收藏了无数珍贵文物的宝库。其中，一幅名为《光之扉·晨曦秘境》的油画尤为引人注目，这是 19 世纪一位大师级的杰作，以其细腻的情感描绘和精湛的画技闻名于世，是博物馆的镇馆之宝。
> 然而，平静之下暗流涌动。一天，博物馆馆长在进行例行检查时，意外发现《光之扉·晨曦秘境》竟然被一幅几乎难以辨别的赝品所替换。这一惊人发现立刻引起了警方和博物馆高层的高度重视，他们迅速封锁现场，并调取了博物馆内的所有监控录像进行调查。
> 监控录像显示，在闭馆后的深夜，一道人影鬼魅般地出现在名画所在的展厅，手法熟练地替换了真品。但由于监控存在死角，以及嫌疑人刻意遮挡面部，身份追踪变得异常困难。更令人费解的是，博物馆的安全系统并未触发任何警报，这表明幕后黑手对博物馆的布局和安全措施了如指掌。
> 随着调查的深入，警方发现这起案件并非简单的盗窃，而是一场精心策划的交易。有人企图通过替换名画，将真品私下出售给某位神秘的收藏家，以此牟取暴利。而这位幕后黑手显然与博物馆内部有着千丝万缕的联系，否则无法如此轻易地避开重重安防。
> 博物馆内部开始人心惶惶，每个人都被列为嫌疑人。是贪婪的保安，渴望一夜暴富的清洁工，还是对艺术市场了如指掌的策展人？或是有着更隐秘身份的博物馆工作人员？警方与博物馆合作，展开了一场与时间赛跑的较量，试图在真品被永久转手之前，揪出那个隐藏在阴影中的幕后黑手。

在这场智慧与狡猾的交锋中,每一个细节都可能成为破案的关键,而真相往往比想象中更加错综复杂。随着调查的逐步推进,一个涉及艺术界、黑市交易以及个人恩怨的庞大阴谋逐渐浮出水面,挑战着所有人的认知极限。

**步骤02** AI 根据提供的关键词完成了小说故事背景的创作,接下来可以让它按照故事背景撰写几个标题。演示对话如下。

🧑 请根据以上故事背景,帮我生成5个有悬念、有吸引力的小说名。

🤖 根据您提供的故事背景,以下是5个具有悬念和吸引力的小说名:
1.《晨曦之秘:光影迷踪》:结合了画作名称《光之扉·晨曦秘境》中的"晨曦"元素,同时"光影迷踪"暗示了名画失窃案的复杂与扑朔迷离。
2.《博物馆之夜:真赝迷局》:"博物馆之夜"直接点明了案发时间和地点,而"真赝迷局"则揭示了案件的核心——真品与赝品的替换,以及由此引发的种种谜团。
3.《幕后画影:艺术之暗流》:"幕后画影"既指幕后黑手,也暗含了名画这一核心元素;"艺术之暗流"则揭示了艺术界不为人知的黑暗面,以及隐藏在光鲜背后的阴谋。
4.《光之扉谜案:晨曦下的阴影》:直接使用了画作名称《光之扉·晨曦秘境》中的"光之扉"和"晨曦",同时"谜案"和"阴影"则强调了案件的悬疑性和背后的黑暗势力。
5.《晨曦秘境劫:追踪幕后真凶》:"晨曦秘境劫"简洁明了地概括了名画被盗的事件,同时"追踪幕后真凶"则明确了小说的主要情节——警方与博物馆合作,揭开真相,找出幕后黑手。
这些小说名都力求简洁明了,同时蕴含丰富的信息和悬念,以吸引读者的注意力。希望这些建议能对您有所帮助!

**步骤03** 从上述标题中选择一个比较满意的标题,再让 AI 结合之前设定的故事背景,完成小说大纲的创作。演示对话如下。

🧑 请基于我选择的小说名《博物馆之夜:真赝迷局》,并结合之前创作的故事背景,为我设计一个包含10个章节的目录。设计目录时,需要注意章节之间应具有逻辑性和连贯性。

🤖 当然,根据您选择的小说名《博物馆之夜:真赝迷局》,并结合之前创作的故事背景,以下是一个包含10个章节的目录设计,每个章节都力求具有逻辑性和连贯性。
第一章:失窃惊闻
• 简要介绍博物馆和《光之扉·晨曦秘境》画作的重要性。

- 描述馆长发现名画被替换成赝品的场景，以及初步的震惊和混乱。

第二章：监控下的鬼影
- 警方和博物馆工作人员开始调查，调取并查看监控录像。
- 描述监控中那道神秘的人影，以及他如何避开安防系统。

第三章：内部疑云
- 博物馆内部人员开始互相猜疑，每个人都被视为嫌疑人。
- 警方对博物馆员工进行初步询问，收集线索。

第四章：艺术界的暗流
- 深入调查艺术界，发现名画失窃可能与黑市交易有关。
- 揭示一些艺术界不为人知的秘密和黑暗面。

第五章：赝品之谜
- 警方和专家开始仔细研究赝品，试图找出其制作来源和线索。
- 同时，对真品的下落进行追踪和分析。

第六章：幕后黑手的初现
- 通过一系列调查和推理，警方逐渐缩小了幕后黑手的范围。
- 描述警方如何一步步接近真相，以及幕后黑手可能的动机。

第七章：交易背后的阴谋
- 揭示名画失窃的真正目的——为了进行一场私下交易。
- 描述交易背后的复杂网络和利益纠葛。

第八章：危险逼近
- 警方在追踪幕后黑手的过程中遭遇阻挠和危险。
- 描述警方如何克服困难，继续深入调查。

第九章：真相大白
- 经过一系列惊心动魄的追踪和推理，警方终于找到了真品的下落。
- 同时，幕后黑手的真实身份和动机也被彻底揭露。

第十章：黑夜后的黎明
- 警方成功追回真品，并将其归还给博物馆。
- 描述博物馆重新开放，以及《光之扉·晨曦秘境》再次展现在世人面前的场景。
- 同时，对案件进行总结和反思，强调艺术品的珍贵和保护的重要性。

这个目录设计旨在保持故事的连贯性和逻辑性，同时确保每个章节都有足够的悬念和吸引力。希望这能帮助您更好地构建小说框架！

**步骤04** 有了详细的小说大纲后，就可以让 AI 根据小说大纲生成具体的小说内容。演示对话如下。

请你根据目录，写出这篇小说的第一章，要求如下：

①采用网文的写作风格；
②情节紧凑，节奏明快，开篇即吸引读者；
③深入刻画场景与人物；
④故事发展充满悬念和意外；
⑤语言通俗易懂，避免使用复杂或晦涩的词汇和句式。

**第一章：失窃惊闻**

夜幕低垂，华灯初上，城市的心脏地带，一座历史悠久的博物馆在夜色中更显庄重与神秘。博物馆内，柔和的灯光洒在每一件珍贵的文物上，仿佛为它们披上了一层金色的纱幔。而在这些文物之中，一幅名为《光之扉·晨曦秘境》的油画尤为引人注目，它静静地悬挂在展厅的中央，散发着迷人的光芒。

这幅画作是19世纪一位大师级的杰作，以其细腻的情感描绘和精湛的画技闻名于世。画中，晨曦初露，阳光透过云层洒在一望无际的草原上，金色的光辉与碧绿的草地交织在一起，形成了一幅令人心旷神怡的画卷。这幅画不仅是博物馆的镇馆之宝，更是无数艺术爱好者心中的圣地。

然而，就在一个平静的夜晚，一场突如其来的变故打破了博物馆的宁静。馆长李辉是一位年近五旬的中年男子，他面容严肃，眼神中透露出对艺术的无限热爱与敬畏。这天晚上，他像往常一样进行例行检查，当走到《光之扉·晨曦秘境》所在的展厅时，他的目光突然凝固了。

眼前的这幅画，虽然与记忆中的《光之扉·晨曦秘境》极为相似，但李辉却敏锐地察觉到了一丝不对劲。他走近画作，仔细观察着每一笔每一画，心中涌起一股不祥的预感。

"这……这不可能！"李辉喃喃自语，他的双手微微颤抖，目光在画作上来回游移，与记忆中的真品进行对比。尽管眼前的这幅画技艺高超，几乎达到了以假乱真的地步，但李辉却深知，它绝不是那幅珍贵的原作。

李辉的心猛地一沉，他立刻意识到，这幅珍贵的画作已经被替换了！他迅速拿出手机，拨打了报警电话。

警方很快赶到现场，他们封锁了展厅，并开始对现场进行勘查。年轻的刑警队长赵峰站在画作前，眉头紧锁。他仔细观察着赝品，试图从中找出一些线索。而李辉则在一旁焦急地等待着，他的心中充满了不安与疑惑。

"赵队长，这究竟是怎么回事？博物馆的安防系统一向严密，怎么可能会发生这种事？"李辉忍不住开口问道。

赵峰没有立刻回答，而是走到监控设备前，开始调取当晚的录像。随着画面的播放，一道人影逐渐出现在屏幕上。那是一个身材瘦削、穿着黑色连帽衫的男子，他脸上戴着口罩，只露出一双冷酷的眼睛。只见他在闭馆后悄悄潜入展厅，手法熟练地替换了名画，然后迅速消失在夜色中。

"看来，我们有一个非常狡猾的对手。"赵峰沉声说道。他的目光在屏幕上停留了片刻，然后转向李辉，"李馆长，你们博物馆内部有没有发现什么异常？"

李辉摇了摇头，神色凝重："没有，一切都很正常。安保人员也都按时巡逻，没有发现任何可疑人物。"

赵峰点了点头，心中却暗自思量。这场盗窃显然经过精心策划，幕后黑手对博物馆的布局和安防措施了如指掌。那么，这个人究竟是谁？他又是如何避开重重安防，将名画神不知鬼不觉地替换掉的？

随着调查的深入，一系列更加令人费解的问题逐渐浮出水面。而在这场真赝迷局中，赵峰和李辉将如何揭开真相，找回失窃的名画？一切，都还是个未知数……

> **提示**
>
> 以上步骤仅完成了小说第一章的写作。如有需要，可以继续让 AI 根据大纲来撰写后续章节。此外，对于 AI 所生成的内容，我们还可以向 AI 提出疑问，询问其是否有修改建议或改进策略，以便对内容进行进一步的优化。

## 7.2 诗歌：诗意探索领略韵律之美

诗歌是一种独特的文体形式，它蕴含着作者丰富的思想感情与奇妙的想象，具有语言凝练、形象生动、节奏鲜明等特点。与其他语言文学作品一样，诗歌创作也要求作者具备深厚的语言功底和丰富的情感表达能力、敏锐的灵感捕捉能力和独特的艺术审美眼光。然而，AI 的出现为更多人提供了接触和尝试诗歌创作的机会。现在，即便是没有深厚文学功底的人，也能在 AI 的辅助下，尝试进行诗歌创作。本节将介绍如何运用 AI 撰写诗歌。

**步骤01** 在撰写诗歌之前，可以让 AI 学习优秀的诗歌案例，并让它从中总结出诗歌的特点。演示对话如下。

> 你是一名非常优秀的诗歌创作者，善于用诗歌表达情感。接下来我将给你发送一首诗歌：
> 我从不肯妄弃了一张纸，
> 总是留着——留着，
> 叠成一只一只很小的船儿，
> 从舟上抛下在海里。
> 有的被天风吹卷到舟中的窗里，
> 有的被海浪打湿，沾在船头上。

我仍是不灰心的每天的叠着，
总希望有一只能流到我要它到的地方去。
母亲，倘若你梦中看见一只很小的白船儿，
不要惊讶它无端入梦。
这是你至爱的女儿含着泪叠的，
万水千山求它载着她的爱和悲哀归去。
请你总结一下这首诗歌的特点。

🅰️ 这首诗歌的特点可以总结为以下几点：
1. **情感真挚而深沉**：全诗以细腻的情感为核心，通过叠纸船这一具体行为，表达了诗人对远方母亲的深切思念与无尽的爱。这种情感在字里行间流淌，使读者能够深切感受到诗人的内心世界。
2. **象征手法巧妙**：诗人将纸船作为自己情感的载体，通过纸船的漂流来象征自己对母亲的思念与期盼。纸船在海上漂泊的历程，也象征着诗人内心情感的波折与起伏。
3. **意象生动而富有画面感**：诗中描绘的纸船、天风、海浪、舟窗等意象，共同构成了一幅幅生动的画面，使读者仿佛能够亲眼看到纸船在海上的漂流历程，增强了诗歌的感染力。
4. **语言简洁而富有韵律**：诗歌的语言简洁明了，没有过多的修饰和渲染，但却能够准确地传达出诗人的情感。同时，诗歌的韵律感也很强，读起来朗朗上口，易于记忆。
5. **情感表达含蓄而深沉**：诗人并没有直接表达对母亲的思念之情，而是通过叠纸船这一行为来间接表达。这种含蓄的表达方式，使得诗歌的情感更加深沉而持久，给读者留下了更多的想象空间。

综上所述，这首诗歌以其真挚的情感、巧妙的象征手法、生动的意象、简洁而富有韵律的语言以及含蓄而深沉的情感表达，成功地传达了诗人对母亲的深切思念与无尽的爱。

**步骤02** 从 AI 给出的结果中可以观察到示例诗歌的特点，接下来就可以让 AI 参考这些特点，以给定的主题或关键词创作一首新的诗歌。演示对话如下。

请根据你总结的诗歌特点，以"离别"为主题创作一首诗歌。

🅰️ 离别之歌
我紧紧握住那一缕时光，
不愿它轻易从指间滑落——滑落，
就像那即将远行的你，
转身之间，已踏上离别的路途。

你的背影，在夕阳下拉长，
每一步都踏在我心上。
我试图用目光挽留，
却只能看你渐行渐远，直至消失在远方。
离别，是风中的一声叹息，
轻轻吹过，却留下无尽的哀伤。
我试图在记忆中寻找你的痕迹，
却发现每一个片段都如此珍贵，如此难忘。
我折叠着思念的纸鹤，
一只又一只，寄托着我的不舍与牵挂。
愿它们能穿越时空的阻隔，
飞到你身边，告诉你我有多么想你。
离别，是夜空中最亮的星，
照亮我前行的道路，却也让我感到孤独。
我试图在星光中寻找安慰，
却发现每一颗星星都像你，闪烁着温柔的光芒。
我珍藏着你留下的回忆，
像宝藏一样，小心翼翼地守护。
即使时光流转，岁月变迁，
那份深情与眷恋，永远也不会改变。
离别，不是终点，而是新的开始，
让我们各自在人生的旅途中追寻梦想与希望。
虽然相隔千山万水，
但心中的那份牵挂与思念，永远也不会消逝。
当未来的某一天，我们再次相遇，
愿能笑着谈起这段离别的时光。
因为每一次离别，都是为了更好的重逢，
让我们更加珍惜彼此，珍惜这份难得的缘分。

**步骤03** 如果对 AI 生成的内容不满意，可以继续向它提出要求，比如修改诗歌的篇幅、更改表现手法等。演示对话如下。

> 请把这首诗写成一首小诗，字数在 150 字左右，运用借景抒情的手法，使其意境更加深远，情感更加浓厚。

**AI** 离别

夕阳下，你的身影拉长，

如一幅画，定格在时光。
风，轻轻吹过，
带走了你，却留下了无尽的惆怅。
夜空中的星，明亮如眸光，
每一颗，都是我深深的想望。
纸鹤飞舞，穿越千山万水，
只为告诉你，心中的那份不忘。
离别的路，漫长又寂寥，
但请记得，那曾经的欢笑。
未来某天，或许重逢在转角，
再回首，这段情，依旧温暖如初晓。

## 7.3 散文：细腻笔触展现语言艺术之美

散文是一种记叙类文学体裁，其特点在于抒发作者的真情实感，写作方式灵活多变，形式自由，不拘一格。它不同于小说那般拥有严谨的结构和跌宕起伏的情节，也不同于诗歌那般凝练且富有韵律，相反，散文以其自由不羁的形式，充分展现了作者对生活细致入微的观察与深刻的感悟。在散文创作中，作者可以自由地运用各种修辞手法，如比喻、拟人、排比、夸张等，并结合叙述、描写、抒情、议论等多种表现手法，来传达自己的思想和情感，引发读者的共鸣与思考。本节将介绍如何运用 AI 撰写优美散文。

**步骤01** 利用 AI 写作散文时，可以先给 AI 设定角色，然后让它根据提供的主题完成内容的写作。演示对话如下。

🧑 你是一名才华横溢的散文创作大师，擅长各类散文创作。请写一篇关于秋天的散文，字数 600 字左右。

🅰️ 秋之韵

秋天，是一首深情的诗，是一幅绚丽的画，是一曲悠扬的歌。它带着独特的韵味，悄然而至，将大地装扮得分外妖娆。

走进秋天，仿佛走进了一个五彩斑斓的世界。抬头仰望，天空如洗过的蓝，几朵白云悠然自得地游走其间，仿佛是秋天的使者，在传递着季节的信息。阳光透过稀疏的云层，洒在大地上，温暖而柔和，给人一种宁静和安详的感觉。

漫步林间，树叶已经变得五彩斑斓。金黄的银杏叶、火红的枫叶、深绿的松柏……它们交织在一起，构成了一幅绚丽的画卷。一阵秋风吹过，树叶纷纷扬扬地飘落下来，宛如一只只翩翩起舞的蝴蝶，在空中划出一道道优美的弧线。踩在落叶上，发出沙沙的声响，那是秋天的旋律，清脆而悦耳。

秋天的田野更是美不胜收。稻田里，金黄色的稻穗低垂着头，仿佛在向辛勤耕耘的农人致谢。果园里，苹果、梨子、柿子等水果挂满枝头，散发出诱人的香气。农人们忙碌着采摘果实，脸上洋溢着丰收的喜悦。他们的笑声和欢呼声，在田野上空回荡，为秋天增添了无限的生机和活力。

秋天的夜晚，也是别有一番风味。月光如水，倾泻而下，给大地披上了一层银纱。星星点点，闪烁在夜空中，像是无数颗宝石镶嵌在黑色的天幕上。虫鸣蛙叫，此起彼伏，构成了一首美妙的秋夜交响曲。人们坐在院子里，享受着秋夜的凉爽和宁静，感受着大自然的馈赠和生命的美好。

秋天，是一个收获的季节，也是一个感恩的季节。它让我们感受到了大自然的神奇和伟大，也让我们学会了珍惜和感恩。在这个美丽的季节里，让我们放下心中的烦恼和疲惫，去感受秋天的韵味和美好，去享受生命带给我们的每一个精彩瞬间。

**步骤02** 查看AI根据要求撰写的这篇散文。如果觉得AI撰写的文章内容不够好，可以先让它点评一下自己的创作。演示对话如下。

🧑 请点评一下你写的这篇散文。

🅰️ 对我自己写的这篇关于秋天的散文，我认为它在以下几个方面表现得相对出色：

1. 情感表达：我试图通过文字捕捉秋天的深情与美丽，通过描绘秋天的景色、声音和气息，传达出对秋天的热爱和敬畏。情感真挚，能够引起读者的共鸣。

2. 语言运用：我注重语言的优美和流畅，运用了一些比喻和拟人手法，如"树叶纷纷扬扬地飘落下来，宛如一只只翩翩起舞的蝴蝶"，这样的描述使文章更加生动和形象。

3. 内容丰富：文章从天空、林间、田野到夜晚，全方位地展现了秋天的景色，内容丰富多彩，层次分明。同时，通过描绘秋天的劳作和丰收，增加了文章的深度和内涵。

4. 节奏把握：文章节奏明快，既有细腻入微的描写，也有开阔宏大的场景，使读者在阅读过程中既能感受到秋天的细腻美，又能领略到它的磅礴气势。

然而，也有一些不足之处：

1. 深度挖掘：虽然文章描绘了秋天的景色和氛围，但在对秋天的深层含义和象征意义的挖掘上还可以更加深入。例如，可以更多地探讨秋天与生命、时间、变化等主题的关系。

2. 个性化表达：散文是一种强调个性化表达的文体，而我在这篇文章中更多地采用了比较通用的描写和表达方式，缺少一些独特的个人视角和感悟。

总的来说，我认为这篇散文是一篇合格的作品，能够传达出秋天的美丽和韵味。

在未来的创作中，我会更加注重深度挖掘和个性化表达，努力创作出更加优秀的作品。

**步骤03** 从 AI 的点评中可以了解这篇文章存在一些不足之处，接下来就可以让它根据不足之处对文章内容进行优化。演示对话如下。

> 请根据点评中指出的不足之处，对这篇散文进行优化。

**AI** 秋之韵（优化版）

秋天，是一首深情隽永的诗，是一幅绚丽多彩的画，是一曲悠扬婉转的歌。它带着独特的韵味，悄然而至，将大地装扮得分外妖娆。

走进秋天，仿佛步入了一场关于色彩的盛宴。天空如洗，几朵白云悠然自得，仿佛是秋天的信使，用它们的轻盈和自在，诉说着季节的变迁。阳光透过云层，洒下斑驳的光影，温暖而柔和，每一缕光线都像是秋天的低语，诉说着生命的故事。

林间，树叶已换上了秋的盛装。金黄的银杏叶、火红的枫叶、深绿的松柏，它们交织在一起，如同一幅层次分明的油画。秋风吹过，树叶飘落，宛如生命的舞者，在空中轻盈地旋转，演绎着秋天的华章。每一步舞步，都是对生命意义的探寻和诠释。

田野上，秋天是一首丰收的赞歌。金黄的稻穗低垂着头，仿佛在向大地致谢，感谢它给予的一切。果园里，苹果、梨子、柿子挂满枝头，它们不仅是秋天的果实，更是生命的馈赠。农人们忙碌的身影，在这片丰收的土地上，绘出了一幅动人的画面。他们的笑容和汗水，是对秋天最真挚的敬意。

当夜幕降临，秋天的夜晚更显得神秘而迷人。月光如水，倾泻而下，给大地披上了一层银纱。星星点点，如同秋天的眼睛，闪烁着深邃的光芒。虫鸣蛙叫，交织成一首夜的交响曲，它们似乎在诉说着秋天的秘密，让人感受到一种生命的律动和力量。

然而，秋天不仅仅是一场视觉和听觉的盛宴，它更是一次心灵的洗礼。它教会我们珍惜和感恩，让我们在忙碌的生活中，停下脚步，去感受生命的美好。它让我们明白，生命如同秋天的树叶，虽然终将飘落，但那份美丽和韵味，将永远留在心中。

优化后的这篇散文，更加深入地挖掘了秋天的深层含义和象征意义，通过更加个性化的表达，传达出对秋天的热爱和敬畏。我希望读者在阅读这篇文章时，不仅能够感受到秋天的美丽和韵味，更能够从中汲取到生命的力量和勇气。

## 7.4 剧本：百变风格轻松驾驭影视世界

剧本是戏剧、电影、电视剧等表演艺术的基础文本，是编剧、导演、演员等创作人员进行艺术创作的重要依据。剧本主要由台词和舞台指示两大部分组成。台词是剧中人物进行对话的参考语言，而舞台指示则提供了剧情发生的时间、地点、人物形象特征、场景布置等方面的详细说明。随着人工智能技术的发展，如今可以借助 AI 来获取剧本创作的灵感、撰写剧本大纲，甚至生成剧本初稿等。本节将介绍如何借助 AI 撰写剧本。

**步骤01** 如果对剧本创作没有什么头绪，可以让 AI 提供一些关于剧本创作方向上的建议。演示对话如下。

🧑 我想要创作一个吸引 15～25 岁年轻人的剧本，但目前还没有具体的想法，能否给我一些建议？

🅰️ 当然可以！创作一个吸引 15～25 岁年轻人的剧本是一个既富有挑战又极具创意的过程。这个年龄段的人群通常对新鲜事物充满好奇，喜欢探索自我、友情、爱情以及社会议题，同时也热衷于科幻、奇幻、青春校园、励志成长等题材。以下是一些建议，希望能激发你的灵感：

1. 青春成长故事：围绕一群高中或大学生的日常生活展开，讲述他们在学业、友情、爱情中遇到的挑战与成长。可以融入一些现实社会问题，如网络欺凌、心理健康、身份认同等，让故事既有共鸣又具深度。

2. 奇幻冒险：创造一个充满魔法、神秘生物或平行世界的背景，主角们通过一次意外的旅程发现自我，学习团队合作，并最终战胜邪恶力量。这样的故事能够激发年轻人的想象力，传递勇气与友谊的价值。

3. 科幻探索：设定在未来世界或外星文明中，主角团队面对科技伦理、人工智能、时间旅行等前沿议题。通过他们的探险，探讨人类未来的可能性，以及科技对人类社会的影响。

4. 音乐与梦想：以音乐为线索，讲述一群热爱音乐的年轻人如何追逐自己的梦想，克服家庭、经济或个人能力的限制，最终在舞台上绽放光彩。可以融入乐队组建、原创音乐创作等元素，触动年轻人的心弦。

5. 历史/文化穿越：让主角通过某种方式穿越到过去，亲身体验历史事件或与历史人物互动，从而深刻理解某个时代的文化、社会背景。这种设定既能满足年轻人对历史的好奇，也能促进对多元文化的尊重和理解。

6. 环保与地球未来：在当前全球变暖的背景下，可以创作一个关于年轻人如何采取行动保护环境，对抗环境危机的故事。通过他们的努力，展现个人行动对于改变世界的重要性，传递积极向上的环保理念。

7. 悬疑解谜：设计一个复杂的谜团或案件，一群年轻人因各种原因聚在一起，利用各自的智慧和技能解开真相。可以是校园内的秘密社团、失踪事件，或是城市中的连环案件，强调团队合作和逻辑推理。

记得在创作过程中，保持故事的正面价值观，展现年轻人的活力、创造力与责任感。同时，考虑到目标受众的喜好，可以适当加入幽默元素、流行文化引用和视觉冲击力强的场景设计，让剧本更加吸引年轻观众。祝你创作顺利！

**步骤02** 从 AI 给出的创作方向中选择一个感兴趣的选题，然后让 AI 撰写该选题的剧本简介。演示对话如下。

🧑 第 4 个选题方向不错，请根据这个选题撰写 3 个剧本简介。

🤖 非常高兴你对第 4 个选题方向"音乐与梦想"感兴趣。以下是 3 个基于这个主题的剧本简介，希望能进一步激发你的创作灵感：

1.《旋律之桥》

简介：在一个多元文化交融的城市中，五位来自不同背景的年轻人因为对音乐的共同热爱而走到了一起。他们分别是：擅长古典钢琴的羞涩少年李明，热爱摇滚的叛逆少女小雨，对嘻哈文化充满热情的街头艺术家阿杰，拥有天籁之音却害怕舞台的农村女孩小花，以及精通电子音乐的科技宅小宇。他们决定组建一支跨风格乐队，参加即将到来的"城市之声"音乐节。在筹备过程中，他们不仅要克服各自的内心恐惧，还要面对团队内部的冲突和外界的压力。最终，在一场感人的表演中，他们不仅赢得了观众的掌声，也找到了自我价值和团队之间的真正纽带。

2.《音符之翼》

简介：在一个科技高度发达却缺乏情感交流的社会中，音乐成了唯一能够触动人心的事物。主角林浩是一名失去双亲的天才作曲家，他偶然间发现了一本古老的乐谱，里面记录着一种能够唤醒人类深层情感的神秘旋律。为了找回失去的人间温情，林浩决定寻找并组建一支能够演奏这段旋律的乐队。在寻找队员的过程中，他遇到了性格迥异但同样热爱音乐的伙伴：忧郁的吉他手小雨，热情的鼓手阿龙，以及神秘的电子音乐家艾米。通过共同努力，他们不仅成功演奏了这段旋律，还激发了整个社会对情感回归的渴望。

3.《梦之声》

简介：在一个小镇上，有着一群怀揣音乐梦想的年轻人。主角苏晴是一名热爱唱歌的护士，她梦想着有一天能够站在舞台上唱出自己的心声。为了这个目标，她秘密参加了当地的选秀比赛，并结识了一群同样热爱音乐的伙伴：温柔的吉他手阿杰，才华横溢的键盘手小雅，以及幽默风趣的贝斯手阿明。在比赛的过程中，他们不仅要面对来自其他选手的竞争，还要克服生活中的种种困难。最终，在一次为社区老人举办的慈善音乐会上，他们通过真挚的表演赢得了大家的认可，也找到了属于自己的音乐之路。

这些剧本简介都围绕着音乐与梦想的主题展开，强调了团队合作、个人成长和情感表达的重要性。希望这些建议能够帮助你进一步构思和完善你的剧本。祝你创作愉快！

**步骤03** 接下来，从 AI 提供的几个剧本中，选择一个中意的剧本，让它生成该剧本的大纲。演示对话如下。

🧑 第 3 个剧本不错，请写出这个剧本的大纲。

🅰️ 很高兴你对第 3 个剧本《梦之声》的大纲感兴趣。以下是这个剧本的详细大纲：

剧本名称：《梦之声》

故事背景：

在一个宁静的小镇，居民们过着平凡而和谐的生活。这里有一群怀揣音乐梦想的年轻人，他们各自有着不同的人生轨迹，但都对音乐有着深深的热爱。主角苏晴是一名热爱唱歌的护士，她梦想着有一天能够站在舞台上，用歌声传递自己的情感和故事。

主要角色：

苏晴：主角，一名善良、乐观的护士，热爱唱歌，梦想成为歌手。

阿杰：温柔的吉他手，苏晴的朋友，擅长创作温柔的旋律。

小雅：才华横溢的键盘手，对音乐有着独到的见解和热情。

阿明：幽默风趣的贝斯手，性格豁达，是团队的开心果。

大纲：

第一幕：梦想的萌芽

场景一：苏晴在医院工作，她在闲暇之余总会哼唱歌曲，表达对音乐的热爱。

场景二：苏晴偶然得知小镇将举办一场选秀比赛，她决定报名参赛，展示自己的才华。

场景三：苏晴在练习唱歌时，遇到了同样热爱音乐的阿杰，两人一拍即合，决定共同参加比赛。

第二幕：团队的组建

场景一：苏晴和阿杰开始寻找其他队员，他们遇到了才华横溢的键盘手小雅。

场景二：在一次偶然的聚会中，他们结识了幽默风趣的贝斯手阿明，团队正式组建。

场景三：团队开始排练，他们共同创作歌曲，磨合默契，为比赛做准备。

第三幕：挑战与成长

场景一：团队在排练过程中遇到了困难，如歌曲创作瓶颈、成员间的意见不合等。

场景二：苏晴在工作中遭遇了挫折，她一度想要放弃比赛，但在队友们的鼓励下，她重新振作起来。

场景三：团队通过共同努力，克服了困难，他们的音乐逐渐成熟，感情也愈发深厚。

第四幕：比赛的挑战

场景一：选秀比赛正式开始，团队面临着来自其他选手的激烈竞争。

场景二：在比赛过程中，团队展现出了出色的表演和默契的配合，赢得了观众的掌声和评委的认可。

场景三：尽管在比赛中没有获得冠军，但团队收获了宝贵的经验和成长，他们更加坚定了对音乐的热爱和追求。

第五幕：梦想的绽放

场景一：为了感谢小镇居民的支持和鼓励，团队决定举办一场慈善音乐会。

场景二：音乐会吸引了众多居民前来观看，团队用真挚的歌声和表演打动了每一个人。

场景三：在音乐会结束时，苏晴发表了感言，她感谢队友们的陪伴和支持，并表示会继续追逐自己的音乐梦想。

结尾：

团队在慈善音乐会上获得了成功，他们的音乐梦想得到了更多人的认可和支持。虽然未来的路还很长，但他们相信只要坚持努力，梦想终会绽放。

希望这个大纲能够帮助你更好地构思和创作《梦之声》这个剧本。祝你创作愉快！

**步骤04** 有了剧本大纲后，就可以让 AI 根据大纲撰写剧本内容。演示对话如下。

🧑 请按照剧本的形式，结合以上剧本大纲，撰写这个剧本的第一幕。

🅰️ 剧本名称：《梦之声》

第一幕：梦想的萌芽

场景一：医院的日常

（内景：医院病房，白天）

（苏晴穿着护士服，正在为病人量血压，脸上挂着温暖的微笑）

苏晴（轻声细语）：您的血压很正常，不用担心，好好休息。

（病人微笑着点头，苏晴轻轻关门离开病房，走到走廊尽头的小休息室）

（旁白）：在这个繁忙的医院里，苏晴是一名普通的护士，但她的心中藏着一个不平凡的梦想——成为一名歌手。

（苏晴坐在休息室的钢琴旁，轻轻弹起旋律，开始哼唱）

苏晴（轻声哼唱）：（歌词省略，旋律轻柔，充满情感）

（此时，护士长走进来，看到苏晴在唱歌，轻轻拍了拍她的肩膀）

护士长：苏晴，该去换药了，别忘了你的职责哦。

苏晴（微笑回应）：是的，护士长，我马上去。

（苏晴收起笑容，起身离开，但心中那份对音乐的热爱并未熄灭）

场景二：选秀比赛的启示

（内景：医院员工休息室，晚上）

（苏晴和几位同事围坐在一起，电视里正在播放小镇即将举办的选秀比赛广告）

同事A：听说这个比赛很火，还有大奖呢！

同事B：是啊，要是我们能去参赛就好了。

苏晴（心动，低声自语）：我……我可以试试吗？

（苏晴的眼神中闪烁着期待，她决定给自己一个机会）

场景三：遇见阿杰

（外景：小镇公园，傍晚）

（苏晴来到公园，准备练习唱歌，她找到一个安静的角落，开始哼唱）

（旁白）：在这个公园里，苏晴的歌声吸引了一个同样热爱音乐的人——阿杰。

（阿杰坐在不远处的长椅上，被苏晴的歌声吸引，他轻轻弹起吉他，为苏晴伴奏）

（一曲唱罢，苏晴惊讶地转过头，看到了阿杰和他手中的吉他）

苏晴（微笑着走向阿杰）：你的吉他弹得真好，谢谢你为我伴奏。

阿杰（微笑着回应）：你的歌声也很美，我们合作得不错嘛。

（夕阳下，苏晴和阿杰相视一笑，仿佛找到了彼此音乐上的灵魂伴侣）

（旁白）：就这样，两个怀揣音乐梦想的年轻人相遇了，他们决定一起参加选秀比赛，共同追逐音乐梦想。

（幕落）

（旁白）：音乐，是连接心灵的桥梁，也是苏晴和阿杰梦想启航的地方。接下来，他们将面临怎样的挑战和机遇呢？请期待下一幕——团队的组建。

以上是《梦之声》第一幕的剧本内容，希望能够满足你的需求。接下来，你可以继续创作后续的剧情，让这个故事更加完整和动人。

**步骤05** 由于AI撰写的内容具有一定的随机性，因此部分内容可能并不符合实际情况，因此还需要继续向AI追加提问，以便对不符合实际情况的剧本内容进行修正或调整。演示对话如下。

> 从写作的剧本来看，场景一设定在了医院的休息室，但医院休息室通常不会配备钢琴，设定不太合理，请修改。

> AI：非常感谢您的指正，确实医院休息室通常不会配备钢琴，这样的设定可能不太合理。让我们对场景一进行修改，使其更加符合实际情况。
>
> 修改后的剧本：第一幕

场景一：医院的日常
（内景：医院走廊，白天）
（苏晴穿着护士服，正在为病人量血压，脸上挂着温暖的微笑）
苏晴（轻声细语）：您的血压很正常，不用担心，好好休息。
（病人微笑着点头，苏晴轻轻关门离开病房，走到走廊尽头的小休息室）
（旁白）：在这个繁忙的医院里，苏晴是一名普通的护士，但她的心中藏着一个不平凡的梦想——成为一名歌手。
（苏晴从口袋里拿出耳机，戴上后打开手机音乐软件，播放了自己喜欢的歌曲。她闭上眼睛，轻轻跟着旋律哼唱，沉浸在音乐的世界里）
（旁白）：每当工作间隙，苏晴就会用这种方式来放松自己，同时也在默默练习，为自己的梦想努力。她相信，只要坚持，梦想总有一天会照进现实。
（此时，护士长走进来，看到苏晴在听音乐，轻轻拍了拍她的肩膀）
护士长：苏晴，该去换药了，别忘了你的职责哦。
苏晴（微笑回应）：好的，护士长，我马上去。
（苏晴收起手机，起身离开，但心中那份对音乐的热爱并未熄灭）
场景二：选秀比赛的启示（内容不变）
场景三：遇见阿杰（内容不变）
通过这样的修改，我们让场景一更加符合实际情况，同时也保留了苏晴对音乐的热爱和追求梦想的决心。希望这样的修改能够满足您的需求，并为您的创作提供灵感。

> **提示**
> 上述步骤仅完成了剧本第一幕的创作，用户可以采用同样的方法，继续推进并完成后续幕次的写作，也可以根据自己的想法，利用 AI 工具体验各种风格的剧本创作。

# 7.5 亲子故事：让父母哄娃变得轻松愉快

孩子对未知的世界充满好奇，而听故事是他们获取知识的重要途径之一。面对孩子们天马行空的想象力，父母常常难以完全理解或满足他们的需求。不少家长应该都有过这样的体验：孩子央求听故事，却对传统经典故事不感兴趣，非得让父母即兴编故事来满足自己强烈的好奇心。这时，如果能巧妙地利用 AI 技术，就能轻松应对孩子们各种各样的听故事需求。本节就来介绍如何运用 AI 撰写一个适合特定年龄段小朋友的亲子小故事。

**步骤01** 撰写故事之前，首先需要明确故事的目标读者，即某一特定年龄段的孩子，然后让AI根据这一年龄段孩子的特征和喜好来生成一个故事。演示对话如下。

🧑 你是一名儿童故事作家，擅长通过有趣的情节创作具有教育意义的故事，引导孩子形成良好的品德和习惯。现在请你创建一个适合6岁小朋友的故事。

🅰🅸 当然可以，下面是一个为6岁小朋友准备的故事，旨在教导孩子们诚实守信的重要性。

小兔子米米的故事

在一个美丽的森林里，住着一群快乐的小动物们。其中，有一只非常可爱的小兔子名叫米米。

一天，小兔子米米在森林里玩耍时，发现了一片长满胡萝卜的菜地。这些胡萝卜又大又红，看起来非常诱人。米米心想："这么漂亮的胡萝卜，要是能拿回家给妈妈做晚餐该多好啊！"于是，它悄悄地摘了几个胡萝卜，藏在了自己的小篮子里。

回到家，米米把胡萝卜放在桌子上，兴奋地对妈妈说："妈妈，看！我找到了一些胡萝卜，我们今晚可以用它们来做胡萝卜汤哦！"妈妈看着那些胡萝卜，眼神里闪过一丝疑惑，但她没有立即揭穿米米，而是温柔地说："米米，这些胡萝卜是从哪里来的呢？"

米米心虚地回答："是我在森林里找到的。"妈妈没有继续追问，而是开始教米米如何准备胡萝卜汤。在准备的过程中，妈妈轻轻地对米米说："你知道吗，诚实是我们每个人都应该拥有的美德。如果我们做了错事，勇敢地承认并改正，比隐瞒错误更加重要。"

米米听着妈妈的话，心里感到很不安。它知道自己做错了，不应该未经允许就拿走老山羊爷爷的胡萝卜。晚饭后，米米鼓起勇气对妈妈说："妈妈，其实那些胡萝卜是我从老山羊爷爷的菜地里摘的，我没有告诉他。"

妈妈听了，温柔地抚摸着米米的头，说："米米，你能勇敢地告诉我实话，妈妈非常高兴。但是，未经允许就拿别人的东西是不对的。明天，我们一起去向老山羊爷爷道歉，好吗？"米米点点头，心里轻松了许多。

第二天，米米和妈妈一起去了老山羊爷爷的家。米米低着头，小心翼翼地对老山羊爷爷说："山羊爷爷，对不起，我不应该偷偷摘您的胡萝卜。我知道我做错了，我保证以后再也不这样做了。"

老山羊爷爷慈祥地看着米米，轻轻拍了拍它的头，说："米米，你能勇敢地承认错误，这已经很难得。每个人都有犯错的时候，关键是要有勇气改正。你今天的表现非常棒。"

米米听了山羊爷爷的话，眼眶湿润了。它感受到了山羊爷爷的宽容和理解，心里暖暖的。山羊爷爷接着说:"为了奖励你的诚实,我可以送你一些胡萝卜,但你要记得,下次想拿东西时一定要先征求主人的同意。"

米米用力地点点头,感激地说:"谢谢您,山羊爷爷!我一定会记住的。"

回家的路上,米米紧紧握着妈妈的手,心情格外轻松。它不仅得到了山羊爷爷的原谅,更重要的是,它学会了诚实的可贵。从那以后,米米变得更加诚实,它和老山羊爷爷也成了好朋友。每当米米看到那些胡萝卜,都会想起这次经历,提醒自己永远要做一个诚实的人。

这个故事强调了诚实的价值,以及勇于承认错误并改正的勇气。希望这个故事能够鼓励孩子们学习米米的诚实品质。

**步骤02** 由于没有指定主题或关键词,所以 AI 随机生成了一个故事。然而,每个小朋友可能有自己偏好的故事类型或喜欢的故事内容。因此,在创作故事时,可以提供明确主题或关键词,让 AI 更有针对性地创作符合孩子喜好的故事。演示对话如下。

> 你是一名儿童故事作家,擅长通过有趣的情节创作具有教育意义的故事,引导孩子形成良好的品德和习惯。现在请你创建一个适合6岁小朋友的故事,主题是帮助孩子理解分享的重要性,并告诉他不分享玩具可能带来的后果,故事要求温馨、富有童趣。

**AI** 小熊布鲁的玩具小屋

在一个遥远又美丽的森林里,住着一只名叫布鲁的小熊。布鲁有一间装满了各种玩具的小屋,有会唱歌的布娃娃,有能跑得很快的玩具车,还有可以变出很多颜色的彩笔。每天,布鲁都会在自己的小屋里玩这些玩具,他觉得这是世界上最快乐的事情。

有一天,布鲁的好朋友小兔莉莉来找布鲁玩。莉莉看到了布鲁有那么多好玩的玩具,眼睛都亮了,她问布鲁:"我可以和你一起玩这些玩具吗?"可是,布鲁却犹豫了。他想:"如果我把玩具给了莉莉,那我就没有玩具玩了。"于是他对莉莉说:"不行,这些是我的宝贝,我不能给你。"莉莉很失望地离开了。

接下来的日子里,森林中的其他小动物们,听说了布鲁的小屋里有很多奇妙的玩具,也都纷纷来找他,希望能一起玩耍。但是,布鲁每次都以同样的理由拒绝了他们。渐渐地,小伙伴们都不再来布鲁家玩耍了。布鲁开始感到孤单,即使有这么多玩具,他也觉得不那么快乐了。

一天晚上,布鲁做了一个梦,梦中所有的玩具都变成了小精灵,它们告诉布鲁:"你把我们藏起来,自己一个人玩,其实我们并不开心。我们希望被更多的人喜爱,带给大家快乐。"

布鲁醒来后,心里有了新的想法。他决定邀请所有的小伙伴来到家里,一起分享他的玩具。第二天,布鲁早早地起床,开始布置小屋,他摆好了玩具,还准备了一些零食和饮料。然后，他满怀期待地跑到森林里，邀请了所有的小伙伴。布鲁先来到了小兔莉莉的家。他轻轻地敲了敲门，莉莉探出头来，看到是布鲁，脸上露出了惊讶的表情。布鲁微笑着说："莉莉，对不起，我之前太自私了。现在我想邀请你来我家玩玩具，你愿意吗？"莉莉的眼睛立刻亮了起来，她兴奋地点了点头，心里充满了期待。

接着，布鲁又去了小松鼠奇奇、小狐狸菲菲和小鹿斑斑的家，同样邀请他们来家里玩。小动物们听到这个消息，都高兴得跳了起来，纷纷表示会准时到达布鲁的家。

到了约定的时间，布鲁的小屋前聚集了所有的小伙伴。他们兴奋地走进小屋，看到摆满房间的玩具，都惊叹不已。布鲁微笑着说："大家尽情地玩吧！这些玩具现在属于我们每一个人了！"于是，小伙伴们轮流玩着每一个玩具，整个房间充满了欢声笑语。

从那以后，布鲁的玩具小屋成了森林里最受欢迎的聚会地点之一。每个周末，小动物们都会不约而同地来到这里，享受着愉快的周末时光。布鲁也很高兴，因为他发现，分享让他收获了更多的友谊和快乐。

这个故事告诉我们，分享是一种美德，它能够让我们收获更多的友谊和快乐。当我们愿意与他人分享时，我们的世界也会因此而变得更加温暖和精彩。

**步骤03** 不同年龄段的孩子掌握的词汇量是不一样的。对于 6 岁的孩子来说，AI 创作的这个故事内容可能稍显复杂，词汇量也过多，可能超出了他们的理解能力。因此，为了让故事更适合 6 岁孩子阅读，还需要进一步精简内容。演示对话如下。

> 以上故事内容太长，请进一步精简故事内容，使其更加符合 6 岁孩子的阅读理解水平。

> 以下是精简后的版本：
>
> 小熊布鲁的玩具小屋
>
> 在美丽的森林里，住着一只叫布鲁的小熊。布鲁有一间小屋，里面装满了各种好玩的玩具。他每天都玩得很开心。
>
> 有一天，小兔莉莉来找布鲁玩。她看到布鲁的玩具，很想一起玩。但布鲁说："不行，这些是我的玩具。"莉莉失望地走了。
>
> 后来，森林里的小动物们听说布鲁有很多玩具，都来找他玩。但布鲁每次都拒绝了。慢慢地，小动物们都不来找他了。布鲁觉得孤单，玩具也不那么好玩了。
>
> 晚上，布鲁做了一个梦。梦里，玩具们都变成了小精灵，告诉他："我们喜欢被更多人喜爱，带给大家快乐。"
>
> 第二天，布鲁决定邀请小动物们来家里玩。他准备了玩具和零食，然后跑到森林里告诉大家。

小动物们很高兴，都来到布鲁的小屋。他们轮流玩玩具，笑得很开心。

从那以后，布鲁的小屋成了森林里最受欢迎的聚会地点。每个周末，小动物们都会来这里玩，布鲁也变得很开心。

这个故事告诉我们，分享是一种美德，可以让我们收获更多的友谊和快乐。

这个版本更加简洁，去除了复杂的情节和细节，保留了故事的核心内容和寓意，更适合6岁孩子的阅读和理解水平。

**步骤04** 除了中文故事外，还可以为孩子讲述简单的英文故事。当AI完成中文故事内容的创作后，可以将其转换为英文版本。演示对话如下。

> 请将上面精简后的故事改写成一个适合儿童的英语小故事。

**AI** Bru's Toy Cabin

In a beautiful forest, there lived a little bear named Bru. Bru had a cabin filled with all kinds of fun toys. He played with them every day and had a lot of fun.

One day, Rabbit Lily came to visit Bru. She saw Bru's toys and wanted to play with them too. But Bru said, "No, these are my toys." Lily felt sad and left.

Later, other animals in the forest heard that Bru had many toys and came to play with him. But Bru said no every time. Slowly, the animals stopped coming to see Bru. Bru felt lonely, and the toys weren't as much fun anymore.

That night, Bru had a dream. In his dream, the toys turned into little fairies and told him, "We like being loved by more people and bringing joy to everyone."

The next day, Bru decided to invite the animals to his cabin to play. He prepared the toys and snacks, then ran into the forest to tell everyone.

The animals were so happy and came to Bru's cabin. They took turns playing with the toys and laughed a lot.

From then on, Bru's cabin became the most popular gathering spot in the forest. Every weekend, the animals would come here to play, and Bru became very happy too.

This story tells us that sharing is a virtue and can make us gain more friendships and happiness.

这个故事保持了原版的简洁性和核心寓意，同时使用了适合儿童的英语词汇和句子结构。希望这个版本符合您的要求！

**步骤05** 为了确保生成的英文故事准确无误且符合语言规范，这里让AI再检查一下生成的这篇英文故事。演示对话如下。

> 请检查上面这个英语小故事，是否符合英语的表达习惯和语法规范。

**AI** 经过检查，以上这个英语小故事符合英语的表达习惯和语法规范。故事中的句子结构清晰，用词准确，适合儿童阅读和理解。同时，故事也很好地传达了分享带来友谊和快乐的核心寓意。

不过，为了让故事更加自然、流畅，我们可以对个别句子进行微调。以下是调整后的版本：

Bru's Toy Cabin

In a beautiful forest, there lived a little bear called Bru. Bru had a cabin filled with all sorts of fun toys. He played with them every day and had a blast.

One day, Rabbit Lily came to visit Bru. She saw Bru's toys and wanted to play with them too. But Bru said, "No, these are my toys." Lily felt sad and went away.

Later on, other animals in the forest heard that Bru had lots of toys and came to play with him. But Bru said no every time. Slowly but surely, the animals stopped coming to see Bru. Bru felt lonely, and the toys weren't as much fun anymore.

That night, Bru had a dream. In his dream, the toys turned into little fairies and said to him, "We like being loved by many people and bringing joy to everyone."

The next day, Bru decided to invite the animals to his cabin to play. He prepared the toys and snacks, then ran into the forest to tell everyone.

The animals were thrilled and came to Bru's cabin. They took turns playing with the toys and laughed a lot.

From then on, Bru's cabin became the most popular hangout spot in the forest. Every weekend, the animals would come here to play, and Bru became very happy too.

This story tells us that sharing is a virtue and can help us gain more friendships and happiness.

在这个微调版本中，我做了以下改动：

1. 将"there lived a little bear named Bru"改为"there lived a little bear called Bru"，因为"called"在某些情况下比"named"更自然。

2. 将"had a lot of fun"改为"had a blast"，因为"a blast"更常用于形容非常有趣的经历。

3. 将"Lily felt sad and left"改为"Lily felt sad and went away"，因为"went away"更常用于描述某人离开的场景。

4. 将"Later, other animals in the forest heard that Bru had many toys and came to play with him"改为"Later on, other animals in the forest heard that Bru had lots of toys and came to play with him"，因为"lots of"比"many"更常用于口语中。

5. 将"Slowly"改为"Slowly but surely"，这样更加强调了一个逐渐的过程。

6. 将"This story tells us that sharing is a virtue and can make us gain more friendships and happiness"改为"This story tells us that sharing is a virtue and can help us gain more friendships and happiness",因为"help us"比"make us"更常用于描述积极的结果。

请注意,这些调整旨在使故事更加自然流畅,更符合英语的表达习惯。希望这个版本更加符合您的要求!